本书由鑫鼎集团、湖北省宜昌思源慈善基金会提供出版资助。谨致感谢!

湖北省宜昌思源慈善基金会,是由鑫鼎集团牵头成立的非公募性慈善助学基金会。基金会秉承"饮水思源、扶贫帮困、同心共建、共创和谐"的理念,旨在支持教育事业发展。

四川师范大学党内法规研究中心委托项目"纪检监察干部教育培训制度"(项目号:2021scdg01)。

国家社会科学基金项目"深化党的纪律检查体制改革的理论与方案研究"(项目号:19BDJ018)。

纪检监察干部培训工作研究

王 冠◎著

中国政法大学出版社

2021·北京

图书在版编目（ＣＩＰ）数据

纪检监察干部培训工作研究/王冠著. —北京：中国政法大学出版社，2021.6
ISBN 978-7-5764-0015-1

Ⅰ.①纪… Ⅱ.①王… Ⅲ.①中国共产党－纪律检查－干部培训－工作－研究
Ⅳ.①D262.6

中国版本图书馆 CIP 数据核字(2021)第 170038 号

出 版 者	中国政法大学出版社
地　　址	北京市海淀区西土城路 25 号
邮寄地址	北京 100088 信箱 8034 分箱　邮编 100088
网　　址	http://www.cuplpress.com (网络实名：中国政法大学出版社)
电　　话	010-58908586(编辑部) 58908334(邮购部)
编辑邮箱	zhengfadch@126.com
承　　印	固安华明印业有限公司
开　　本	720mm×960mm　　1/16
印　　张	15.5
字　　数	260 千字
版　　次	2021 年 6 月第 1 版
印　　次	2021 年 6 月第 1 次印刷
定　　价	66.00 元

序　一

"干部教育培训是建设高素质干部队伍的先导性、基础性、战略性工程，在推进中国特色社会主义伟大事业和党的建设新的伟大工程中具有不可替代的重要作用。"[1] 纪检监察干部教育培训制度是建设"忠诚干净担当的高素质专业化"[2] 纪检监察队伍的重要保障。在新的时代背景下，纪检监察干部教育培训工作需要顺应党情国情的重大变化，响应党的纪律检查体制改革和国家监察体制改革的要求，不断改革和创新，不断提升专业化水准，为推进党风廉政建设和反腐败工作做出贡献。

人力资源是最重要的资源，其优劣状况将在很大程度上决定组织的核心竞争力。纪检监察机关也不例外。构建一个专业、高效的纪检监察干部教育培训体系，并通过该体系有效提升纪检监察干部的能力和素质，进而提高组织绩效，对于助推反腐败工作不断取得进展具有重要作用。中央纪委历来重视纪检监察干部培训工作，并将其作为一项正式制度嵌入纪检监察体制当中。然而多年来，关于该制度的研究领域却几乎是空白。在深化纪检监察体制改革的关键时刻，更应对其进行深入研究，总结历史经验和教训，把握发展规律，不断开创工作的新局面。《纪检监察干部培训工作研究》的出版，填补了该领域的空白，其贡献和价值主要体现在以下几个方面。

一是首次对纪检监察干部教育培训制度进行了系统的论述。本书既有宏观视角的俯瞰，也有微观层面的观察；既对理论问题展开了深入的探讨，也对现实问题进行了具体的分析。作者梳理了制度的源流与发展，建构了制度

---

[1] 《干部教育培训工作条例》（2015 年 10 月 14 日）。

[2] 《2018-2022 年全国干部教育培训规划》："为培养造就忠诚干净担当的高素质专业化干部队伍，不断把新时代中国特色社会主义推向前进，结合干部培训工作实际，制定本规划。"

分析框架，解构了政策过程，分析了制度运行中的问题，提出了切实可行的解决方案，并展望了未来的趋势。

二是提出了纪检监察干部教育培训制度的分析框架。纪检监察干部教育培训制度是一个具有多重属性的研究对象。迄今为止，纪检监察干部教育培训制度研究还没有形成成熟的范式，研究资料也比较零散。作者搜集了大量的、丰富的资料和文献，在对其进行细致梳理的基础上，运用多种理论，建构了一个具有兼容性的分析框架，避免了单一理论范式的局限性，增强了研究的解释力。

三是针对现实问题提出了具有可行性的解决方案。本书并非只局限于"是什么"，而是更加关注"为什么是这样"，以及"应该怎么办"。作者基于亲身经历和长期观察，从政策制定、发展战略、政策评估、工作流程再造、课程体系设计、教学方式、慕课建设等多个方面，提出了具有可行性的政策建议，并就构建专业化培训模式、建立"实质等效"认证机制、战略管理与协同治理等议题进行了深入的探讨。

2003 年，王冠进入清华大学公共管理学院，以党风廉政建设和反腐败作为研究方向，是清华大学廉政与治理研究中心最早的一批学术研究生。2009 年，王冠进入中国纪检监察学院工作。在工作之余，他始终坚持学习、研究和思考，这是难能可贵的。在进行上述研究的过程中，王冠经常与我探讨关于纪检监察干部教育培训制度的实践与理论问题。在从事研究工作上面，他严谨勤奋、求是创新，总是试图穷尽所有的研究资料和文献，总是力求抓住关键的问题，并从多方面进行分析，寻求解决方案。他多年来的学术训练和多学科交叉融合优势在研究中都有很好的体现。作为王冠的研究生导师，今天看到他的博士学位论文能以专著形式出版，我感到由衷的欣慰。希望王冠博士今后能在学术道路上继续前行，做出更多更好的研究。

北京航空航天大学人文社会科学学院教授

廉洁研究与教育中心主任

2019 年 4 月 9 日

序　二

　　党的十八大以来，以习近平同志为核心的党中央从关系党和国家生死存亡的高度，作出"打铁还需自身硬"的庄严承诺，以猛药去疴、重典治乱的决心勇气，推动全面从严治党向纵深发展，以坚如磐石的决心夺取反腐败斗争压倒性胜利。2019 年 1 月 11 日，习近平总书记在中国共产党第十九届中央纪委三次全会上强调："巩固发展反腐败斗争压倒性胜利。"〔1〕 实现这一目标的关键就是要建立一支忠诚干净担当的高素质专业化纪检监察队伍。

　　纪检监察干部教育培训是加强高素质专业化纪检监察队伍建设的重要方式，是党的干部教育培训工作的重要组成部分，是推进党风廉政建设和反腐败斗争的基础性工作。然而长期以来，纪检监察干部教育培训工作这一细分领域一直未得到学术界的足够重视。《2018-2022 年全国干部教育培训规划》明确要求："加强干部教育培训重大理论和现实问题研究，深入把握干部成长规律和干部教育培训规律。推动设立干部教育学二级学科。"要深入把握规律就需要从研究现实问题、总结实践经验开始。王冠博士的《纪检监察干部培训工作研究》恰逢其时，填补了该领域的空白，是一项价值突出、现实意义重大的研究，其主要贡献与创新体现在以下几个方面：

　　首先，本书是关于纪检监察干部教育培训工作的专门研究。纪检监察干部教育培训工作是党的干部教育培训制度和纪检监察制度交汇的产物。纪检监察机关高度重视纪检监察干部教育培训工作，并将其作为加强纪检监察队伍建设的重要方式。理论对于实务工作具有重要的指导作用，然而，迄今为止尚没有关于纪检监察干部教育培训制度的专门研究。因此，通过对纪检监察干部教育培训工作的研究，揭示制度变迁逻辑，探究经验启示，可以为新

---

〔1〕　瞿芃、王卓："巩固发展反腐败斗争压倒性胜利"，载《中国纪检监察报》2019 年 2 月 25 日。

时代的纪检监察干部教育培训工作提供理论参考。

其次，本书建构起一个审视纪检监察干部教育培训制度的多层面分析框架。宏观层面，将纪检监察干部教育培训制度作为一个政治体系来分析。政治系统理论把系统与环境的相互作用抽象为输入、转换、输出三个环节。中观层面，认为一系列既独立又相互关联的政策是构成纪检监察干部教育培训制度的基本单位。制度主义认为政策是制度的输出。在一个政治体系中，权威当局所产生的输出会通过反馈与体系内的各部分发生互动。

最后，本书针对现实情况，提出了切合实际的具体建议。本书基于对现实问题的精心调研和深入思考，以尊重现实、面向未来的思路，提出八条切合实际的建议。这些建议对于纪检监察干部教育培训实务工作具有参考意义。

多学科交叉的教育背景，使得王冠博士能够以更加宽广的视野和不同学科的视角去思考问题，以更加灵活和创新的方式去开展工作。在攻读博士学位期间，王冠博士能够密切结合本职工作，紧紧围绕实践问题展开研究，深入思考并努力寻求切合实际的解决方案，使其博士学位论文最终得到全体评审专家和答辩委员的一致好评，这一方面进一步说明了论文选题的价值和论文成果的创新性，另一方面也符合我们清华大学教育研究院开办教育博士专业学位项目，培养"高层次学校领导与管理者"的初衷。作为王冠的指导教师，看到他的博士学位论文能以专著方式出版，我感到非常欣慰。希望今后他能继续前行，在"学以致用"的路上走得更远。

清华大学教育研究院教授

林健

2019 年 4 月 10 日

前　言

　　纪检监察干部教育培训工作是党的干部教育培训工作的重要组成部分，是推进党风廉政建设和反腐败斗争的基础性工作，是加强纪检监察队伍建设的重要方式。长期以来，国内外学者对党的干部培训工作进行了广泛而深入的研究，却鲜有关注纪检监察干部培训这一细分领域的。目前，关于纪检监察干部培训制度尚无专门的研究成果。因此，笔者将零散的资料进行了梳理，对零碎的思考进行了统合，力求形成系统性论述。

　　第一章，绪论。本章首先介绍了研究背景和研究意义，其次对本书所涉及的相关概念进行了界定，再次是系统梳理了国内外关于党的干部教育培训的研究，最后介绍了本书采用的相关理论和研究方法。

　　第二章，党的干部教育培训制度。纪检监察干部教育培训制度是党的干部教育培训制度的组成部分。本章对建党以来的干部教育培训制度进行了简要的回顾，分析了干部教育培训在中国共产党发展过程中扮演的角色及发挥的作用。

　　第三章，纪检监察制度。纪检监察干部教育培训制度是纪检监察制度的组成部分。本章简要地介绍了纪检监察制度的演进过程及现状。

　　第四章，纪检监察干部教育培训制度。纪检监察干部教育培训制度是党的干部教育培训制度与纪检监察制度交汇的产物，是一系列相关政策、惯例和行动的总和。通过对四十年制度变迁的梳理，可以清晰地观察到中央纪委是如何通过这一制度加强纪检监察队伍建设的。不同时期党风廉政建设和反腐败斗争的形势决定了纪检监察中心工作，纪检监察干部教育培训始终围绕纪检监察中心工作开展。

　　第五章，宏观层面——政治体系分析。在宏观层面，本书将纪检监察干部教育培训制度作为一个政治体系来分析。一个政治体系不仅仅是各种要素集合所构成的整体，在这一整体中的所有要素都是相互作用、彼此依存的。这个由各要素所组成的集合，对于来自内部的变化或外部的压力会作为一个整体做出反应。系统理论通常把体系与环境之间的相互作用分成三个阶段：输入、转换和输出。我们通过建立一个分析框架来解构这个政治体系，以便我们能够更好地理解它。

第六章，中观层面——政策过程分析。在中观层面，本书认为一系列独立又相互关联的政策是构成纪检监察干部教育培训制度的基本单位。"政策与制度之间的关系非常紧密，制度主义的观点认为政策是制度的输出。"[1] "按照结构功能主义的概念的界定，输入和输出属于体系和环境之间的交换，而转换过程则发生于政治体系内部。"[2] 根据纪检监察干部教育培训政策的特点，我们将政策过程概括划分为五个阶段：政策问题建构、政策制定、政策执行、政策评价、政策终止与周期。

第七章，关于制度的多视角观察。纪检监察干部教育培训制度是一个具有多重面相的研究对象。本章从战略性人力资源管理、政治仪式、国际交流、历史上的监察官员与学习四个视角对该制度进行了观察与解读，使我们的理解更加立体。

第八章，纪检监察干部教育培训制度的特征与规律。本章对该制度的特征与规律进行归纳总结。

第九章，问题、建议与探讨。本章针对当前工作实务中的若干问题，提出建议：①提高政策质量；②制定学院发展战略；③建立政策评估机制；④建立纵向一体化的项目制管理模式；⑤进行模块化的课程体系设计；⑥加强案例教学；⑦在教育培训中引入慕课；⑧推进"智慧校园"建设。最后，本章就构建专业化培训模式、构建"培训实质等效"认证机制、战略管理与协同治理等问题进行了探讨。

其他说明如下。

第一，关于引注方式。引用相关文献著作的观点及法律法规条文是对既有成果"确认、承继的方法和形式，也是发展的基础和依托"。[3] 本书尽量

---

[1] [美]托马斯·R. 戴伊：《理解公共政策》（第12版），谢明译，中国人民大学出版社2011年版，第11页。

[2] 胡伟：《政府过程》，浙江人民出版社1998年版，第11页。

[3] 杨建顺："学术规制要努力做到'刚刚好'"，载《检察日报》2019年3月20日。

采用直接引用，以最大限度地尊重原著本意，引注方式符合学术规范。

第二，关于数据。本书所采用的数据均注明了出处。本书制作了大量的图、表，以使信息的呈现更加直观。

第三，关于时效性。本书结稿于 2019 年 4 月 20 日，部分结论可能因情势变更而改变。

第四，根据有关规定，对不适合公开发表的内容已进行技术处理。

由于本人学识和研究水平有限，本书难免有不妥之处，恳请同人与读者批评指正。

王　冠

2019 年 4 月 20 日

于清华大学图书馆

目　录

序　一 ……………………………………………………………… 001

序　二 ……………………………………………………………… 003

前　言 ……………………………………………………………… 005

第一章　绪　论 …………………………………………………… 001

　第一节　研究的背景 …………………………………………… 001

　第二节　研究的意义 …………………………………………… 004

　第三节　研究对象的概念界定 ………………………………… 005

　第四节　文献综述 ……………………………………………… 016

　第五节　理论框架 ……………………………………………… 023

　第六节　研究方法 ……………………………………………… 027

第二章　党的干部教育培训制度 ………………………………… 029

　第一节　干部教育培训制度的源流与变迁 …………………… 029

　第二节　党的干部教育培训工作的重要思想及理论 ………… 038

　第三节　干部教育培训机构 …………………………………… 043

　第四节　全国干部学习培训教材 ……………………………… 043

第三章　纪检监察制度 …………………………………………… 048

　第一节　纪检监察体制的变迁 ………………………………… 048

　第二节　纪检监察机关的职责及中央有关要求 ……………… 052

第三节　纪检监察机构与干部队伍的情况 ………………………… 056

第四章　纪检监察干部教育培训制度 …………………………… 061

第一节　纪检监察干部教育培训制度的演进 …………………… 061

第二节　纪检监察干部教育培训制度渊源 ……………………… 075

第三节　纪检监察干部教育培训制度体系 ……………………… 081

第四节　纪检监察干部教育培训机构与工作体制 ………………… 086

第五节　纪检监察干部教育培训教材 …………………………… 096

第五章　宏观层面——政治体系分析 …………………………… 098

第一节　作为一个政治体系的纪检监察干部教育培训制度 ……… 098

第二节　改革开放以来党风廉政建设和反腐败斗争的形势 ……… 101

第三节　中央纪委全会关于纪检监察干部教育培训的要求 ……… 108

第四节　纪检监察干部教育培训制度的再生产功能 ……………… 109

第六章　中观层面——政策过程分析 …………………………… 124

第一节　政策过程分析理论框架 ………………………………… 124

第二节　政策问题建构 …………………………………………… 125

第三节　政策制定 ………………………………………………… 127

第四节　政策执行 ………………………………………………… 130

第五节　政策评价 ………………………………………………… 132

第六节　政策终止与周期 ………………………………………… 138

第七章　关于制度的多视角观察 ………………………………… 139

第一节　人力资源管理视域的理解 ……………………………… 139

第二节　作为一种政治仪式的制度 ……………………………… 141

第三节　纪检监察干部教育培训与国际交流合作 ………………… 142

第四节　历史上的监察官员与学习 ………………………………… 145

第八章　纪检监察干部教育培训制度的特征与规律 ……………… 148

第一节　纪检监察干部教育培训制度的特征 …………………… 148

第二节　纪检监察干部教育培训制度变迁的规律 ……………… 156

第九章　问题、建议与探讨 …………………………………… 160

第一节　问题 ……………………………………………………… 160

第二节　建议 ……………………………………………………… 167

第三节　探讨 ……………………………………………………… 177

附录 A　中国共产党干部教育培训文件汇总 …………………… 197

附录 B　纪检监察干部教育培训文件汇总 ……………………… 223

附录 C　纪检监察干部教育培训工作研究访谈提纲 …………… 229

致　谢 …………………………………………………………… 232

第一章 绪 论

第一节 研究的背景

中国共产党是中国的执政党，是社会主义事业的领导核心，决定着中国的前途和命运。在建党一百年的历程中，中国共产党成功地完成了从革命党向执政党的转变。中国共产党在各个历史时期，面临不同的形势和任务——成功地夺取了政权，平稳地完成了体制转型，卓有成效地推动了经济发展，并不断地推进国家治理现代化。这一切成就都与党的干部教育培训密切相关。党的干部教育培训既是一项教育工作，更是一项政治工作，党历来高度重视。中国共产党在发展中，探索出了一条依靠干部教育培训整合政党、提升能力的发展模式，并形成了系统的干部教育培训理念和机制。

"纪检监察干部教育培训是党的干部教育培训工作的重要组成部分，是推进党风廉政建设和反腐败斗争的基础性工作，是加强纪检监察队伍建设的重要途径。"[1] 中央纪委历来高度重视干部教育培训，将其作为"培养忠诚干净担当的高素质干部队伍和宏大的人才队伍"[2] 的重要举措。

一、党风廉政建设和反腐败斗争的形势

"中国共产党是领导当代中国反腐败斗争的核心力量。"[3] 党的十八大以来，以习近平同志为核心的党中央，面对依然严峻复杂的反腐败斗争形势，

---

[1] 李本刚主编：《反腐倡廉宣传教育教程》，中国方正出版社 2007 年版，第 123~124 页。

[1] 李本刚主编：《反腐倡廉宣传教育教程》，中国方正出版社 2007 年版，第 123~124 页。

[2] 习近平：《在庆祝改革开放 40 周年大会上的讲话》（2018 年 12 月 18 日）。

[3] 黄百炼："中国共产党是领导当代中国反腐败斗争的核心力量——兼议中外反腐败实践比较"，载《政治学研究》2001 年第 4 期。

将党风廉政建设和反腐败斗争不断引向深入。习近平总书记在党的十九大报告中指出:"当前,反腐败斗争形势依然严峻复杂,巩固压倒性态势、夺取压倒性胜利的决心必须坚如磐石。"[1] 习近平总书记在十九届中央纪委三次全会上强调,"巩固发展反腐败斗争压倒性胜利"。[2] 习近平总书记的重要讲话代表了中央对反腐败斗争形势的新判断,也明确提出了反腐败斗争的新任务。

二、党中央关于干部教育培训的要求

党的十八大以来,干部教育培训工作在多年成功实践的基础上,落实新要求、适应新变化,从新的起点再出发,着力培养更多党和人民需要的好干部,为实现"两个一百年"奋斗目标、实现中华民族伟大复兴的中国梦提供坚强保证。2015 年 12 月,习近平总书记在第七次全国党校工作会议上强调:"党校事业是党的事业的重要组成部分,党校是我们党教育培训党员领导干部的主渠道。这就决定了党校必须姓党。"[3] 2017 年 10 月,习近平总书记在党的十九大报告中提出:"建设高素质专业化干部队伍。……注重培养专业能力、专业精神,增强干部队伍适应新时代中国特色社会主义发展要求的能力。"[4] 2018 年 7 月,习近平总书记在全国组织工作会议上要求,"着力培养忠诚干净担当的高素质干部"。[5] 2018 年 11 月印发的《2018—2022 年全国干部教育培训规划》贯彻习近平总书记重要指示,突出强调,"培养造就忠诚干净担当的高素质专业化干部队伍"。2019 年 3 月,习近平总书记在中央党校(国家行政学院)中青年干部培训班开班式上强调:"广大干部特别是年轻干部要在常学常新中加强理论修养,在真学真信中坚定理想信念,在学思践悟中牢记初心使命,在细照笃行中不断修炼自我,在知行合一中主动担当作为,保持对党的忠诚心、对人民的感恩心、对事业的进取心、对法纪的敬畏

---

〔1〕 习近平:《决胜全面建成小康社会 夺取新时代中国特色社会主义伟大胜利——在中国共产党第十九次全国代表大会上的报告》(2017 年 10 月 18 日)。
〔2〕《中共产党第十九届中央纪律检查委员会第三次全体会议公报》。
〔3〕 习近平:《在全国党校工作会议上的讲话》(2015 年 12 月 11 日)。
〔4〕 习近平:《决胜全面建成小康社会 夺取新时代中国特色社会主义伟大胜利——在中国共产党第十九次全国代表大会上的报告》(2017 年 10 月 18 日)。
〔5〕 习近平:《在全国组织工作会议上的讲话》(2018 年 7 月 3 日)。

心，做到信念坚、政治强、本领高、作风硬。"〔1〕习近平总书记的一系列重要论述，为新时代党的干部教育培训工作指明了方向。

三、中央纪委关于纪检监察队伍建设的要求

党的十九大以来，以习近平同志为核心的党中央站在新的历史起点上，提出夺取并巩固发展反腐败斗争压倒性胜利，为新时代的党风廉政建设和反腐败斗争指明了方向。

"形势决定任务。有什么样的形势就有什么样的任务。"〔2〕党风廉政建设和反腐败斗争的形势决定了今后一段时期纪检监察工作的中心任务。要夺取反腐败斗争的压倒性胜利就必须建设一支"忠诚干净担当的高素质专业化"〔3〕纪检监察队伍。十九届中央纪委二次全会工作报告要求："加强纪检监察机关自身建设。……自觉忠诚于党，确保政治过硬。纪检监察机关是政治机关，所处的特殊位置和承担的重要职责，决定了必须把对党忠诚作为工作的首要政治原则、队伍的首要政治本色、干部的首要政治品质；……加强能力建设，确保本领高强。纪检监察干部既要有过硬的政治素质，又要有过硬的业务能力。"〔4〕十九届中央纪委三次全会工作报告要求："按照政治过硬、本领高强要求，从严从实加强纪检监察队伍建设。……打造忠诚坚定、担当尽责、遵纪守法、清正廉洁的纪检监察铁军。"〔5〕因此，纪检监察干部教育培训工作必须紧紧围绕纪检监察中心工作，为巩固发展反腐败斗争压倒性胜利提供坚强的人才保障。

---

〔1〕 "习近平在中央党校（国家行政学院）中青年干部培训班开班式上发表重要讲话"，载中央党校（国家行政学院）网站：http://www.ccps.gov.cn/xtt/201903/t20190301_ 130004. shtml，最后访问日期：2019 年 10 月 10 日。

〔2〕 "党风廉政建设和反腐败斗争形势与任务之一——形势决定任务"，载中国纪检监察报社编：《学思践悟》，中国方正出版社 2017 年版。

〔3〕 《2018-2022 年全国干部教育培训规划》："为培养造就忠诚干净担当的高素质专业化干部队伍，不断把新时代中国特色社会主义推向前进，结合干部培训工作实际，制定本规划。"

〔4〕 赵乐际：《以习近平新时代中国特色社会主义思想为指导 坚定不移落实党的十九大全面从严治党战略部署——在中国共产党第十九届中央纪律检查委员会第二次全体会议上的工作报告》（2018 年 1 月 11 日）。

〔5〕 赵乐际：《忠实履行党章和宪法赋予的职责 努力实现新时代纪检监察工作高质量发展——在中国共产党第十九届中央纪律检查委员会第三次全体会议上的工作报告》（2019 年 1 月 11 日）。

第二节　研究的意义

一、研究的理论意义

教育与政治关系密切。政治论的观点认为，人们追求知识是由于这对国家意义重大，而非出自自己本身的知识渴求。[1] 正因如此，干部教育培训在我国政治体制下被作为政党建设的重要内容。长期以来，国内外学者对党的干部教育培训进行了较为广泛的研究。囿于种种原因，作为党的干部教育培训的重要细分领域——纪检监察干部教育培训，一直以来并未得到学界的足够重视。笔者不揣浅陋，希冀通过对纪检监察干部教育培训制度的研究，揭示制度变迁的内在逻辑，探究经验启示，为新时代纪检监察干部教育培训工作的发展提供理论参考。

二、研究的实践意义

本书所提出的建议对促进纪检监察干部教育培训工作专业化、科学化发展具有参考意义。

纪检监察干部教育培训是党的干部教育培训工作的重要组成部分，是推进党风廉政建设和反腐败斗争的基础性工作，是加强纪检监察队伍建设的重要方式。构建专业化的纪检监察干部教育培训模式，对建设一支"忠诚干净担当的高素质专业化"纪检监察队伍，对加强党风廉政建设和反腐败斗争，对"巩固发展反腐败斗争压倒性胜利"具有重要的现实意义。

---

〔1〕 政治论认为社会上日益复杂的问题以及人才竞争，都需要我们不断用深奥的知识来解答并培养高级人才，而进行这种探究的最好场所就是高等学府。历史上也确有很多哲学家、教育学家将教育看作是政治的分支。布鲁贝克（Brubacher）在《高等教育哲学》中提出了认识论和政治论的分析框架。布尔迪约（Bourdieu）在《再生产——一种教育系统理论的要点》中认为，学校不是中立的机构，它传递的文化反映着统治阶级的文化，无论从学校教育的方式还是从教育的内容来看，都最全面地符合统治集团或阶级的客观利益，是一种以专断权力进行的文化专断，从这个意义上说，所有的教育行动客观上都是一种符号暴力。柏拉图的《理想国》、亚里士多德的《政治学》、杜威（Dewey）的《民主主义与教育》等著作也都探讨了教育与政治之间的关系。

第三节 研究对象的概念界定

一、干部、领导干部、公务员

"干部"一词源于法语"Cadre",最初的意思是:"1. 骨骼、框架。其他含义包括:2. 界限、范围;3. 布局;4. 干部;5. 集装箱。"[1] 其后,该词被俄语、英语等作为外来语吸收,在英语中"Cadre"的意思是:"1.(担任新部队训练、组织等任务的)基干官兵,教导队;2.(某一活动、政党或组织的)核心班子,骨干队伍;3.(尤指党、政方面的)干部;4. 框架;机构;规划;纲要。"[2] 明治维新前后,日本人用汉字翻译了许多西方词语,日语对"Cadre"的翻译为"干部",其意思是:"1. 党和国家机关、军队、人民团体成员中的指导人员或骨干人员;2. 泛指担任一定公职的人员。"[3] 20 世纪初,汉语吸收了日语"干部"一词。汉语中该词有多重含义,意思是:"1. 党派社团工作机构的本部或总部;2. 担任一定的领导工作或管理工作的人员。也泛指国家机关、军队、人民团体中的公职人员。"[4]

共产党最早在正式文件中使用"干部"一词可以追溯到 1922 年 7 月在党的二大上通过的《中国共产党章程》。第二章"组织"第 4 条、第 8 条;第三章"会议"第 11 条,共出现三次"干部"。[5] 毛泽东同志在《反对党八股》一文中说:"……第二,要从外国语言中吸收我们所需要的成分。我们不是硬搬或滥用外国语言,是要吸收外国语言中的好东西,于我们适用的东西。因为中国原有语汇不够用,现在我们的语汇中就有很多是从外国吸收来的。例如今天开的干部大会,这'干部'两个字,就是从外国学来的。我们还要多多吸收外国的新鲜东西,不但要吸收他们的进步道理,而且要吸收他们的新鲜用语。"[6]

---

〔1〕 董明慧等编:《精选法汉汉法词典》,商务印书馆 2019 年版。

〔2〕 陆谷孙主编:《英汉大词典》(第 2 版),上海译文出版社 2007 年版,第 261 页。

〔3〕 宋文军主编:《现代日汉大词典》,商务印书馆、日本小学馆 1987 年版。

〔4〕 阮智富、郭忠新编著:《现代汉语大词典》,上海辞书出版社 2009 年版。

〔5〕《中国共产党章程(1922 年 7 月中国共产党第二次全国代表大会)》,载中央档案馆编:《中共中央文件选集(1921-1925)》,中共中央党校出版社 1989 年版。

〔6〕《毛泽东选集》(第 3 卷),人民出版社 1991 年版,第 837 页。

"干部概念的外延十分笼统和庞杂，几乎无所不包。"[1] "领导干部""公务员"在不同的语境中含义也有不同，为规范研究，本书采用官方定义。《党政领导干部选拔任用工作条例》[2]《中华人民共和国公务员法》[3] 关于"领导干部"和"公务员"的法律规定见表1-1。

表1-1 关于"领导干部"和"公务员"的法律规定

法律法规	相关规定
《党政领导干部选拔任用工作条例》（2019年3月3日修订后发布）	第四条　本条例适用于选拔任用中共中央、全国人大常委会、国务院、全国政协、中央纪律检查委员会工作部门领导成员或者机关内设机构担任领导职务的人员，国家监察委员会、最高人民法院、最高人民检察院领导成员（不含正职）和内设机构担任领导职务的人员；县级以上地方各级党委、人大常委会、政府、政协、纪委监委、法院、检察院及其工作部门领导成员或者机关内设机构担任领导职务的人员；上列工作部门内设机构担任领导职务的人员。 　　选拔任用参照公务员法管理的群团机关和县级以上党委、政府直属事业单位的领导成员及其内设机构担任领导职务的人员，参照本条例执行。 　　上列机关、单位选拔任用非中共党员领导干部，参照本条例执行。 　　选拔任用民族区域自治地方党政领导干部，法律法规和政策另有规定的，从其规定。
《中华人民共和国公务员法》（2018年12月29日第十三届全国人民代表大会常务委员会第七次会议修订）	第二条　本法所称公务员，是指依法履行公职、纳入国家行政编制、由国家财政负担工资福利的工作人员。 　　公务员是干部队伍的重要组成部分，是社会主义事业的中坚力量，是人民的公仆。 　　第一百一十二条　法律、法规授权的具有公共事务管理职能的事业单位中除工勤人员以外的工作人员，经批准参照本法进行管理。

〔1〕 王海峰："干部国家与中国建设：一个新的分析概念和框架"，载《上海行政学院学报》2012年第4期。

〔2〕《党政领导干部选拔任用工作条例》（2002年7月23日颁布，2014年1月14日修订后发布，2019年3月3日修订后发布）。

〔3〕《中华人民共和国公务员法》（2005年4月27日第十届全国人民代表大会常务委员会第十五次会议通过，根据2017年9月1日第十二届全国人民代表大会常务委员会第二十九次会议《关于修改〈中华人民共和国法官法〉等八部法律的决定》修正，2018年12月29日第十三届全国人民代表大会常务委员会第七次会议修订）。

"领导干部"是指各级党、政府以及参照公务员法管理的机构中担任领导职务的人员。"公务员"范围则包括纳入国家行政编制的人员以及具有公共事务管理职能的事业单位中的有关人员。

二、纪检监察干部

《中国共产党章程》第 46 条规定："党的各级纪律检查委员会是党内监督专责机关……"[1]《中华人民共和国监察法》第 7 条第 1 款规定："中华人民共和国国家监察委员会是最高监察机关。"第 14 条规定："国家实行监察官制度，依法确定监察官的等级设置、任免、考评和晋升等制度。"[2]《中共中央关于深化党和国家机构改革的决定》[3] 和《深化党和国家机构改革方案》[4]规定，"国家监察委员会，同中共中央纪律检查委员会合署办公，履行纪检、监察两项职责"。纪检监察干部是指从事纪检监察工作的人员。纪检监察干部队伍规模庞大，既有各级纪检监察机关的专职干部，还有军队以及企事业单位的专兼职纪检监察干部。

三、公务员培训、干部教育培训、纪检监察干部教育培训

《中华人民共和国公务员法》《干部教育培训工作条例》[5] 关于"公务员培训""干部教育培训"的法律规定见表 1-2。

表 1-2 关于公务员培训和干部教育培训的法律规定

法律法规	相关规定
	第十章 培 训 第六十六条 机关根据公务员工作职责的要求和提高公务员素质的需要，对公务员进行分类分级培训。

[1]《中国共产党章程》（2017 年 10 月 24 日中国共产党第十九次全国代表大会部分修改）。

[2]《中华人民共和国监察法》（2018 年 3 月 20 日第十三届全国人民代表大会第一次会议通过）。

[3]《中共中央关于深化党和国家机构改革的决定》（2018 年 2 月 28 日中国共产党第十九届中央委员会第三次全体会议通过）。

[4]《深化党和国家机构改革方案》（2018 年 2 月 28 日中国共产党第十九届中央委员会第三次全体会议审议通过）。

[5]《干部教育培训工作条例》（2015 年 10 月 14 日）。

续表

法律法规	相关规定
《中华人民共和国公务员法》（2018年12月29日第十三届全国人民代表大会常务委员会第七次会议修订）	国家建立专门的公务员培训机构。机关根据需要也可以委托其他培训机构承担公务员培训任务。 第六十七条　机关对新录用人员应当在试用期内进行初任培训；对晋升领导职务的公务员应当在任职前或者任职后一年内进行任职培训；对从事专项工作的公务员应当进行专门业务培训；对全体公务员应当进行提高政治素质和工作能力、更新知识的在职培训，其中对专业技术类公务员应当进行专业技术培训。 国家有计划地加强对优秀年轻公务员的培训。 第六十八条　公务员的培训实行登记管理。 公务员参加培训的时间由公务员主管部门按照本法第六十七条规定的培训要求予以确定。 公务员培训情况、学习成绩作为公务员考核的内容和任职、晋升的依据之一。
《干部教育培训工作条例》（2015年10月14日）	第二条　干部教育培训是建设高素质干部队伍的先导性、基础性、战略性工程，在推进中国特色社会主义伟大事业和党的建设新的伟大工程中具有不可替代的重要作用。干部教育培训工作必须坚持以马克思列宁主义、毛泽东思想、邓小平理论、"三个代表"重要思想、科学发展观为指导，深入贯彻习近平总书记系列重要讲话精神，紧紧围绕全面建成小康社会、全面深化改革、全面依法治国、全面从严治党的战略布局，以坚定理想信念、增强执政意识、提高执政能力为重点，把"三严三实"要求贯穿干部教育培训全过程，培养造就信念坚定、为民服务、勤政务实、敢于担当、清正廉洁的好干部，推动学习型、服务型、创新型马克思主义执政党建设和学习型社会建设，推进国家治理体系和治理能力现代化，为不断夺取中国特色社会主义新胜利、实现中华民族伟大复兴的中国梦提供思想政治保证、人才保证和智力支持。 第三条　本条例适用于党的机关、人大机关、行政机关、政协机关、审判机关、检察机关，以及列入公务员法实施范围的其他机关和参照公务员法管理的机关（单位）的干部教育培训工作。 国有企业、不参照公务员法管理的事业单位结合各自特点执行本条例。

　　我们可以为"纪检监察干部教育培训"划出一个较为清晰的轮廓——"纪检监察干部教育培训是指在纪检监察系统开展的，以提高广大纪检监察干部政治素质、业务水平为重点，以加强纪检监察干部队伍建设为目标的一种

专业化干部教育形式。"[1]

四、制度、政治制度、纪检监察干部教育培训制度

"制度"通常指由权威当局所建立的调整交往活动主体之间以及社会关系的具有正式形式和强制性的规范体系。

辞典中的"制度"。版本一："1. 要求大家共同遵守的办事规程或行动准则。2. 在一定历史条件下形成的政治、经济、文化等方面的体系。"[2] 版本二："1. 在一定历史条件下形成的法令、礼俗等规范。2. 规模、样式。"[3] 版本三："1. 在一定历史条件下形成的政治、经济、文化等方面的体系。2. 要求大家共同遵守的办事规程或行动准则。3. 规格、格局。"[4]

与"制度"相对应的英文是"System"。辞典中的"System"。版本一："1. 系统，体系。2. 制度，体制。3. 方法，方式，秩序，规律。4. 身体、全身。"[5] 版本二（包含18个不同含义，此处仅选用部分相关意思）："1. 系统。2. 制度、体制。3.（被看作一种桎梏的社会、政治或经济）既成秩序、现行秩序；现政府、统治集团。4. 理论体系。5. 方法、方式。6. 分类；分类原则。7. 条理；秩序。8.（机体内多个器官组成的）系统；身体；（高等植物的）组织。9. 宇宙、世界；系。"[6]

查阅辞典中"政治制度""政治体制"的意思。政治制度："通常指政权的组织形式，即政体。广义包括政治领域的各项制度。"[7] 政治体制："保证国家各种政治权力的形成和行使的各种组织制度、管理方式和行为规范的总和。是政治制度在整治过程中的具体化，体现为政治生活中各项微观的、局部的、具体的制度安排和管理措施。通常包括政治组织形式、政府管理形式

---

〔1〕 李本刚主编：《反腐倡廉宣传教育教程》，中国方正出版社2007年版，第121页。

〔2〕 中国社会科学院语言研究所词典编辑室编：《现代汉语词典》（第3版），商务印书馆1996年版，第1622页。

〔3〕 阮智富、郭忠新编著：《现代汉语大词典》，上海辞书出版社2009年版，第246页。

〔4〕 辞海编辑委员会：《辞海》（第6版，彩图本，第4卷）（W—Z），上海辞书出版社2009年版，第2949页。

〔5〕 《英汉词典》编写组编著：《英汉词典》，外文出版社2011年版，第581页。

〔6〕 陆谷孙主编：《英汉大词典》（缩印本），上海译文出版社1993年版，第1916页；陆谷孙主编：《英汉大词典》（第2版），上海译文出版社2007年版，第2055页。

〔7〕 辞海编辑委员会：《辞海》（第6版，彩图本，第4卷）（W—Z），上海辞书出版社2009年版，第2930页。

以及选举制度、人事制度、领导制度、公民权利保障制度等。"[1]

本书中的"制度"显然是取规则与制度的意思，即国家机关、企业事业单位在机构设置、领导隶属关系和管理权限划分等方面的规则、方法、形式等的总和。

道格拉斯·C. 诺斯（Douglass C. North）认为："制度是一个社会的游戏规则，更规范地说，它们是为决定人们的相互关系而人为设定的一些制约。"[2] 诺斯将规则大致分为正式规则（宪法、产权制度和契约）和非正式规则（规范和习俗）。萨缪尔·P. 亨廷顿（Samuel P. Huntington）认为："制度就是稳定的、受珍重的和周期性发生的行为模式。"[3] 青木昌彦（Aoki-Masahiko）认为："思考制度的最合理的思路是将制度概括为一种均衡博弈。"[4] 他认为制度及其复合体的均衡也是变化的。这些观点均认为制度并非静态的存在，而是一个动态的过程。

综上所述，"纪检监察干部教育培训制度"属于"政治制度"范畴，我们可以将其理解为与纪检监察干部教育培训相关的一系列制度安排与运作形式的总和。

五、政策、公共政策、纪检监察干部教育培训政策

"纪检监察干部教育培训政策"是一个语义宽泛的概念。因此，我们首先要对"纪检监察干部教育培训政策"概念的内涵与外延进行确定。一方面，我们不仅要对研究对象中每一个词的含义分别进行分析；另一方面，这些词排列组合之后有可能产生新的含义，因此我们还要对与此相关的概念进行分析，以尽量准确地勾画出研究对象的边界。这些概念主要包括：（公共）政策、党的政策、党的干部教育培训政策、党内法规及规范性文件、法律法规、政府制定的规范性文件等。

---

〔1〕 辞海编辑委员会：《辞海》（第 6 版，彩图本，第 4 卷）（W-Z），上海辞书出版社 2009 年版，第 2929 页。

〔2〕 〔美〕道格拉斯·C. 诺斯：《制度、制度变迁与经济绩效》，刘守英译，上海三联书店 1994 年版，第 3 页。

〔3〕 〔美〕萨缪尔·P. 亨廷顿：《变化社会中的政治秩序》，王冠华等译，生活·读书·新知三联书店 1989 年版，第 12 页。

〔4〕 〔日〕青木昌彦：《比较制度分析》，周黎安译，上海远东出版社 2001 年版，第 2~3 页。

（公共）政策（学）是一门交叉学科，其相关研究主要集中在政治学界和公共管理学界。关于（公共）政策中外学者作出了不同解释。

《辞海》中的定义："政策是党和国家为实现一定时期的路线而制定的一系列行动准则。"〔1〕《政策研究百科全书》中的定义："公共政策是政府为解决各种各样的问题所作出的决定。"〔2〕 这两个定义都来自辞书，过于简要，没有涵盖政策的多种特征。

毛泽东指出："只有党的政策和策略全部走上正轨，中国革命才有胜利的可能。政策和策略是党的生命，各级领导同志务必充分注意，万万不可粗心大意。"〔3〕 确切地讲这不是学术意义上的定义。

哈罗德·拉斯韦尔（Harold Lasswell）和亚伯拉罕·卡普兰（Abraham Kaplan）认为："公共政策是一种含有目标、价值和策略的大型计划。"〔4〕 该定义强调政府对于公共政策的设计功能和目标性，公共政策固然要遵循一定的社会正义、公平、效益等价值准则，但更重要的是寻求有效的方法解决实际的社会公共问题。

卡尔·弗雷德里奇（Carl Friedrich）认为："（政策是）在某一特定的环境下，个人、团体或政府有计划的活动过程，提出政策的用意就是利用时机、克服障碍，以实现某个既定目标，或达到某一既定的目的。"〔5〕 詹姆斯·E.安德森（James E. Anderson）认为："公共政策是一个有目的的活动过程，而这些活动是由一个或一批行为者，为处理某一问题或有关事务而采取的。"〔6〕这两个定义强调了政策的过程，并且认为政策主体也包括个人。

戴维·伊斯顿（David Easton）认为："公共政策就是对全社会的价值做权威性的分配。一项政策的实质在于通过那项政策不让一部分人占有他们而

---

〔1〕 辞海编辑委员会：《辞海》（第 6 版，彩图本，第 4 卷）（W-Z），上海辞书出版社 2009 年版，第 2926 页。

〔2〕 〔美〕斯图亚特·S. 那格尔编著：《政策研究百科全书》，林明等译，科学技术文献出版社1990 年版。

〔3〕 《毛泽东选集》（第 4 卷），人民出版社 1991 年版，第 1298 页。

〔4〕 Harold Lasswell and Abraham Kaplan, *Power and Society*, New Heaven：Yale University Press, 1970, p. 71.

〔5〕 转引自〔美〕詹姆斯·E. 安德森：《公共决策》，唐亮译，华夏出版社 1990 年版，第 3 页。

〔6〕 〔美〕詹姆斯·E. 安德森：《公共决策》，唐亮译，华夏出版社 1990 年版，第 4 页。

允许另一部分人占有他们。"[1] 该定义强调公共政策的价值分配功能，即公共政策是政府进行利益协调的基本工具和途径，但忽视了公共政策创造价值的功能，也没有说明政府在进行社会价值分配时的价值原则。

托马斯·R. 戴伊认为："公共政策是政府选择作为或不作为的行为。"[2] 罗伯特·艾斯顿（Robert Eyestone）认为："（公共政策是）政府机构和它周围环境之间的关系。"[3] 彼得斯（Peters）认为："（公共政策是）政府活动的总和，无论行为是直接的还是通过代理，因为其行为对公民的生活产生影响。"[4] 这三个定义对政策的界定过于宽泛。

威廉·詹金斯（William Jenkins）认为："公共政策是由政治行动主体或团体主体在特定的情境中制定的一组相关联的决策，包括目标选择、实现目标的手段，这些政策原则上是行动力所能及的。"[5] 该定义中公共政策的原则是力所能及，事实上很多政策中包含大量宣示性、展望性的内容。

张金马认为："（公共政策是）党和政府用以规范、引导有关机关、团体和个人行为的准则或指南。其表现形式有法律、规章、行政命令、政府首脑的书面或口头声明和指示。"[6] 该定义的政策形式较为宽泛，但政策主体范围又较窄，且忽视了其行动特征。

陈振明认为："政策是国家机关、政党及其他政治团体在特定时期为实现或服务于一定社会政治、经济、文化目标所采取的这种行为或规定的行为准则，它是一系列谋略、法令、措施、办法和条例的总称。"[7]

伍启元认为："公共政策是由具有立法权者决定、由行政人员执行的法律和法规。"[8] 张世贤认为："公共政策乃政府为解决公共问题，达成公共目

---

〔1〕〔美〕戴维·伊斯顿：《政治生活的系统分析》，王浦劬主译，人民出版社 2012 年版，第 129~134 页。

〔2〕〔美〕托马斯·R. 戴伊：《理解公共政策》（第 12 版），谢明译，中国人民大学出版社 2011 年版，第 1 页。

〔3〕Robert Eyestone, *The Threads of Public Policy: A Study in Policy Leadership*, Indianapolicis: Bobbs-Merril Company, 1971, p. 18.

〔4〕B. Guy Peters, *American Public Policy: Promise and Performance*, CQ Press, 2006.

〔5〕转引自严强主编：《公共政策学》，社会科学文献出版社 2008 年版，第 4 页。

〔6〕张金马主编：《政策科学导论》，中国人民大学出版社 1992 年版，第 19~20 页。

〔7〕陈振明主编：《政策科学——公共政策分析导论》（第 2 版），中国人民大学出版社 2003 年版，第 59 页。

〔8〕伍启元：《公共政策》，香港商务印书馆 1989 年版，第 4~5 页。

标，经由政治过程，所产出的策略。"〔1〕 这两个定义的公共政策主体范围过窄。

通过对中外学者关于（公共）政策概念的梳理与分析，可以总结出公共政策至少包括以下几个基本特征：

（1）公共政策以解决公共问题为导向；

（2）公共政策由权威机构所主导；

（3）公共政策以公共权力为依托；

（4）公共政策的目标具有阶段性；

（5）公共政策的行为与结果具有权威性；

（6）公共政策是一个动态的过程；

（7）公共政策的表现形式具有多样性。

据此分析，"党的干部教育培训政策"基本符合以上几个特征，大致属于公共政策的范畴。

所以，只有在理解中国的国家权力结构以及党政关系的基础上，才能准确地分析中国的公共政策过程。当代中国的公共政策大致由三部分构成，即党的政策、人大立法和行政决策，在某种意义上可以说，人大立法、行政决策都是中国共产党政策的具体实施。对党的纪检监察干部教育培训政策进行分析必须基于这一制度框架。中国共产党是中国唯一的执政党，在中国的政治过程中具有法定的领导性地位。党既是政治权力核心，也是事实上的行政权力中心。

在政治实践中，我国实行党领导下的政府工作制，党组织是政府机构的核心，掌握公共权力，几乎对于一切重大公共政策都具有决定性作用，这一点是显而易见的。如果不能理解这一点，就无法对"党的干部教育培训政策""纪检监察干部教育培训政策"进行准确的分析。"如果把中国共产党排除在'政府'之外来分析当代中国的政府过程，不仅无法解释政府决策和执行的基本动力和作为，而且可以说在根本上是不得要领的。"〔2〕 是否具有排他性是确定公共产品的一个基本标准。尽管"党的干部教育培训政策""纪检监察干部教育培训政策"是以解决公共问题为导向的，但事实上是具有排他性的。

---

〔1〕　张世贤：《公共政策析论》，五南图书出版公司1986年版，第9页。

〔2〕　胡伟：《政府过程》，浙江人民出版社1998年版，第17页。

这一点只有在中国政治制度的框架下进行分析才能理解。

六、政治体系

戴维·伊斯顿最早使用"政治体系"（Political System）这一术语来分析政治。他把政治生活看作"一个行为体系，它处于一个环境之中，本身受到这种环境的影响，又对这种环境产生反作用；这一体系是一个将输入转化为输出的过程"。[1]

加布里埃尔·A. 阿尔蒙德（Gabriel A. Almond）等认为："体系是指各部分之间的某种相互依存以及体系同环境之间的某种界限。所谓相互依存，就是指在一个体系中，当某个组成部分的性质发生变化时，其他所有的组成部分以及整个体系都会受到影响。政治体系不仅包括政府机构，而且包括所有结构中与政治有关的方面。一切政治体系都与环境发生相互作用。政治体系是社会在其国内和国际环境中，有意识地制定和追求集体目标的工具。"[2]

罗伯特·A. 达尔（Robert A. Dahl）等认为："一个政治体系是由一个相互作用的要素构成的集合体，而这一体系的部分或要素又是以个人或集体的方式把影响力运用于个人和集体而构成的。"[3]

伊斯顿、阿尔蒙德和达尔对于"政治体系"的定义都是开放性的，只是对政治体系的几个关键特征进行了论述。其共同点体现在，政治体系的过程包括：输入、转换、输出。政治体系的要素包括：环境、参与者、互动、开放性等。

本书同样也不试图对"政治体系"进行定义，而是借鉴上述关于"政治体系"的分析模式，并结合研究对象的实际情况进行分析和解释。

七、党的建设

"党的建设"也称"政党建设"或"党建"，是指政党为完成自身的使命

---

〔1〕〔美〕戴维·伊斯顿：《政治生活的系统分析》，王浦劬主译，人民出版社 2012 年版，第 16~17 页。

〔2〕〔美〕加布里埃尔·A. 阿尔蒙德、小 G. 宾厄姆·鲍威尔：《比较政治学——体系、过程和政策》，曹沛霖等译，东方出版社 2007 年版，第 5~7 页。

〔3〕〔美〕罗伯特·A. 达尔、布鲁斯·斯泰恩布里克纳：《现代政治分析》（第 6 版），吴勇译，中国人民大学出版社 2012 年版。

而进行领导国家、社会和提高自身生机和活力的理论与实践活动。党的建设
是一个内涵丰富的概念，在不同时期，党的领导者都会根据时代发展的需要
而不断赋予其新的内涵（见表1-3）。

表1-3 党代会报告中关于党的建设的表述

党代会	关于党的建设的表述
党的十七大（2007年10月15日~21日）	胡锦涛同志在党的十七大报告中首次把反腐倡廉建设同思想建设、组织建设、作风建设、制度建设一起确定为党的建设的五大基本任务。
党的十八大（2012年11月8日~14日）	胡锦涛同志在党的十八大报告中提出全面提高党的建设科学化水平。牢牢把握加强党的执政能力建设、先进性和纯洁性建设……坚持解放思想、改革创新，坚持党要管党、从严治党，全面加强党的思想建设、组织建设、作风建设、反腐倡廉建设、制度建设。
党的十九大（2017年10月18日~24日）	习近平同志在党的十九大报告中首次把党的政治建设纳入党的建设总体布局。以加强党的长期执政能力建设、先进性和纯洁性建设为主线，以党的政治建设为统领，全面推进党的政治建设、思想建设、组织建设、作风建设、纪律建设，把制度建设贯穿其中，深入推进反腐败斗争，全面提高党的建设科学化水平。

八、纪检监察干部教育培训制度的表现形式

纪检监察干部教育培训制度的表现形式涉及三个概念："体系"（System）、"制度"（Institution）、"政策"（Policy）。"制度"强调一整套正式的、强制性的规范体系；"政策"偏重于具体规范，更多地关注某一具体规范的变迁过程；"体系"关注多个参与者构成的系统及其互动关系。本书中，"制度"与"政策"的核心含义有相当多的部分是重叠的，但外延有所不同。

宏观层面，本书将"纪检监察干部教育培训制度"作为一个政治体系进行分析。中观层面，本书认为"纪检监察干部教育培训制度"包含若干相互联系的具体"纪检监察干部教育培训政策"，对政策过程进行分析。

（一）关于党内法规及党内规范性文件的定义

为规范研究，本书采用"党内法规"的官方定义："党内法规是党的中央组织、中央纪律检查委员会以及党中央工作机关和省、自治区、直辖市党委

制定的体现党的统一意志、规范党的领导和党的建设、活动，依靠党的纪律保证实施的专门规章制度。党章是最根本的党内法规，是制定其他党内法规的基础和依据。"党内法规的名称为党章、准则、条例、规定、办法、细则。[1]

"党内规范性文件"是一个宽泛的概念，目前没有标准的定义。本书中的"党内规范性文件"是指，在全党范围内具有普遍约束效力的各种文件，包括但不限于：决议、决定、主要领导人讲话（印发）、会议公报（印发）、会议纪要、办法、指示、通知、意见、答复。

（二）关于国家法律法规的定义

"法律法规"的定义比较明确。本书中的"法律法规"是指，中华人民共和国现行有效的法律、行政法规、司法解释、地方法规、地方规章、部门规章及其他规范性文件，以及对于法律法规的修改和补充。

（三）关于政府制定的规范性文件的定义

"政府制定的规范性文件"，目前没有标准的定义。本书中的"政府制定的规范性文件"是指，中央政府制定的规范性文件的统称，包括但不限于：决定、会议纪要、办法、指示、通知、意见、规划、纲要。

（四）纪检监察干部教育培训政策的载体

党的干部教育培训政策通常是以文本形式存在的。本书相关的党的干部教育培训政策目录见附录。

第四节　文献综述

中国共产党历来高度重视干部教育培训，加强对干部教育培训发展规律的研究是推动工作不断发展的重要途径。长期以来，国内外关于中共干部教育培训的研究成果逐渐累积，形成了较为丰富的学术资源，为进一步开展研究奠定了坚实的基础。

一、国内关于党的干部教育培训的研究

（一）关于干部教育培训制度的研究

王长江将干部教育培训纳入政党自身建设的范畴。他认为党内教育和培

---

〔1〕《中国共产党党内法规制定条例》（2019年9月3日）。

训是增强党内凝聚力，形成共识的重要手段。他指出马克思主义政党最看重意识形态的作用，因而也最看重党员和党的骨干的教育培训工作。"教育和培训的基本内容有两项：第一是思想政治教育，目的是使接受培训的客体掌握马克思主义意识形态，学会运用马克思主义的世界观和方法论观察问题、认识世界，强化他们对党的认同和忠诚。第二是专门技能培训，意在提高他们对党自身进行管理的水平和作为执政党掌握权力，领导经济、政治、社会和文化等各方面工作的水平。"[1]

谢春涛将党的干部教育培训看作是党选拔和管理干部的方式。他认为党加强对干部的教育培训是党重视学习、善于学习以适应时代变化和发展需要的表现。[2] 持类似观点的还有刘彦虎、王伟等，他们分别从政治精英培养的视角研究了党的党校体制[3]及干部教育培训制度。[4]

俞可平从国家治理体系的角度分析了干部教育培训的作用。他认为中国共产党的干部教育培训体系是中国国家治理体系的重要内容。它直接关系到中国共产党的执政能力和国家治理能力。"改革开放以来，中共干部教育培训制度的重大变化，不仅从一个侧面深刻地反映着中共从革命党转向执政党的历程，也反映着中共治理国家的理念、方式、体制和能力的变迁过程。一方面，推进中国国家治理体系和治理能力的现代化，势必要求中共干部教育培训体系的现代化；另一方面，中共干部教育培训体系未来的改革创新，又在很大程度上将有助于推进中国共产党自身的现代化和中国国家治理的现代化。"[5]

（二）关于干部教育培训发展历程的研究

关于党的干部教育培训发展历程的研究成果比较丰富，研究者大多来自党的组织部门或党校系统。代表性成果有：王仲清主编的《党校教育历史概

---

〔1〕 王长江：《政党论》，人民出版社2009年版，第111页。

〔2〕 谢春涛主编：《中国共产党如何治理国家？》，新世界出版社2012年版，第201~205页。

〔3〕 刘彦虎："政治精英再生产与政党发展——中国共产党党校研究"，复旦大学2011年博士学位论文。

〔4〕 王伟："政治精英培养与政党能力建设——中国共产党干部培训制度研究"，中共中央党校2014年博士学位论文。

〔5〕 俞可平："中共的干部教育与国家治理"，载《中共浙江省委党校学报》2014年第3期。

述（1921-1947）》[1]，李小三主编的《中国共产党干部教育简史》[2]，高世琦编著的《中国共产党干部教育世纪历程》[3]，吴林根的《中国共产党干部教育九十年》[4]，陈凤楼的《中国共产党干部工作史纲（1921-2011）》[5]，中央党校文史教研部与新华通讯社新闻信息中心编的《中国共产党党校巡礼》[6]，中共中央党校组织编写的《春潮——十八大以来党校事业大发展纪实》[7]。这些研究成果主要是对党的干部教育培训工作历史进行系统梳理，并对发展规律进行总结。党的干部教育培训工作贯穿党的发展全过程，发展脉络清晰，史料翔实。这类研究有助于读者从宏观上了解党校系统的概貌以及党的干部教育培训工作历史。

一些学位论文也对各个时期党的干部教育培训工作进行了研究。代表性成果有：王艳春的《抗日战争时期中共在职干部教育研究》[8]、赵志宇的《新民主主义革命时期中国共产党干部教育研究》[9]、周震的《新中国成立初期革命大学研究》[10]、李跃新的《1949-1956年中国共产党干部教育研究》[11]。

（三）关于党校教育和干部教育学的研究

随着干部教育培训工作的发展，一些研究者意识到党校教育和干部教育培训的特征显著区别于一般教育领域。于是，研究者们通过总结党校办学经验，探索切合实际的办学方法和干部教育培训的特有规律，并尝试构建一个相对独立的学科门类——干部教育学。代表性成果有：中共安徽省委党校编

〔1〕 王仲清主编：《党校教育历史概述（1921-1947）》，中共中央党校出版社1992年版。

〔2〕 李小三主编：《中国共产党干部教育简史》，中共党史出版社2009年版。

〔3〕 高世琦编著：《中国共产党干部教育世纪历程》，党建读物出版社2013年版。

〔4〕 吴林根：《中国共产党干部教育九十年》，东方出版中心2011年版。

〔5〕 陈凤楼：《中国共产党干部工作史纲（1921-2011）》，党建读物出版社2003年版。

〔6〕 中共中央党校文史教研部、新华通讯社新闻信息中心编：《中国共产党党校巡礼》，新华出版社2001年版。

〔7〕 中共中央党校组织编写：《春潮——十八大以来党校事业大发展纪实》（上、中、下），中共中央党校出版社2016年版。

〔8〕 王艳春："抗日战争时期中共在职干部教育研究"，首都师范大学2009年博士学位论文。

〔9〕 赵志宇："新民主主义革命时期中国共产党干部教育研究"，吉林大学2013年博士学位论文。

〔10〕 周震："新中国成立初期革命大学研究"，中共中央党校2012年博士学位论文。

〔11〕 李跃新："1949-1956年中国共产党干部教育研究"，中共中央党校2004年博士学位论文。

的《党校教育学概论》[1]、冯炳勋主编的《党校教育学》[2]、刘家琪等的《党校教育原理概论》[3]、张庆日主编的《党校教育研究与探索》[4]、沈育善等主编的《党校教育简论》[5]、党校函授教育学编写组的《党校函授教育学》[6]、陆沪根主编的《党校教育规律研究》[7]、唐渡编著的《党校教育概论》[8]、谈宜彦等的《党校教育工作八论》[9]、李波的《当代中国共产党干部教育规律研究》[10]、王泉的《中国共产党干部教育创新研究》[11]、朱诗柱的《干部教育培训之道》[12]、张新刚主编的《组工干部教育培训原理与方法》[13]、魏礼群的《建设国际一流行政学院——思考与实践》[14]、中央党校"党的干部成长规律和党校教育规律研究"课题组的《党的干部成长规律和党校教育规律研究》[15]、朱成荣的《党校教育规律思考》[16]。2018 年 11 月，中共中央印发的《2018-2022 年全国干部教育培训规划》明确提出："推动设立干部教育学二级学科。"这标志着干部教育学学科创建进入新阶段。

（四）关于干部教育培训具体问题的研究

21 世纪以来，随着干部教育培训工作的大发展，新的研究成果不断涌现，这些研究成果涉及干部教育培训工作的各个方面，呈现多样化的特征。这类研究成果大多聚焦于某个具体问题，侧重技术层面的探讨，追求解决具体问题的实用性。代表性成果有：刘海藩、关国为主编的《党校科研工作指

---

〔1〕 中共安徽省委党校编：《党校教育学概论》，安徽人民出版社 1986 年版。
〔2〕 冯炳勋主编：《党校教育学》，河南人民出版社 1987 年版。
〔3〕 刘家琪等：《党校教育原理概论》，中共中央党校出版社 1989 年版。
〔4〕 张庆日主编：《党校教育研究与探索》，内蒙古大学出版社 1997 年版。
〔5〕 沈育善等主编：《党校教育简论》，中共中央党校出版社 2000 年版。
〔6〕 本书编写组：《党校函授教育学》，当代世界出版社 2000 年版。
〔7〕 陆沪根主编：《党校教育规律研究》，华东师范大学出版社 2007 年版。
〔8〕 唐渡编著：《党校教育概论》，甘肃人民出版社 2007 年版。
〔9〕 谈宜彦等：《党校教育工作八论》，红旗出版社 2008 年版。
〔10〕 李波："当代中国共产党干部教育规律研究"，吉林大学 2010 年博士学位论文。
〔11〕 王泉：《中国共产党干部教育创新研究》，人民出版社 2011 年版。
〔12〕 朱诗柱：《干部教育培训之道》，中共中央党校出版社 2011 年版。
〔13〕 张新刚主编：《组工干部教育培训原理与方法》，党建读物出版社 2011 年版。
〔14〕 魏礼群：《建设国际一流行政学院——思考与实践》，国家行政学院出版社 2012 年版。
〔15〕 中央党校"党的干部成长规律和党校教育规律研究"课题组：《党的干部成长规律和党校教育规律研究》，中共中央党校出版社 2013 年版。
〔16〕 朱成荣：《党校教育规律思考》，中共中央党校出版社 2013 年版。

南》〔1〕、党校教学改革与教育规律研究课题组的《总结教学改革经验　探索党校教育规律》〔2〕、易定红等的《干部教育培训质量评估研究》〔3〕、董明发的《干部教育培训质量保障研究》〔4〕、范柏乃等的《干部教育培训绩效的评估指标、影响因素及优化路径研究》〔5〕、刘辉编著的《中国干部培训新解》〔6〕、魏淑君等编的《干部教育培训的改革与创新》〔7〕、李庚靖的《毛泽东干部教育思想新论》〔8〕、李森的《厅局级党政领导干部素质与能力培养研究——干部培训视角》〔9〕、黄峰的《中国共产党干部教育培训科学化研究》〔10〕、李英的《当代中国领导干部廉政教育研究》〔11〕。

（五）关于中外干部教育培训比较的研究

吸取先进国际经验对于改进和完善党的干部教育培训工作具有重要意义。改革开放以来，为拓展国际视野，国内干部教育培训管理者与研究者不断加强与国外公务人员培训机构的交流与合作，形成了一批研究成果。代表性成果有：靳铭的《ENA 高级公务员培训中值得借鉴的几点做法》〔12〕、杨志和的《拓宽干部教育培训的国际化视野——法国国立行政学院公务员培训的借鉴与思考》〔13〕、周金堂的《哈佛案例教学的特点及其对我国干部教育培训的一些

〔1〕　刘海藩、关国为主编：《党校科研工作指南》，中共中央党校出版社 1993 年版。

〔2〕　党校教学改革与教育规律研究课题组：《总结教学改革经验　探索党校教育规律》，中共中央党校出版社 1998 年版。

〔3〕　易定红等：《干部教育培训质量评估研究》，科学出版社 2014 年版。

〔4〕　董明发："干部教育培训质量保障研究"，中共中央党校 2011 年博士学位论文。

〔5〕　范柏乃等：《干部教育培训绩效的评估指标、影响因素及优化路径研究》，浙江大学出版社 2012 年版。

〔6〕　刘辉编著：《中国干部培训新解》，知识产权出版社 2012 年版。

〔7〕　魏淑君等编：《干部教育培训的改革与创新》，人民出版社 2012 年版。

〔8〕　李庚靖："毛泽东干部教育思想新论"，华东师范大学 2003 年博士学位论文。

〔9〕　李森："厅局级党政领导干部素质与能力培养研究——干部培训视角"，同济大学 2008 年博士学位论文。

〔10〕　黄峰："中国共产党干部教育培训科学化研究"，中共中央党校 2015 年博士学位论文。

〔11〕　李英："当代中国领导干部廉政教育研究"，湖南师范大学 2015 年博士学位论文。

〔12〕　靳铭："ENA 高级公务员培训中值得借鉴的几点做法"，载《中国延安干部学院学报》2008 年第 3 期。

〔13〕　杨志和："拓宽干部教育培训的国际化视野——法国国立行政学院公务员培训的借鉴与思考"，载《中国延安干部学院学报》2013 年第 6 期。

启示》〔1〕、邓庭富等的《越南干部教育培训发展的历程与现况》〔2〕、冯俊的《国际化背景下干部教育培训工作的新趋势》〔3〕、庄虔友、杨束芳的《关于中国共产党党校的中外研究比较》〔4〕、杨中华的《改革我国干部教育培训体系的探索——基于中美比较的视角》〔5〕。

一些赴海外接受相关教育培训的人员将学习过程以日记或体会等形式记录下来并出版,这部分资料也很有研究价值。代表性成果有:袁岳等的《哈佛:MPA 是怎样炼成的》〔6〕、王辉耀、张晓萌的《哈佛肯尼迪政府学院的精英课》〔7〕、包明友的《视界无疆:我在哈佛的学与思》〔8〕。

国内关于干部教育培训的研究成果具有以下几个特点。一是研究视角多样,研究成果较为丰富;二是从事具体实务工作的研究者较多,因而研究成果具有明显的实用主义倾向;三是关于干部教育培训发展历程的研究,描述性内容较多,历史性规律总结不够深入;四是干部教育培训作为一个相对独立的研究领域,已经形成了稳定的研究群体;五是政治科学层面的高质量研究有限。

(六) 关于纪检监察干部教育培训的研究

纪检监察干部教育培训作为党的干部教育培训的一个细分领域,囿于种种原因,相关研究并未得到学术界的足够重视。目前,关于该领域的研究较少。代表性成果有:任建明的《中国纪检监察领导人员胜任力模型研究》〔9〕《廉政学科及其发展路径研究》〔10〕,李永忠、董瑛的《对纪检监察学科建设问

---

〔1〕 周金堂:"哈佛案例教学的特点及其对我国干部教育培训的一些启示",载《中国井冈山干部学院学报》2006 年第 4 期。

〔2〕 邓庭富等:"越南干部教育培训发展的历程与现况",载《中国浦东干部学院学报》2010 年第 1 期。

〔3〕 冯俊:"国际化背景下干部教育培训工作的新趋势",载《国家教育行政学院学报》2016 年第 1 期。

〔4〕 庄虔友、杨束芳:"关于中国共产党党校的中外研究比较",载《理论研究》2013 年第 3 期。

〔5〕 杨中华:"改革我国干部教育培训体系的探索——基于中美比较的视角",载《教育探索》2013 年第 6 期。

〔6〕 袁岳等:《哈佛:MPA 是怎样炼成的》,中华工商联合出版社 2004 年版。

〔7〕 王辉耀、张晓萌:《哈佛肯尼迪政府学院的精英课》,中信出版社 2013 年版。

〔8〕 包明友:《视界无疆:我在哈佛的学与思》,译林出版社 2008 年版。

〔9〕 任建明:"中国纪检监察领导人员胜任力模型研究",清华大学 2007 年博士学位论文。

〔10〕 任建明:"廉政学科及其发展路径研究",《北京航空航天大学学报(社会科学版)》2015 年第 4 期。

题的几点思考》[1]。任建明等还对中国香港与中国内地的反腐败及监督机构的干部培训模式进行了比较研究。[2]

二、文献评述

国内关于干部教育培训的研究数量丰富，且视角多样。王长江、俞可平等关于干部教育培训制度的研究，深刻揭示了干部教育培训在中国政治结构中的角色与功能。这些观点对笔者启发很大。关于干部教育培训发展历程的研究大部分出自党校系统的学者，这部分研究成果对建党近百年来的干部教育培训历史进行了系统梳理，勾画出了较为清晰的发展脉络，对笔者帮助很大。关于干部教育学的研究是几代从事党的干部教育培训工作的同志们办学思想的凝结。尽管目前干部教育培训工作及其相关研究还没有真正形成一门学科，但这些研究成果无疑是重要的基石，鼓励笔者沿着前辈们探索的方向继续前进。

国外关于中国共产党干部教育培训的研究成果不多。一方面，由于干部教育培训体系长期以来是一个相对封闭的内部循环系统，与国外交流较少。另一方面，国外的中国问题研究者更愿意关注政治体制改革、经济体制改革等宏大议题，对处于政治结构边缘的干部教育培训制度的关注非常有限。国外的相关研究采用政治科学的研究方法，关注中国政治过程与中国共产党干部教育培训制度间的互动关系，将党校及干部教育培训制度作为研究中国共产党和理解中国政治过程的一个窗口。这些研究从局外人的视角对该领域进行的观察与分析、提出的观点对笔者很有启发。

关于纪检监察干部教育培训的研究成果很少。这意味着，一方面可供参考借鉴的资料相当有限，另一方面也表明该领域的研究空间很大。这也是本书的意义所在。

---

[1] 李永忠、董瑛："对纪检监察学科建设问题的几点思考"，载《中国延安干部学院学报》2011年第5期。

[2] 任建明、张君翼："中国反腐败机构改革研究——基于中国香港和中国内地间的比较"，载《北京航空航天大学学报（社会科学版）》2016年第1期。

第五节 理论框架

一、结构功能主义

结构功能主义（Structural Functionalism）最初是社会研究中的一个理论流派，至今仍是最基本的社会研究范式之一。该理论的观点是，社会是一个具有一定结构的整体系统，由各个子系统按照一定的方式组成，每个子系统都对社会整体发挥着必要功能，并使得社会整体得以存续。

阿尔蒙德在社会科学结构功能主义理论的基础上，开了将结构功能主义方法运用到政治学领域的先河。他将政治系统在政治过程中的功能分成三部分。"（1）体系层次，指系统维持和适应功能，包括：政治录用、政治社会化和信息交流。（2）过程层次，指政治要求与政治支持转化成权威性政策的过程，包括：利益表达、利益综合、政策制定、政策实施等。（3）政策层次，指政策的实际行为，包括：政策输出和政策结果。"[1]他还按照"政治体系""结构""角色"的顺序对政治发展进行了从宏观到微观的分析。他指出："政治发展在结构方面的表现就是分化，在分化中角色发生变化，变得更加专门或自主化，出现了新型的专门角色，出现了或创造了新的专门化的结构和次体系。"[2]

结构功能主义对分析政党政治，尤其是对分析纪检监察机关及其干部教育培训机构具有重要的意义。把党的纪检监察机关当作结构的一部分，放到党的整体系统中去研究，才能对纪检监察机关的功能有准确的定位。同样，把纪检监察干部教育培训制度作为结构的一部分，放到纪检监察体系中去研究，才能正确地理解其所扮演的角色及发挥的作用。《中国共产党章程》《中华人民共和国监察法》等法律法规对纪检监察机关的职能定位进行了规定。但在政治过程中，纪检监察机关在党的组织结构中处于什么位置，实际发挥了怎样的作用，有没有变化或调整；纪检监察干部教育培训机构在纪检监察

---

〔1〕〔美〕加布里埃尔·A. 阿尔蒙德、小 G. 宾厄姆·鲍威尔：《比较政治学——体系、过程和政策》，曹沛霖等译，东方出版社 2007 年版，第 14~16 页。

〔2〕〔美〕加布里埃尔·A. 阿尔蒙德、小 G. 宾厄姆·鲍威尔：《比较政治学——体系、过程和政策》，曹沛霖等译，东方出版社 2007 年版，第 24 页。

体系中是怎样的职能定位，实际发挥了怎样的作用；纪检监察体制的变化是怎样影响纪检监察干部教育培训工作的，这些问题都可以通过结构功能主义的框架进行分析。

二、新制度主义

"政治学源于对制度的研究。"[1] 新制度主义（New Institutionalism）兴起于对行为主义和理性选择理论的反思，自从詹姆斯·G. 马奇（James G. March）和约翰·P. 奥尔森（Johan P. Olsen）提出"新制度主义"后，[2] 这一术语在政治科学研究中逐渐成为主要的研究范式之一。新制度主义从制度视角出发分析政治全过程，强调制度的重要性和中心地位；抓住了政治生活的核心特征——以政治制度为基础的集体活动。本书将采用历史制度主义、利益代表制度主义两种新制度主义理论形态进行分析。

"历史制度主义（Historical Institutionalism）实际上是政治学中出现的第一个新制度主义流派。"[3] 历史制度主义认为制度是嵌入政体或政治经济组织结构中的正式或非正式的程序、规则、规范和惯例，而不是将制度仅仅局限于"一系列权威机构制定的规则、程序和道德伦理的行为规范"。[4] 历史制度主义主张将制度分析放在一个较长的时段中，认为制度的生成和变迁主要源于内部冲突、外在压力、新观念的输入以及精英的推动等因素。"'路径依赖'是历史制度主义关键术语，指制度创设或政策最初发起时所选择的政策，将持续和决定性地影响未来的政策，然而，不断增加的压力会造成均衡断裂，从而引发制度变迁，历史制度主义用'均衡断裂'概念解释变迁，这些政治均衡并不必然是永久的，制度在这种路径中也被认为是能够变化

---

〔1〕〔美〕B. 盖伊·彼得斯：《政治科学中的制度理论："新制度主义"》（第2版），王向民、段红伟译，上海人民出版社2011年版，第1页。

〔2〕James G. March, Johan P. Olsen, "The New Institutionalism: Organizational Factor in Political Life", *American Political Science Review*, 78 (1984), 743~749.

〔3〕〔美〕B. 盖伊·彼得斯：《政治科学中的制度理论："新制度主义"》（第2版），王向民、段红伟译，上海人民出版社2011年版，第70页。

〔4〕〔美〕道格拉斯·C. 诺思：《经济史中的结构与变迁》，陈郁等译，上海三联书店、上海人民出版社1991年版，第18页。

的。"[1] 党的十八大以来，中央在反腐败斗争方面的一系列举措恰好是"均衡断裂"的具体表现，这一变迁对于纪检监察干部教育培训制度具有重要而直接的影响。对此，一些历史制度主义学者提出"关键时刻"概念对此予以描述和解释，但历史制度主义不太关注个体活动与制度之间的关联，这是历史制度主义的局限性之一。

"利益代表制度主义（institutions of interest representation）关注的是诸如政党体系或利益集团网络等中观层次的政治结构和制度，它们在国家和社会之间发挥着利益协调的功能。"[2] 政党是政治舞台的主要行动者之一，如同其他组织一样，它可以被视为一种制度。"政党也是意识形态价值的承载者和推动者，他通过政党宣言和政党意识形态对其成员输入一套'适当性逻辑'，并且如果政党赢得选举或通过其他方式执掌政权，他会把这一输入活动扩大至全社会。"[3] 然而，政党制度化的程度及政党通过制度对其成员行为进行控制的程度都存在差异，这导致政党特征千差万别。因此，政党运用各种机制来将他们自身和潜在成员团结在一起。中国共产党作为一个强意识形态政党，通过信仰模式来激励党员，而干部教育培训制度则是中共对党员领导干部实施意识形态强化的重要制度安排。

干部教育培训制度是中国共产党党建制度的组成部分，是中国政治研究中值得关注的重要政治现象。纪检监察干部教育培训制度是党的干部教育培训制度和纪检监察制度结合的产物。纪检监察干部教育培训制度在一个较长的历史时期，在纪检监察体制变迁、党风廉政建设和反腐败斗争形势变化的综合作用下产生、发展和变迁，是纪检监察工作的深刻反映。因此，使用历史制度主义以及利益代表制度主义框架来分析纪检监察干部教育培训制度，符合制度主义的应用范围。

---

〔1〕〔美〕B. 盖伊·彼得斯：《政治科学中的制度理论："新制度主义"》，王向民、段红伟译，上海人民出版社 2011 年版，第 75 页。

〔2〕〔美〕B. 盖伊·彼得斯：《政治科学中的制度理论："新制度主义"》，王向民、段红伟译，上海人民出版社 2011，译者序Ⅱ。

〔3〕〔美〕B. 盖伊·彼得斯：《政治科学中的制度理论："新制度主义"》，王向民、段红伟译，上海人民出版社 2011 年版，第 123 页。

三、公共政策相关理论

早期公共政策理论注重对于政策制定过程的研究，强调政策咨询对于政策制定的意义。随后，研究开始逐渐转向注重公共政策的执行与评估，以及政策终结和政策周期等。1951 年，哈罗德·拉斯韦尔（Harold Lasswell）最早把政策分析与科学联系起来思考，并首次提出政策科学概念，他把政策制定划分为"信息、建议、法令、援引、实施、评价、终止等七个过程"。[1] 戴维·伊斯顿（David Easton）提出了政治系统（Political System）分析模式，把政治解释为围绕政府制定和执行政策而进行的活动，是一种实现社会价值的权威性分配的活动。他认为公共政策是政治系统的输出。托马斯·R. 戴伊全面而系统地发展了公共政策研究。托马斯·E. 库恩（Thomas E. Kuhn）在政策科学研究的方法论方面起到了推动性作用。查尔斯·E. 林德布洛姆（Charles E. Lindblom，早期译为查尔斯·E. 林布隆）提出了渐进决策理论。[2] 埃贡·G. 古贝（Egon G. Guba）等从对政策评估的角度进行分析。[3] 如今越来越多的学者参与到公共政策的研究当中，推动公共政策科学的发展。

纪检监察干部教育培训政策是中国共产党政治系统对外界环境压力所做出的应激反应，政策的输出是政治系统与其外部环境互动的结果。因此，本书将政策看作组成纪检监察干部教育培训制度的基本单位，对政策过程的分析也是对纪检监察干部教育培训制度的中观分析。

四、理性选择理论

在社会科学研究中，几乎所有的理论都隐含着关于行动者是"理性"还是"非理性"的预设。"经济人假设"是西方经济学的理论基础，其含义大致包括几点：①"经济人"概念源于亚当·斯密（Adam Smith）的《国富论》；②"经济人"是对经济生活中"人"的抽象；③"经济人"本性是利己的；④"经济人"行为是理性的；⑤"经济人"力图以最小代价求得利益

---

〔1〕 Daniel Lerner and Harold Lasswell, *The Policy Science：Recent Development in Scope and Method* Stanford, CA：Stanford University Press, 1951.

〔2〕〔美〕查尔斯·E. 林布隆：《政策制定过程》，朱国斌译，华夏出版社 1988 年版。

〔3〕〔美〕埃贡·G. 古贝、伊冯娜·S. 林肯：《第四代评估》，秦霖等译，中国人民大学出版社 2008 年版。

最大化。

"理性选择理论"建立在"经济人假设"的基础上。"理性选择理论"是解释个人有目的的行动与其可能导致的结果间有关联的工具性理性。马克斯·韦伯（Max Weber）把社会学的研究对象集中到人的行动上，他认为："社会学指的是一门试图说明性地理解社会行为，并由此而对这一行为的过程和作用做出因果解释的科学。'行为'在这里表示人的行动（包括外在的和内心的行动，以及不行动或忍受），只要这一行动带有行为者赋加的主观意向。'社会'行为则表示，根据行为者所赋加的意向而与他人行为有关，并在其过程中针对他人行为的一类行动。"[1] 他区分了四种社会行动的理想类型：①目的合理性行动（工具合理性行动）；②价值合理性行动；③情感的行动；④传统的行动。"理性选择理论"所考察的个体行为主要对应"工具合理性行动"。由此，我们可以将"理性选择理论"概括为：①人追求自身利益最大化；②特定情境中有不同的行为策略可选；③人理性地相信不同选择导致不同结果；④人主观上对选择有偏好组合；⑤理性选择的最优策略是以最小代价取得最大收益。

第六节　研究方法

本书采用混合研究方法。"从研究形式上看，混合方法的研究应当包括在单一研究中对各种方法的混合运用。所以，运用混合方法的研究项目应当包括项目之中研究方法的混合以及不同相关研究之间的方法混合。"[2] 在政治研究中，混合研究法的现实意义在于，通过有效利用不同研究方法的优势，以寻求一个更好的解释或解决问题的道路。一方面，某个研究对象很可能涉及多个研究领域，不同研究领域的研究方法和理论基础迥异。另一方面，一项研究中的不同层次或不同问题，往往也需要采用不同的研究方法。混合研究不仅仅是定量研究和质性研究的混合，在质性研究方法的选择上，也可以是不同理论体系、具体研究方式的混合。

---

〔1〕〔德〕马克斯·韦伯：《社会学的基本概念》，胡景北译，上海人民出版社 2000 年版，第 1 页。

〔2〕 R. Burke Johnson, Anthony J. Onwuegbuzie, Lisa A. Turner, "Toward a Definition of Mixed Methods Research", *Journal of Mixed Methods Research*, 2（2007），112~133.

　　研究总体上采用制度主义和结构功能主义的分析框架，但局部分析不排斥理性选择主义和行为主义的分析方法。结构在政治过程中的作用是决定性的。结构对于个人行为模式的影响也是巨大的。所有形式的制度主义都认为，制度对于个体行为产生的规范都要比那些制度不存在的情况大得多。制度有能力塑造个体的行为，并减少（不是消除）不稳定性。制度能够塑造个体行为的表现是明显的，但是反向过程却并不那么清晰。因而，制度主义分析框架没有给个体及其利益留下任何空间。在所有制度中，人都是最关键的因素之一。因而，在制度研究中绝不能将个体行为排除在外。化约论（Reductionism）用行为主义和理性选择的研究方法将集体行动化约为个体行为。理性选择理论的基本假设即个体行为的目的是获得自我利益最大化。化约论的核心信念是把所有集体行动消解成为最小单位的碎片。因此，没有为社会和政治中的更大结构可预见的影响留下任何空间。所以本书希冀通过综合运用多种理论，建构一个兼容性的分析框架，以避免单一理论范式的局限性，增强研究的解释力。

第二章　党的干部教育培训制度

第一节　干部教育培训制度的源流与变迁

中国共产党开展的干部教育培训"是人类历史上规模最浩大的官员培训工程"[1]，其历史可以追溯到建党之初，近百年来未曾间断。干部教育培训制度的变迁与各个时期党的历史任务以及组织结构演变具有同步性，是反映中国共产党发展的一面镜子。

通过对各个历史时期相关文件的梳理，可以大致勾勒出中国共产党干部教育培训制度的发展脉络。有关数据来自中国共产党新闻网、中国共产党历史网，以及《中共中央文件选集》《建党以来重要文献选编（一九二一——一九四九）》《建国以来重要文献选编》《中国共产党党内法规选编（1978-1996）》《中国共产党党内法规选编（1996-2000）》《中国共产党党内法规选编（2001-2007）》《中国共产党党内法规选编（2007-2012）》《干部教育工作重要文献选编》等。

一、建党后至中华人民共和国成立前（1921年7月~1949年10月）

建党后至中华人民共和国成立前的这一段时期，我党几乎一直处于武装斗争之中，生存环境极为恶劣，党的各级组织时常遭到破坏，相关文件散失较为严重。中共建党后至中华人民共和国成立前，大致可以划分为五个阶段：建党初期（1921年7月~1924年1月）、大革命时期（1924年1月~1927年7月）、土地革命战争时期（1927年7月~1937年7月）、全面抗战时期（1937年7月~1945年8月）、解放战争时期（1945年8月~1949年10月）。建党后

---

[1]　俞可平："中共的干部教育与国家治理"，载《中共浙江省委党校学报》2014年第3期。

至中华人民共和国成立前干部教育培训文件统计见表 2-1。

表 2-1　建党后至中华人民共和国成立前干部教育培训文件统计

时期		文件
建党后至中华人民 共和国成立前 （1921~1949 年）	建党初期（1921 年 7 月~1924 年 1 月）	4
	大革命时期（1924 年 1 月~1927 年 7 月）	7
	土地革命战争时期（1927 年 7 月~1937 年 7 月）	15
	全面抗战时期（1937 年 7 月~1945 年 8 月）	31
	解放战争时期（1945 年 8 月~1949 年 10 月）	7
总计		64

1921 年 7 月，党的一大通过的《中国共产党第一个决议》第 3 条，"工人学校"强调："学校的基本方针是提高工人的觉悟。"由此可见，党一开始便高度重视干部教育培训，并且将重点放在政治教育上。早期的干部教育培训工作与宣传工作、组织建设工作相互联系。考察表明，建党初期，党没有就干部教育培训单独制定政策，而是将其作为工运、宣传等工作的组成部分，编制在一个文件当中，相关内容散见于各种决议、指示之中。例如，1921 年 7 月，党的一大通过的《中国共产党第一个决议》第 3 条，"工人学校"；1925 年 1 月，党的四大通过的《对于宣传工作之议决案》第 9 条；1928 年 7 月，党的六大通过的《宣传工作的目前任务》第二部分"宣传"：第 11 条"实施大规模的党员训育"；1931 年 11 月，中央苏区第一次党的代表大会通过的《党的建设问题决议案》第三部分"建设工作的中心任务"，第 6 条"加强党的教育训练工作"。

1924 年 1 月，国共两党第一次合作。大革命时期，中国共产党与中国国民党共同创立黄埔军校。借助黄埔军校，中共培养了一批优秀的军事人才。这一时期，中共还通过开办农民讲习所等机构培养干部。1927 年 4 月，党的五大决定在武汉创立中共中央党校，但由于武汉国民政府叛变革命，计划未能实现。

1927 年 8 月 1 日，中国共产党发动南昌起义，从此走上了武装夺取政权的道路。土地革命战争时期，中共长期处于国民政府连续不断的军事"围剿"

中，处境艰难。1931 年 11 月，中华苏维埃共和国成立后，中国共产党在苏区成立了专门的干部教育培训机构——苏维埃党校。这一时期，中国共产党在相当程度上受控于共产国际，干部教育培训指导思想同样受其影响，很多政策相当教条，并不切合中国革命的实际，因此执行效果欠佳。1934 年 10 月，长征开始。对于中国共产党来讲，长征是一场痛苦的成人礼。由于和共产国际失去了联系，党的领导层无法再依靠指示进行工作，不得不学着独立自主地解决面临的问题。长征也是一场优胜劣汰的残酷竞争，在这个阶段，我党确立了毛泽东同志在全党的领袖地位。历时两年的长征，将革命的精神信仰贯彻到了全党全军，这不啻是一场规模浩大的体验式教学。正如毛泽东同志指出的："长征是历史纪录上的第一次，长征是宣言书，长征是宣传队，长征是播种机。"[1] 1935 年 10 月，中央红军抵达陕北，由此开始了"延安十三年"（1935～1948 年）的稳定发展时期。"延安十三年"是干部教育培训史上一个非常重要的时期。这一时期，中国共产党根据工作需要，分门别类地建立了大量干部教育培训机构，有的针对产业工人，有的培训政工干部，有的培养军事干部，有的面向知识分子和学生。这一时期的干部教育培训工作为解放战争乃至中华人民共和国的建设提供了必要的人力资源储备。

解放战争时期的干部教育培训可以看作是延安时期的延续和发展。十多年的干部储备为中国共产党夺取全国政权并实施有效管控发挥了重要的作用。

作为一个布尔什维克主义政党，中国共产党成立之初就高度重视党的意识形态建设和干部队伍建设。中共建党后始终面临险恶的生存环境，对干部队伍的高度重视也是确保其发展的必需。建党初期，党处境艰难、力量弱小，因此只能采用夜校、补习班、短训班等形式开展干部教育培训，甚至由共产国际直接在苏联境内开办学校培养干部。这段时期的干部教育培训工作，一方面是对苏联和共产国际的模仿与学习，另一方面也结合我国的革命形势不断加以改进，逐步建立和形成了具有本土特色的干部教育培训模式和传统。抗日战争时期，毛泽东同志的干部教育培训思想逐渐成为指导思想，这与其在党内领导地位的确立是直接相关的。建党以来的 28 年，干部教育培训工作的绩效表现相当出色。中国共产党从一个小党派逐渐发展壮大，并夺取了全国政权，这其中干部教育培训发挥了不可或缺的作用。

---

〔1〕《毛泽东选集》（第 1 卷），人民出版社 1991 年版，第 149～150 页。

二、中华人民共和国成立后至改革开放前（1949 年 10 月～1978 年 12 月）

中华人民共和国成立后，如何建设社会主义国家成为中国共产党面临的全新课题。要实现从革命党到执政党的转变，干部教育培训工作目标就要做出相应调整。中华人民共和国成立后至改革开放前，大致可以划分为三个阶段：社会主义建设时期（1949 年 10 月～1966 年 5 月），"文化大革命"时期（1966 年 5 月～1976 年 10 月），拨乱反正时期（1976 年 10 月～1978 年 12 月）。中华人民共和国成立后至改革开放前干部教育培训文件统计见表 2-2。

表 2-2　中华人民共和国成立后至改革开放前干部教育培训文件统计

时期		文件
中华人民共和国成立后至改革开放前（1949～1978 年）	社会主义建设时期（1949 年 10 月～1966 年 5 月）	30
	"文化大革命"时期（1966 年 5 月～1976 年 10 月）	1
	拨乱反正时期（1976 年 10 月～1978 年 12 月）	1
总计		32

1949 年 10 月 1 日，中华人民共和国成立，革命中心工作发生了重大变化，由武装斗争转向建设国家。这一时期，原有的人才储备已经不足以适应形势的快速发展，党需要更多能够胜任国家建设和管理工作的高素质干部。新的任务与干部能力素质的矛盾使党面临巨大的压力和挑战，新形势下工作的多样性和复杂性对干部队伍的能力素质提出了更高的要求。对此毛泽东同志指出："严重的经济建设任务摆在我们面前。我们熟习的东西有些快要闲起来了，我们不熟习的东西正在强迫我们去做。"[1] 这一时期，党先后创建了工农速成学校、中国人民大学、中央民族学院、社会主义学院等机构培养干部，以满足不同层次、不同领域的工作需求。由于中华人民共和国成立初期的干部队伍成分比较复杂，党接收了大量知识分子和旧人员参与各级各类管理工作。因此，党必须加强对干部队伍的思想政治教育，以整合意识形态，巩固政权基础。

"文化大革命"结束后，党的干部教育培训工作逐渐走上正轨。作为干部

---

〔1〕《毛泽东选集》（第 4 卷），人民出版社 1991 年版，第 1480 页。

教育培训制度的重要载体——中共中央党校复校，党校系统渐次恢复，一个新的时代开始了。中华人民共和国成立之后，中国共产党通过干部教育培训不断增强党的凝聚力，提升干部队伍素质，巩固新生政权，推动社会主义事业的发展，开始由革命党向执政党转变。这一时期，党的主要领导人的干部教育培训思想成为指导思想，主要体现在两个方面：一是理论指引作用。早期干部教育培训的理论学习主要以马克思、恩格斯、列宁、斯大林的著作为主，缺少中国本土的革命理论。毛泽东思想确立为党内唯一指导性思想后，也成为干部教育培训最重要的内容。二是工作指导作用。这一时期，党的干部教育培训工作是在毛泽东思想的指引下开展的。

三、改革开放至今（1978 年至今）

党的十一届三中全会后，我国进入了改革开放和现代化建设时期。这一时期的干部教育培训卓有成效地提升了干部的素质与能力，适应了经济发展与国家治理的需要。改革开放至今，大致可以划分为四个阶段：改革开放初期（1978 年 12 月~1989 年 6 月）、十三届四中全会至十五大时期（1989 年 6 月~2002 年 11 月）、十六大至十七大时期（2002 年 11 月~2012 年 11 月）、十八大以来（2012 年 11 月至今）。改革开放后干部教育培训文件统计见表 2-3。

表 2-3　改革开放后干部教育培训文件统计

时期		文件
改革开放后（1978 年至今）	改革开放初期（1978 年 12 月~1989 年 6 月）	50
	十三届四中全会至十五大时期（1989 年 6 月~2002 年 11 月）	105
	十六大至十七大时期（2002 年 11 月~2012 年 11 月）	44
	十八大以来（2012 年 11 月至今）	17
总计		216

说明：统计时间截至 2019 年 4 月 1 日。

从 1978 年的党的十一届三中全会到党的十九大，干部教育培训事业一直处在持续快速发展和改革之中。1978 年 12 月召开的十一届三中全会决定将党和国家的工作重心转移到经济建设上来。改革开放后，随着经济的发展，财政日渐充裕，党能够调配更多的资源投入干部教育培训工作。

改革开放初期，党提出了新的国家发展目标，但却面临国家治理人才断档的窘境。为了适应改革开放对人才的迫切需求，党开始着力加强干部教育培训。1979 年 12 月，中央召开了第一次全国党校工作会议，随后出台了一系列旨在加强干部教育培训的相关政策。改革开放至今，中央先后召开了七次全国党校工作会议，并形成了工作惯例。如表 2-4 所示，每次会议都分析形势、总结经验并对党校工作做出全面部署。

表 2-4　全国党校工作会议情况

时间	会议	主题与意义
1979 年 12 月 25 日～1980 年 1 月 17 日	第一次全国党校工作会议	定方向——标志着党校复校后，党校工作逐渐走上正轨
1983 年 2 月 22 日～3 月 2 日	第二次全国党校工作会议	谋改革——党校教育正规化发展的开始
1985 年 1 月 31 日～2 月 8 日	第三次全国党校工作会议	夯基础——完善中国特色党校教育体系，推进正规化
1994 年 3 月 4 日～7 日	第四次全国党校工作会议	求发展——确立"一个中心，四个结合"教学体系
2000 年 6 月 7 日～9 日	第五次全国党校工作会议	拓思路——开启新世纪新阶段的党校教育
2008 年 10 月 26 日～28 日	第六次全国党校工作会议	识规律——不断提高党校教育科学化水平
2015 年 12 月 11 日～12 日	第七次全国党校工作会议	新时代——加强和改进新形势下党校工作

说明：会议主题根据中央党校有关资料整理。

1980 年 8 月，邓小平同志在中共中央政治局扩大会议上提出："干部队伍要年轻化、知识化、专业化，并且要把对于这种干部的提拔使用制度化。"[1]

───────────

[1]《邓小平文选》（第 2 卷），人民出版社 1994 年版，第 326 页。

随后中央连续出台多个文件要求加强对青年干部的培养。其后，中央制订了一系列相关政策。在制度的推动下，大批德才兼备、年富力强的青年干部被提拔到重要岗位，使党的事业始终保持旺盛的生机。

中国共产党是一个重视学习、勤于学习、善于学习的政党，在各个历史阶段，党根据形势任务的发展变化提出有针对性的学习任务。通过开展学习活动，提升执政能力，使党始终与时俱进。党的十六大时期，中央作出了"大规模培训干部，大幅度提高干部素质"[1]的战略决定。党的十七大报告提出"继续大规模培训干部、大幅度提高干部素质"，干部教育培训工作进入了大发展时期。进入新时代，中央对干部教育培训提出了更高的要求。党的十八大报告要求："加强和改进干部教育培训，提高干部素质和能力。"党的十九大报告要求："建设高素质专业化干部队伍。"中央关于干部教育培训和建设学习型政党的要求见表2-5。

表2-5 中央关于干部教育培训和建设学习型政党的要求

时间	文件	有关表述
2003年	《关于深入学习贯彻"三个代表"重要思想，做好大规模培训干部工作的意见》（中组发〔2003〕26号）	大规模地培训干部
2005年3月16日	《给中国浦东干部学院、中国井冈山干部学院、中国延安干部学院建成并正式开学的贺信》	大规模培训干部，大幅度提高干部素质
2006年1月21日	《中共中央关于印发〈干部教育培训工作条例（试行）〉的通知》（中发〔2006〕3号）	全员培训，保证质量。干部教育培训面向全体干部，创造人人皆受教育、人人皆可成才的条件，大规模培训干部，大幅度提高干部素质，实现干部教育培训的规模和质量、效益的统一

---

[1] 参见胡锦涛给中国浦东干部学院、中国井冈山干部学院、中国延安干部学院建成并正式开学的贺信，2005年3月16日。

续表

时间	文件	有关表述
2007 年 10 月 15 日	党的十七大报告	十二、以改革创新精神全面推进党的建设新的伟大工程 （一）深入学习贯彻中国特色社会主义理论体系，着力用马克思主义中国化最新成果武装全党。……要按照建设学习型政党的要求…… （四）不断深化干部人事制度改革，着力造就高素质干部队伍和人才队伍。……继续大规模培训干部，充分发挥党校、行政学院、干部学院作用，大幅度提高干部素质……
2012 年 11 月 8 日	党的十八大报告	十二、全面提高党的建设科学化水平 ……建设学习型、服务型、创新型的马克思主义执政党，确保党始终成为中国特色社会主义事业的坚强领导核心。 （一）坚定理想信念，坚守共产党人精神追求。 ……推进学习型党组织创建…… （四）深化干部人事制度改革，建设高素质执政骨干队伍。 ……加强和改进干部教育培训，提高干部素质和能力……
2017 年 10 月 18 日	党的十九大报告	（三）建设高素质专业化干部队伍。 ……注重培养专业能力、专业精神，增强干部队伍适应新时代中国特色社会主义发展要求的能力…… （八）全面增强执政本领。 ……建设马克思主义学习型政党……

　　党的十七大报告要求"建设学习型政党"；党的十八大报告要求"推进学习型党组织创建"；党的十九大报告要求"建设马克思主义学习型政党"。中央从政治局开始，建立起集体学习制度，为全党加强学习做出表率（见表2-6）。

表 2-6 中央政治局集体学习情况

	届	集体学习（次）
1	第十六届中共中央政治局	44
2	第十七届中共中央政治局	33
3	第十八届中共中央政治局	43
4	第十九届中共中央政治局	13

说明：统计时间截至 2019 年 4 月 1 日。

为帮助广大干部深入学习贯彻中央的战略部署和工作要求，不断提高知识化、专业化水平和履职尽责能力，自 2002 年起，全国干部培训教材编审指导委员会先后组织编写了五批全国干部学习培训教材。江泽民同志、胡锦涛同志、习近平同志先后为教材作序，体现了党的领袖对教材工作的高度重视。

逐渐形成了分工明确、优势互补、布局合理、竞争有序的干部教育培训机构体系。自 1977 年中央党校复校以来，为满足日益增长和多样化的干部教育培训需求，中央先后成立了国家行政学院，延安、井冈山、浦东三所干部学院和大连高级经理学院，形成了"一校四院"的培训格局。为适应形势发展和工作需求，各系统也分别成立了专门的干部教育培训机构。此外，一些普通高等院校、社会培训机构和境外培训机构，也承担了部分干部教育培训任务[1]。

随着法治环境的逐步形成，中国共产党逐步建立形成了以"成文法"来规范干部教育培训工作的管理模式。自 20 世纪 90 年代开始，中央先后制定《中国共产党党校工作暂行条例》（1995 年，已失效）、《干部教育培训工作条例（试行）》（2006 年，已失效）、《中国共产党党校工作条例》（2008 年，已失效）、《行政学院工作条例》（2009 年，已失效）、《干部教育培训工作条例》（2015 年）等条例对干部教育培训工作进行规范。干部的教育培训工作规划（《1983 年-1990 年全国干部培训规划》《1991-1995 年全国干部培训规

---

〔1〕 2009 年，中共中央组织部和国家教育部联合下发的有关文件把北京大学等 13 所高等院校纳入首批全国干部教育培训高校基地。参见中组部教育部《关于建立和规范高校干部培训基地的意见》（中组发〔2009〕9 号），《关于印发首批全国干部教育培训高校基地名单的通知》（组通字〔2009〕47号）。

划要点》《1996－2000 年全国干部教育培训规划》《2001 年－2005 年全国干部教育培训规划》《2006－2010 年全国干部教育培训规划》《2010－2020 年干部教育培训改革纲要》《2013－2017 年全国干部教育培训规划》《2018－2022 年全国干部教育培训规划》等）的制定，为工作发展提供了稳定的制度框架。

干部教育培训呈现全员参训的发展趋势。《全国干部教育培训规划》逐步将干部教育培训的范围拓展至全覆盖，并根据各类干部[1]的不同特点，持续优化分类分级培训体系。

政治系统理论（Political System）认为制度是政治系统的产出。干部教育培训制度是中国共产党主导的政治系统对外界环境压力所作出的应激反应，制度的输出是政治系统与其外部环境互动的结果。改革开放后，无论是经济体系还是党政体系都不再是一个封闭系统，开放系统就必须接受外部环境的冲击并作出反应。改革开放以来的 40 多年，中国共产党对干部教育培训的规律性认识不断增强，更加重视长期规划；干部教育培训思想和理念与时俱进；干部教育培训的资源投入得到保障，软硬件建设得到全面提升；干部教育培训工作制度化、科学化水平不断提高。

第二节　党的干部教育培训工作的重要思想及理论

中国共产党高度重视干部教育培训。"从一定意义上说，中国共产党是以学习立党、兴党和发展壮大党的。"[2] 党的历代最高领导人提出了一系列重要思想、重要理论，为党的干部教育培训事业提供了重要指导和遵循。

一、毛泽东关于干部教育培训的论述

以毛泽东同志为核心的党的第一代中央领导集体，开创了党的干部教育培训事业，并确立了其在党的建设中的地位，形成了一系列干部教育培训的思想、方针和方法。1938 年 10 月，毛泽东同志在党的六届六中全会上号召"来一个全党的学习竞赛"，他指出"政治路线确定之后，干部就是决定的因

---

　〔1〕《全国干部教育培训规划》对参训干部的大致分类：党政领导干部；年轻干部；国家公务员和党群机关等工作人员；国有企业经营管理者；专业技术人员；法官、检察官、警官和其他政法干部；基层干部；少数民族干部、非中共党员干部、妇女干部；西部地区干部等。

　〔2〕董宏："学习是前进的基础"，载《瞭望》2011 年第 32 期。

素。因此，有计划地培养大批的新干部，就是我们的战斗任务。"[1] 1939 年
5 月，毛泽东在延安在职干部教育动员大会上进一步提出，要"把全党变成
一个大学校"，他进一步指出"我们要建设大党，我们的干部非学习不可。学
习是我们注重的工作，特别是干部同志，学习的需要更加迫切，如果不学习，
就不能领导工作，不能改善工作与建设大党"[2]。毛泽东同志还非常关心学
习的内容与方法，他很早就提出要将马列主义与中国的革命实际相结合，他
要求："对于在职干部的教育和干部学校的教育，应确立以研究中国革命实际
问题为中心，以马克思列宁主义基本原则为指导方针，废除静止地孤立地研
究马克思列宁主义的方法。"[3] 中华人民共和国成立后，毛泽东同志进一步
将培养干部的标准确定为"又红又专"[4]。这些重要思想，对党的干部教育
培训事业的发展起到了奠基性作用。

二、邓小平关于干部教育培训的论述

以邓小平同志为核心的党的第二代中央领导集体，在指导我国改革开放
和社会主义现代化建设过程中，确立了新时代的干部教育培训路线、方针、
政策、内容和方法。改革开放伊始，邓小平同志就以超人的政治勇气，冲破
重重阻力提出"实践是检验真理的唯一标准"[5]。这一论断贯穿改革开放全
过程，成为指导各项工作的重要遵循。面对着领导全国人民"实现四个现代
化"的紧迫任务，邓小平郑重提出"全党同志一定要善于学习，善于重新学
习"[6]，这与他早年提出的"学习是前进的基础"[7] 一脉相承。他针对当时
的情况指出："目前重要的问题并不是干部太多，而是不对路，懂得各行各业
的专业的人太少。办法就是学。一个是办学校、办训练班进行教学，一个是

〔1〕《毛泽东选集》（第 2 卷），人民出版社 1991 年版，第 526 页。
〔2〕《毛泽东文集》（第 2 卷），人民出版社 1991 年版，第 179 页。
〔3〕《毛泽东选集》（第 3 卷），人民出版社 1991 年版，第 802 页。
〔4〕《毛泽东文集》（第 7 卷），人民出版社 1999 年版，第 309 页。
〔5〕《光明日报》特约评论员："实践是检验真理的唯一标准"，载《光明日报》1978 年 5 月
11 日。
〔6〕《邓小平文选》（第 2 卷），人民出版社 1994 年版，第 153 页。
〔7〕 参见 1951 年 5 月，邓小平同志为《中国人民解放军第二步兵学校成立暨第一期开学典礼特
刊》题词。

自学。"[1] 邓小平同志高度重视干部的培养，他指出："要按照革命化、年轻化、知识化、专业化的标准，来加强干部教育培训工作，建设干部队伍"。"中国的事情能不能办好，社会主义和改革开放能不能坚持，经济能不能快一点发展起来，国家能不能长治久安，从一定意义上说，关键在人。"[2] 为了适应经济建设的新目标，他号召干部着重抓紧三个方面的学习："一个是学经济学，一个是学科学技术，一个是学管理。"[3] 这些重要思想为改革开放时期的干部教育培训事业指明了发展方向。

三、江泽民关于干部教育培训的论述

以江泽民同志为核心的党的第三代中央领导集体，针对世纪之交的国内国际形势和干部队伍建设的新情况、新问题，不断创新，提出了一系列新思想、新要求。江泽民同志指出："要保证我国改革和建设事业顺利发展，保证跨世纪宏伟目标的顺利实现，保证党和国家的长治久安，严重的问题在于教育干部。大力加强干部队伍建设，提高广大干部特别是领导干部的素质，已经成为摆在全党面前的一项刻不容缓的重大任务。"[4] 江泽民同志反复告诫全党，要把思想理论建设放在党的建设的首要位置，领导干部要带头"讲学习、讲政治、讲正气"。江泽民同志在首批《全国干部培训教材》序言中写道："全党同志必须自觉地坚持学习，加强学习，改善学习，做到学习、学习、再学习，实践、实践、再实践。"[5] 他提出："一个中心三个着眼于"的学习要求——"要以我国改革开放和现代化建设的实际问题、以我们正在做的事情为中心，着眼于对马克思主义理论的运用，着眼于实际问题的理论思考，着眼于新的实践和新的发展"。[6] 这些重要思想对深化改革时期的干部教育培训事业的发展起到了有力的推动作用。

---

〔1〕《邓小平文选》（第 2 卷），人民出版社 1994 年版，第 263 页。

〔2〕《邓小平文选》（第 3 卷），人民出版社 1994 年版，第 380 页，

〔3〕《邓小平文选》（第 2 卷），人民出版社 1994 年版，第 153 页。

〔4〕中央"三讲"教育联系会议办公室编：《江泽民论讲学习讲政治讲正气（专题摘编）》，党建读物出版社 1999 年版，第 10 页。

〔5〕中央"三讲"教育联系会议办公室编：《江泽民论有中国特色社会主义（专题摘编）》，中央文献出版社 2002 年版，第 702 页。

〔6〕中共中央文献研究室编：《江泽民论加强和改进执政党建设（专题摘编）》，中央文献出版社、研究出版社 2004 年版，第 160 页。

四、胡锦涛关于干部教育培训的论述

以胡锦涛同志为总书记的党中央，根据形势的发展变化和党的建设的需要，对干部教育培训工作提出了新的要求，进一步丰富和发展了党的干部教育培训思想。胡锦涛同志指出："实现全面建设小康社会的宏伟目标，不断开创中国特色社会主义事业新局面，迫切要求我们大规模培训干部，大幅度提高干部素质。"[1] 胡锦涛同志在第二批《全国干部学习培训教材》序言中写道："全面贯彻落实科学发展观，促进经济社会又快又好发展，构建社会主义和谐社会，实现全面建设小康社会的宏伟目标，迫切需要培养造就一支政治上靠得住、工作上有本事、作风上过得硬、人民群众信得过的高素质干部队伍。"[2] 胡锦涛同志高度重视党校、行政学院以及干部学院在干部教育培训工作中的重要作用，他指出："党校教育是全国各级党政领导干部培训轮训的主渠道。"[3] 2009 年 9 月，党的十七届四中全会作出了《中共中央关于加强和改进新形势下党的建设若干重大问题的决定》，提出"把建设马克思主义学习型政党作为重大而紧迫的战略任务"。胡锦涛同志进一步指出："不断学习、善于学习，努力掌握和运用一切科学的新思想、新知识、新经验，是党始终走在时代前列引领中国发展进步的决定性因素，直接关系巩固党的执政地位、实现党的执政使命。"[4] 这些重要思想有力地推动了干部教育培训事业走上科学化、正规化的发展轨道。

五、习近平关于干部教育培训的论述

以习近平同志为核心的党中央，根据新时代形势发展的需要，不断创新发展党的干部教育培训思想。党的十八大以来，面对纷繁复杂的国内外形势和全面建成小康社会的重任，习近平同志对党的干部队伍的能力素质提出了

---

[1] 胡锦涛："给中国浦东干部学院、中国井冈山干部学院、中国延安干部学院建成并正式开学的贺信"，载大江网：http://www.jxnews.com.cn/n12022/ca808083.htm，最后访问日期：2019 年 10 月 25 日。

[2] 胡锦涛："为全国干部学习培训教材题写的序言"，载全国干部培训教材编审指导委员会组织编写：《科学发展观》，人民出版社、党建读物出版社 2006 年版，第 1~2 页。

[3] 《胡锦涛文选》（第 1 卷），人民出版社 2016 年版，第 440 页。

[4] 《胡锦涛文选》（第 3 卷），人民出版社 2016 年版，第 254 页。

新的更高的要求，他在第四批《全国干部学习培训教材》序言中写道："全党同志特别是各级领导干部，都要有本领不够的危机感，都要努力增强本领，都要一刻不停地增强本领。"〔1〕习近平同志高度重视党校工作，他强调："党校姓党，就是要坚持一切教学活动、一切科研活动、一切办学活动都坚持党性原则、遵循党的政治路线，坚持以党的旗帜为旗帜、以党的意志为意志、以党的使命为使命，严守党的政治纪律和政治规矩，坚持在党爱党、在党言党、在党忧党、在党为党，归根到底一句话，就是要在思想上政治上行动上自觉同党中央保持高度一致。"〔2〕习近平总书记在全国组织工作会议上首次提出新时代党的组织路线："全面贯彻新时代中国特色社会主义思想，以组织体系建设为重点，着力培养忠诚干净担当的高素质干部，着力集聚爱国奉献的各方面优秀人才，坚持德才兼备、以德为先、任人唯贤，为坚持和加强党的全面领导、坚持和发展中国特色社会主义提供坚强组织保证。"〔3〕2019年3月，习近平总书记在中央党校（国家行政学院）中青年干部培训班开班式上强调："广大干部特别是年轻干部要在常学常新中加强理论修养，在真学真信中坚定理想信念，在学思践悟中牢记初心使命，在细照笃行中不断修炼自我，在知行合一中主动担当作为，保持对党的忠诚心、对人民的感恩心、对事业的进取心、对法纪的敬畏心，做到信念坚、政治强、本领高、作风硬。"〔4〕这些重要思想高屋建瓴、深中肯綮，为切实做好新形势下党校工作提供了根本遵循，开启了党的干部教育培训工作的新篇章。

党的领导人关于干部教育培训的重要思想是党的宝贵财富。以毛泽东、邓小平、江泽民、胡锦涛、习近平为核心的历届中央领导集体，根据不同历史时期的历史任务和中心工作，强调干部教育培训工作的重大意义，始终将干部教育培训当作一项事关党和国家全局的"先导性、基础性、战略性工程"〔5〕，提出了一系列关于干部教育培训的重要思想。正是在这些重要思想的指导下，党的干部教育培训工作才能在继承中发展、在发展中创新，为建

---

〔1〕《习近平谈治国理政》，外文出版社2014年版，第403页。

〔2〕习近平：《在全国党校工作会议上的讲话》（2015年12月11日）。

〔3〕习近平：《在全国组织工作会议上的讲话》（2018年7月3日）。

〔4〕"习近平在中央党校（国家行政学院）中青年干部培训班开班式上发表重要讲话"，载中央党校（国家行政学院）网站：http://www.ccps.gov.cn/xtt/201903/t20190301_130004.shtml，最后访问日期：2019年10月25日。

〔5〕《干部教育培训工作条例》（2015年10月14日）。

设社会主义现代化国家，为全面建成小康社会，为中华民族的伟大复兴，源源不断地供给合格人才。

第三节 干部教育培训机构

干部教育培训机构是干部教育培训制度的表现形式和重要组成部分。加强机构建设是推进干部教育培训事业的基础性工作。当前，国家级的干部教育培训机构已形成了"一校四院"布局：中共中央党校（国家行政学院）、中国浦东干部学院、中国井冈山干部学院、中国延安干部学院、中国大连高级经理学院。此外，在统战、民族、司法、纪检监察等各条战线，均有专门的干部教育培训机构（见表2-7）。

表 2-7　国家级干部教育培训机构

时间	地点	机构
2018 年 4 月	北京	中共中央党校（国家行政学院）
2003 年 1 月	上海浦东	中国浦东干部学院
2003 年 1 月	江西井冈山	中国井冈山干部学院
2003 年 1 月	陕西延安	中国延安干部学院
2006 年 1 月	辽宁大连	中国大连高级经理学院
1956 年 10 月	北京	中央社会主义学院
1942 年	北京	中央民族干部学院
1997 年	北京	国家法官学院
1998 年	北京	国家检察官学院
2010 年 10 月	北京	中国纪检监察学院

说明：统计时间截至 2019 年 5 月 4 日。

第四节 全国干部学习培训教材

培训教材是干部教育培训制度的表现形式和重要组成部分。加强教材建设，是增强干部教育培训工作实效的重要途径。在革命战争年代，毛泽东同志就提出要抓好教材建设。进入改革开放时期，邓小平同志指出："教育制度中有很多具体问题……关键是教材。"[1] 2001 年，江泽民同志亲自为《全国干部培训教材》作序，强调抓好全党，特别是领导干部的学习。2006 年，胡锦涛同志亲自为第二批《全国干部学习培训教材》作序，阐述了教材建设的指导思想、主要任务、工作重点和基本原则。2015 年，习近平同志在第四批《全国干部学习培训教材》序言中写道："中国共产党人依靠学习走到今天，也必然要依靠学习走向未来。"[2] 2019 年，习近平同志在第五批《全国干部学习培训教材》序言中写道："善于学习，就是善于进步。党的历史经验和现实发展都告诉我们，没有全党大学习，没有干部大培训，就没有事业大发展。"[3] 全国干部学习培训教材情况见表 2-8。

表 2-8　全国干部学习培训教材情况

时间	批次	书目
2002 年 4 月	首批《全国干部培训教材》（共 15 册，人民出版社、党建读物出版社联合出版）	1.《马克思列宁主义基本问题》 2.《毛泽东思想基本问题》 3.《邓小平理论基本问题》 4.《社会主义经济概论》 5.《工商管理概论》 6.《公共行政概论》 7.《社会主义法治理论读本》 8.《21 世纪干部科技修养必备》

---

〔1〕《邓小平文选》（第 2 卷），人民出版社 1994 年版，第 55 页。1978 年 2 月 5 日，教育部党组为尽快增强人民教育出版社的编辑出版力量，以适应编写教材的急切需要，报请中央批准从各省、市抽调一批编辑出版干部。2 月 20 日，邓小平在这份报告上批示："编好教材是提高教学的关键，要有足够的合格人力加以保障。所提要求拟同意。"中共中央文献研究室编：《邓小平年谱（一九七五——一九九七）》（上卷），中央文献出版社 2004 年版，第 267 页。尽管该指示是针对国民教育体系相关问题的，但对于干部教育培训同样具有重要的指导意义。

〔2〕《习近平谈治国理政》，外文出版社 2014 年版，第 407 页。

〔3〕习近平："第五批全国干部学习培训教材序言"，载新华网：http://www.xinhuanet.com//politics/leaders/2019-02/28/c_1124176661.htm，最后访问日期：2019 年 10 月 25 日。

续表

时间	批次	书目
2002 年 4 月	首批《全国干部培训教材》（共 15 册，人民出版社、党建读物出版社联合出版）	9.《古今文学名篇》（上、下册） 10.《从文明起源到现代化——中国历史 25 讲》 11.《汉语语言文字基本知识读本》 12.《中国艺术》（上、下册） 13.《信息化与电子政务》 14.《知识产权基本知识》 15.《应用统计通论》
2006 年 6 月	第二批《全国干部学习培训教材》（共 16 册，人民出版社、党建读物出版社联合出版）	1.《"三个代表"重要思想概论》 2.《科学发展观》 3.《加强党的执政能力建设》 4.《中国共产党历史二十八讲》 5.《宪法学习读本》 6.《当代世界问题概论》 7.《领导科学概论》 8.《人权知识干部读本》 9.《公共危机管理》 10.《中外企业管理经典案例》 11.《中国公共财政》 12.《社会保障制度建设》 13.《世界历史十五讲》 14.《外国艺术精粹赏析》 15.《外国文学》 16.《新世纪新阶段国防和军队建设》
2011 年 8 月	第三批《全国干部学习培训教材》（科学发展主题案	1.《自主创新》 2.《城乡规划与管理》 3.《社会主义新农村建设》

续表

时间	批次	书目
	教材）（共 10 册，人民出版社、党建读物出版社联合出版）	4.《生态文明建设与可持续发展》
		5.《金融发展与风险防范》
		6.《民生保障与公共服务》
		7.《社会服务与管理》
		8.《基层民主建设》
		9.《突发事件应急管理》
		10.《公共事件中媒体运用和舆论应对》
2015 年 2 月	第四批《全国干部学习培训教材》（共 13 册，人民出版社、党建读物出版社联合出版）	1.《社会主义民主政治建设》
		2.《加快推进国防和军队现代化》
		3.《加快转变经济发展方式》
		4.《全面建成小康社会与中国梦》
		5.《社会主义文化强国建设》
		6.《提高党的建设科学化水平》
		7.《永葆清正廉洁的政治本色》
		8.《做好新形势下的群众工作》
		9.《社会主义和谐社会建设》
		10.《国际形势与中国外交》
		11.《领导力与领导艺术》
		12.《建设美丽中国》
		13.《坚持和发展中国特色社会主义》
2019 年 2 月	第五批《全国干部学习培训教材》（共 14 册，人民出版社、党建读物出版社联合出版）	1.《新时代新思想新征程》
		2.《建设现代化经济体系》
		3.《发展社会主义民主政治》
		4.《推动社会主义文化繁荣兴盛》
		5.《改善民生和创新社会治理》
		6.《推进生态文明建设美丽中国》

续表

时间	批次	书目
		7.《决胜全面建成小康社会》
		8.《将改革进行到底》
		9.《建设社会主义法治国家》
		10.《全面加强党的领导和党的建设》
		11.《全面践行总体国家安全观》
		12.《全面推进国防和军队现代化》
		13.《坚持"一国两制"推进祖国统一》
		14.《全面推进中国特色大国外交》

第三章　纪检监察制度

第一节　纪检监察体制的变迁

现行的纪检监察体制是在"政党-国家"框架下，以党内监督机关和国家监督机关合署为特征的监督体制。其发展历程大致可以分为四个时期：改革开放初期（1978年12月~1989年6月）、党的十三届四中全会至十五大时期（1989年6月~2002年11月）、党的十六大至十七大时期（2002年11月~2012年11月）、党的十八大至十九大时期（2012年11月至今）。

一、改革开放初期（1978年12月~1989年6月）

中国共产党历来高度重视党的纪律和纪律检查工作，建党之初就对党的纪律、纪律检查机构作了相关规定。[1] 中央纪委的历史最早可以追溯到1927年4月党的五大设立的中央监察委员会，这是中央纪委的前身。此后50年间，中央纪委的发展经历诸多波折。1977年8月，党的十一大通过的《中国共产党章程》，第二章"党的组织制度"规定了关于设立纪律检查委员会的内容。[2] 1978年12月，党的十一届三中全会选举产生了由100名委员组成的中央纪律检查委员会，陈云任第一书记。中央纪委恢复重建后，立即开始着手组建各级纪律检查机关。"本届中央纪委任期内，国务院各部门基本上建立了纪检组织，全国90%左右的县团级以上党委建立了纪检机构，形成了比较

---

〔1〕 1921年党的一大初步制定了党的纪律。1922年党的二大通过的《中国共产党章程》单列了第四章"纪律"。其后1923年党的三大通过的《中国共产党第一次修正章程》，1925年党的四大通过的《中国共产党第二次修正章程》均沿袭了有关纪律的规定。

〔2〕《中国共产党章程》（1977年8月18日中国共产党第十一次全国代表大会通过），载《中国共产党历次党章汇编》编委会编：《中国共产党历次党章汇编（1921~2002）》，中国方正出版社2006年版。

完善的纪检机构系统。"[1] 1982 年 9 月，党的十二大通过的《中国共产党章程》，第八章"党的纪律检查机关"规定党的各级纪律检查委员会由同级党的代表大会选举产生。"党的中央纪律检查委员会在党的中央委员会领导下进行工作。党的地方各级纪律检查委员会在同级党的委员会和上级纪律检查委员会的双重领导下进行工作。"[2] 大会选举了由 132 名委员组成的中央纪律检查委员会。1987 年 10 月，党的十三大选举了由 69 名委员组成的中央纪律检查委员会，乔石任书记。

1982 年 12 月，第五届全国人民代表大会第五次会议通过的《中华人民共和国宪法》规定国务院领导监察工作，为行政监察制度的恢复奠定了法律基础。[3] 1986 年 12 月，第六届全国人民代表大会常务委员会第十八次会议决定设立中华人民共和国监察部。1987 年 7 月，中华人民共和国监察部正式挂牌办公。此后各级人民政府也相继成立了行政监察机构，加强行政监督职能。

二、党的十三届四中全会至十五大时期（1989 年 6 月~2002 年 11 月）

1992 年 10 月，党的十四大选举了 108 名委员组成的中央纪律检查委员会，尉健行任书记。1993 年 1 月，"中央纪委、监察部合署办公，实行一套工作机构、两个机关名称的体制。合署后的中央纪委履行党的纪律检查和政府行政监察两项职能"[4]。这一体制随后在全国范围内实行。1997 年 9 月，党的十五大选举了由 115 名委员组成的中央纪律检查委员会，尉健行任书记。

三、党的十六大至十七大时期（2002 年 11 月~2012 年 11 月）

2002 年 11 月，党的十六大选举了 121 名委员组成的中央纪律检查委员会，吴官正任书记。2007 年 9 月，中华人民共和国国家预防腐败局揭牌成立。

---

〔1〕 本书编委会编：《辉煌历程——党的纪律检查工作三十年》，中国方正出版社 2008 年版。

〔2〕《中国共产党章程》（1982 年 9 月 6 日中国共产党第十二次全国代表大会通过），载《中国共产党历次党章汇编》编委会编：《中国共产党历次党章汇编（1921~2002）》，中国方正出版社 2006 年版。

〔3〕《中华人民共和国宪法》（1982 年 12 月 4 日第五届全国人民代表大会第五次会议通过）第 89 条规定："国务院行使下列职权：……（八）领导和管理民政、公安、司法行政和监察等工作；……"

〔4〕《中共中央、国务院批转中央纪委、监察部〈关于中央纪委、监察部机关合署办公和机构设置有关问题的请示〉的通知》（1993 年 2 月 22 日）（中发〔1993〕4 号）。

国家预防腐败局属于国务院直属机构，在监察部加挂牌子。2007 年 10 月，党的十七大选举了 127 名委员组成的中央纪律检查委员会，贺国强任书记。

四、党的十八大至十九大时期（2012 年 11 月至今）

2012 年 11 月，党的十八大选举了 130 名委员组成的中央纪律检查委员会，王岐山任书记。2012～2017 年，以习近平同志为核心的党中央审时度势作出重大决策部署，决定深化国家监察体制改革。2017 年 10 月，党的十九大选举了 133 名委员组成的中央纪律检查委员会，赵乐际任书记。2018 年 2 月 28 日，党的第十九届三中全会审议通过了《中共中央关于深化党和国家机构改革的决定》。2018 年 3 月 17 日，第十三届全国人民代表大会第一次会议通过了国务院机构改革方案，成立中华人民共和国国家监察委员会，不再保留监察部、国家预防腐败局。[1] 2018 年 3 月 23 日，中华人民共和国国家监察委员会在北京揭牌。国家监察委员会同中央纪律检查委员会合署办公，履行纪检、监察两项职责，实行一套工作机构、两个机关名称。纪检监察机关历史沿革见表 3-1。

表 3-1 恢复重建以来纪检监察机关历史沿革

年份	会议	纪检机关	会议	监察机关
1978	十一届三中全会	中央纪律检查委员会（十一届）		

---

〔1〕《深化党和国家机构改革方案》（2018 年 3 月 21 日）："一、深化党中央机构改革……（一）组建国家监察委员会。为加强党对反腐败工作的集中统一领导，实现党内监督和国家机关监督、党的纪律检查和国家监察有机统一，实现对所有行使公权力的公职人员监察全覆盖，将监察部、国家预防腐败局的职责，最高人民检察院查处贪污贿赂、失职渎职以及预防职务犯罪等反腐败相关职责整合，组建国家监察委员会，同中央纪律检查委员会合署办公，履行纪检、监察两项职责，实行一套工作机构、两个机关名称。主要职责是，维护党的章程和其他党内法规，检查党的路线方针政策和决议执行情况，对党员领导干部行使权力进行监督，维护宪法法律，对公职人员依法履职、秉公用权、廉洁从政以及道德操守情况进行监督检查，对涉嫌职务违法和职务犯罪的行为进行调查并作出政务处分决定，对履行职责不力、失职失责的领导人员进行问责，负责组织协调党风廉政建设和反腐败宣传等。国家监察委员会由全国人民代表大会产生，接受全国人民代表大会及其常务委员会的监督。不再保留监察部、国家预防腐败局。"

续表

年份	会议	纪检机关	会议	监察机关
1982	十二大	中央纪律检查委员会（十二届）		
1987	十三大	中央纪律检查委员会（十三届）		中华人民共和国监察部
1988			七届人大一次会议	中华人民共和国监察部
1992	十四大	中央纪律检查委员会（十四届）		
1993			八届人大一次会议	中华人民共和国监察部
1997	十五大	中央纪律检查委员会（十五届）		
1998			九届人大一次会议	中华人民共和国监察部
2002	十六大	中央纪律检查委员会（十六届）		
2003			十届人大一次会议	中华人民共和国监察部
2007	十七大	中央纪律检查委员会（十七届）	十届人大常委会二十九次会议	中华人民共和国监察部 国家预防腐败局
2008			十一届人大一次会议	中华人民共和国监察部 国家预防腐败局
2012	十八大	中央纪律检查委员会（十八届）		
2013			十二届人大一次会议	中华人民共和国监察部 国家预防腐败局

续表

年份	会议	纪检机关	会议	监察机关
2016			十二届人大常委会二十五次会议	中华人民共和国监察部国家预防腐败局
2017	十九大	中央纪律检查委员会（十九届）		
2018			十三届人大一次会议	中华人民共和国国家监察委员会

第二节　纪检监察机关的职责及中央有关要求

一、纪检监察机关的法定职责

"监察委员会同党的纪律检查机关合署办公，实现党内监督和国家机关监督、党的纪律检查和国家监察有机统一，实现对所有行使公权力的公职人员监察全覆盖。"[1] 因而，纪检监察机关具有"政党-国家"两重属性，其职责也相应地受到党内法规和国家法律的双重约束。《中国共产党章程》[2]《中华人民共和国监察法》的有关规定，清晰地勾勒出纪检监察机关的职责范围（见表3-2）。

表3-2　法律法规关于纪检监察机关职责的有关规定

法律法规	职责任务
《中国共产党章程》（2017年10月24日中国共产党第十九次全国代表大会部分修改）	第八章　党的纪律检查机关 第四十六条　党的各级纪律检查委员会是党内监督专责机关，主要任务是：维护党的章程和其他党内法规，检查党的路线、方针、政策和决议的执行情况，协助党的委员会推进全面从严治党、加强党风建设和组织协调反腐败工作。 党的各级纪律检查委员会的职责是监督、执纪、问责，要经常对

[1]《中共中央关于深化党和国家机构改革的决定》（2018年2月28日中国共产党第十九届中央委员会第三次全体会议通过）。

[2]《中国共产党章程》（2017年10月24日中国共产党第十九次全国代表大会部分修改）。

续表

法律法规	职责任务
	党员进行遵守纪律的教育，作出关于维护党纪的决定；对党的组织和党员领导干部履行职责、行使权力进行监督，受理处置党员群众检举举报，开展谈话提醒、约谈函询；检查和处理党的组织和党员违反党的章程和其他党内法规的比较重要或复杂的案件，决定或取消对这些案件中的党员的处分；进行问责或提出责任追究的建议；受理党员的控告和申诉；保障党员的权利。 ……………
《中华人民共和国监察法》（2018 年 3 月 20 日第十三届全国人民代表大会一次会议通过）	第二章 监察机关及其职责 第十一条 监察委员会依照本法和有关法律规定履行监督、调查、处置职责： （一）对公职人员开展廉政教育，对其依法履职、秉公用权、廉洁从政从业以及道德操守情况进行监督检查； （二）对涉嫌贪污贿赂、滥用职权、玩忽职守、权力寻租、利益输送、徇私舞弊以及浪费国家资财等职务违法和职务犯罪进行调查； （三）对违法的公职人员依法作出政务处分决定；对履行职责不力、失职失责的领导人员进行问责；对涉嫌职务犯罪的，将调查结果移送人民检察院依法审查、提起公诉；向监察对象所在单位提出监察建议。

二、中央对纪检监察工作的要求

改革开放 40 多年来，中国共产党始终把党风廉政建设和反腐败斗争作为重要任务来抓，为党领导改革开放和社会主义现代化建设提供了有力保证。

纪检监察机关是开展党风廉政建设和反腐败斗争的重要组织保证，肩负重要历史使命。进入新时代以来，新的形势任务对纪检监察工作提出了新的更高的要求，各级纪检监察机关全面贯彻党的十九大精神，担负党章、宪法赋予的神圣职责，深化监督执纪问责，强化监督调查处置，以永远在路上的坚韧和执着推动全面从严治党向纵深发展，夺取巩固发展反腐败斗争压倒性胜利。

习近平总书记在党的十九大报告中指出："当前，反腐败斗争形势依然严峻复杂，巩固压倒性态势、夺取压倒性胜利的决心必须坚如磐石。"[1] 习近

---

[1] 习近平：《决胜全面建成小康社会 夺取新时代中国特色社会主义伟大胜利———在中国共产党第十九次全国代表大会上的报告》（2017 年 10 月 18 日）。

平总书记在十九届中央纪委二次全会上强调："要深化标本兼治，夺取反腐败斗争压倒性胜利。标本兼治，既要夯实治本的基础，又要敢于用治标的利器。要坚持无禁区、全覆盖、零容忍，坚持重遏制、强高压、长震慑，坚持受贿行贿一起查，坚决减存量、重点遏增量。'老虎'要露头就打，'苍蝇'乱飞也要拍。要推动全面从严治党向基层延伸，严厉整治发生在群众身边的腐败问题。要把扫黑除恶同反腐败结合起来，既抓涉黑组织，也抓后面的'保护伞'。要加强反腐败综合执法国际协作，强化对腐败犯罪分子的震慑。要强化不敢腐的震慑，扎牢不能腐的笼子，增强不想腐的自觉。要通过改革和制度创新切断利益输送链条，加强对权力运行的制约和监督，形成有效管用的体制机制。……纪检机关必须坚守职责定位，强化监督、铁面执纪、严肃问责。执纪者必先守纪，律人者必先律己。各级纪检监察机关要以更高的标准、更严的纪律要求自己，提高自身免疫力。广大纪检监察干部要做到忠诚坚定、担当尽责、遵纪守法、清正廉洁，确保党和人民赋予的权力不被滥用、惩恶扬善的利剑永不蒙尘。"[1] 习近平总书记在十九届中央纪委三次全会上强调："要以新时代中国特色社会主义思想为指导，增强'四个意识'、坚定'四个自信'、做到'两个维护'，以党的政治建设为统领全面推进党的建设，取得全面从严治党更大战略性成果，巩固发展反腐败斗争压倒性胜利，一体推进不敢腐、不能腐、不想腐，健全党和国家监督体系，确保党的十九大精神和党中央重大决策部署坚决贯彻落实到位，以优异成绩庆祝中华人民共和国成立 70 周年。……纪检监察机关是党和国家监督专责机关，要忠诚于党、忠于人民，带头增强'四个意识'、坚定'四个自信'、做到'两个维护'。要带头加强机关党的政治建设，健全内控机制，经常打扫庭院，清除害群之马，建设忠诚干净担当的纪检监察铁军。广大纪检监察干部要经得起磨砺、顶得住压力、打得了硬仗。要发扬光荣传统，讲政治、练内功、提素质、强本领，成为立场坚定、意志坚强、行动坚决的表率。"[2]

中央纪委书记赵乐际同志在十九届中央纪委二次全会工作报告中，对深入贯彻落实党的十九大精神，忠实履行党章赋予的政治责任提出四个方面要

---

〔1〕 "习近平在十九届中央纪委二次全会上发表重要讲话"，载中华人民共和国中央人民政府网：http://www.gov.cn/xinwen/2018-01/11/content_5255713.htm，最后访问日期：2019 年 10 月 25 日。

〔2〕 "习近平在十九届中央纪委三次全会上发表重要讲话"，载新华网：http://www.xinhuanet.com/politics/leaders/2019-01/11/c_1123979062.htm，最后访问日期：2019 年 10 月 25 日。

求："（一）牢固树立'四个意识'，坚决维护以习近平同志为核心的党中央权威和集中统一领导。（二）用习近平新时代中国特色社会主义思想武装头脑，始终坚持纪检监察工作正确政治方向。（三）保持永远在路上的冷静清醒和坚韧执着，一刻不停歇地推动全面从严治党向纵深发展。（四）学习党章尊崇党章，不断提高依规治党依规履职的政治能力和工作水平。"对年度工作重点提出八个方面的要求："（一）把党的政治建设摆在首位。（二）全面推进国家监察体制改革。（三）巩固拓展落实中央八项规定精神成果。（四）让巡视利剑作用更加彰显。（五）全面加强党的纪律建设。（六）巩固发展反腐败斗争压倒性态势。（七）坚决整治群众身边腐败问题。（八）推动全面从严治党责任落到实处。"对纪检监察机关自身建设提出五个方面要求："（一）自觉忠诚于党，确保政治过硬。（二）加强能力建设，确保本领高强。（三）领班子带队伍，确保履职到位。（四）敢担当善作为，确保作风优良。（五）恪守清正廉洁，确保自身干净。"[1]

中央纪委书记赵乐际同志在十九届中央纪委三次全会工作报告中，深刻总结了改革开放 40 多年来纪检监察工作的认识和体会："——始终坚持强化党的全面领导的根本原则，坚决维护党中央权威和集中统一领导，保证党的路线方针政策和党中央重大决策部署贯彻落实。——始终坚守协助党委推进全面从严治党的职责定位，坚定不移推进党的建设新的伟大工程，不断以党的自我革命推动党领导的社会革命。——始终坚持以人民为中心的政治立场，着力解决群众反映强烈、损害群众利益的突出问题，不断厚植党执政的政治基础和群众基础。——始终肩负起推进反腐败斗争的重大任务，坚持标本兼治、固本培元，构建不敢腐、不能腐、不想腐的有效机制。——始终铭记打铁必须自身硬的重要要求，以改革创新精神加强纪检监察机关自身建设，当好党和人民的忠诚卫士。"对年度工作重点提出八个方面的要求："（一）持之以恒学习贯彻习近平新时代中国特色社会主义思想，深入开展'不忘初心、牢记使命'主题教育。（二）以党的政治建设为统领，坚决破除形式主义、官僚主义。（三）创新纪检监察体制机制，切实把制度优势转化为治理效能。

---

〔1〕赵乐际：《以习近平新时代中国特色社会主义思想为指导　坚定不移落实党的十九大全面从严治党战略部署——在中国共产党第十九届中央纪律检查委员会第二次全体会议上的工作报告》（2018 年 1 月 11 日）。

（四）做实做细监督职责，着力在日常监督、长期监督上探索创新、实现突破。（五）持续深化政治巡视，完善巡视巡察战略格局。（六）有力削减存量、有效遏制增量，巩固发展反腐败斗争压倒性胜利。（七）持续整治群众身边腐败和作风问题，让人民群众有更多更直接更实在的获得感、幸福感、安全感。（八）按照政治过硬、本领高强要求，从严从实加强纪检监察队伍建设。"[1]

第三节　纪检监察机构与干部队伍的情况

一、中央纪委国家监委

"组建国家监察委员会，同中央纪律检查委员会合署办公，履行纪检、监察两项职责，实行一套工作机构、两个机关名称。"[2] 中央纪委国家监委组织结构见表3-3。

表3-3　中央纪委国家监委组织结构

	机构类别	机构名称
中央纪律检查委员会、国家监察委员会	内设机构	办公厅
		组织部
		宣传部
		研究室
		法规室
		党风政风监督室
		信访室
		中央巡视工作领导小组办公室
		案件监督管理室

---

〔1〕 赵乐际：《忠实履行党章和宪法赋予的职责　努力实现新时代纪检监察工作高质量发展——在中国共产党第十九届中央纪律检查委员会第三次全体会议上的工作报告》（2019年1月11日）。

〔2〕《深化党和国家机构改革方案》（中国共产党第十九届中央委员会第三次全体会议通过）（2018年3月印发）。

续表

	机构类别	机构名称
中央纪律检查委员会、国家监察委员会	内设机构	第一监督检查室
		第二监督检查室
		第三监督检查室
		第四监督检查室
		第五监督检查室
		第六监督检查室
		第七监督检查室
		第八监督检查室
		第九监督检查室
		第十监督检查室
		第十一监督检查室
		第十二审查调查室
		第十三审查调查室
		第十四审查调查室
		第十五审查调查室
		第十六审查调查室
		案件审理室
		纪检监察干部监督室
		国际合作局
		机关事务管理局
		机关党委
		离退休干部局
	直属单位	中国纪检监察杂志社
		中国纪检监察报社
		中国方正出版社
		机关综合服务中心

续表

	机构类别	机构名称
中央纪律检查委员会、国家监察委员会	直属单位	峪口管理中心
		网络中心（网站）
		网络技术中心
		信息中心（网络举报管理中心）
		中国纪检监察学院
		中国纪检监察学院北戴河校区
	派驻纪检监察机构	中央纪律检查委员会国家监察委员会派驻纪检监察组
	其他机构	扶贫工作领导小组办公室

（一）内设机构

中央纪委国家监委机关共有 31 个内设机构：办公厅、组织部、宣传部、研究室、法规室、党风政风监督室、信访室、中央巡视工作领导小组办公室、案件监督管理室、第一至十一监督检查室、第十二至十六审查调查室、案件审理室、纪检监察干部监督室、国际合作局、机关事务管理局、离退休干部局、机关党委。[1]

（二）直属单位

中央纪委国家监委共有 10 个直属单位：中国纪检监察杂志社、中国纪检监察报社、中国方正出版社、网络中心、网络技术中心、信息中心、机关综合服务中心、峪口管理中心、中国纪检监察学院（为表述方便也称"学院"）、中国纪检监察学院北戴河校区。[2]

（三）派驻纪检监察机构

中央纪委国家监委派驻纪检监察机构是根据《中国共产党章程》《中华人

---

[1]《中共中央办公厅关于印发〈中共中央纪律检查委员会、中华人民共和国国家监察委员会机关职能配置、内设机构和人员编制规定〉的通知》（厅字〔2018〕25 号）（2018 年 5 月 26 日）。

[2]《中央编办关于中央纪委国家监委机关所属事业单位机构编制的批复》（中央编办复字〔2018〕76 号）（2018 年 8 月 22 日）。

民共和国监察法》中有关规定设立的，是中央纪委国家监委的重要组成部分[1]。中央纪委国家监委统一设立派驻机构，名称为"中央纪律检查委员会国家监察委员会派驻纪检监察组"。派驻纪检监察组对中央纪委国家监委负责，履行党的纪律检查和国家监察两项职责。当前，中央纪委国家监委共设置47家派驻机构，实现对139家中央一级党和国家机关派驻纪检监察机构全覆盖。[2]

二、地方纪检监察机关

根据《中国共产党章程》《中华人民共和国监察法》及有关规定，地方纪检监察机关是指省（自治区、直辖市）、市（地、州、盟）、县（市、旗、区）的纪律检查委员会、监察委员会。监察委员会同纪律检查委员会合署办公，履行纪检、监察两项职责，实行一套工作机构、两个机关名称。

三、纪检监察队伍的总体规模

纪检监察干部队伍规模庞大，既有各级纪检监察机关的专职干部，还有军队以及企事业单位的专兼职纪检监察干部。当前，全国纪检监察系统专兼职干部总数不少于81万。[3] 根据《关于在全国各地推开国家监察体制改革试点方案》有关规定，原属检察系统的反贪污贿赂、反渎职侵权和预防职务犯罪等部门的公务员编制人员转隶至各级监察委员会后，当前专职纪检监察

---

〔1〕《中国共产党章程》（2017年10月24日中国共产党第十九次全国代表大会部分修改）：第八章党的纪律检查机关。第45条第4款规定："党的中央和地方纪律检查委员会向同级党和国家机关全面派驻党的纪律检查组。纪律检查组组长参加驻在部门党的领导组织的有关会议。他们的工作必须受到该机关党的领导组织的支持。"《中华人民共和国监察法》（2018年3月20日第十三届全国人民代表大会第一次会议通过）：第二章监察机关及其职责。第12条规定："各级监察委员会可以向本级中国共产党机关、国家机关、法律法规授权或者委托管理公共事务的组织和单位以及所管辖的行政区域、国有企业等派驻或者派出监察机构、监察专员。监察机构、监察专员对派驻或者派出它的监察委员会负责。"

〔2〕参见《关于深化中央纪委国家监委派驻机构改革的意见》、《关于全面落实中央纪委向中央一级党和国家机关派驻纪检机构的方案》（中办发〔2015〕55号）、《关于加强中央纪委派驻机构建设的意见》（中办发〔2014〕70号）。

〔3〕中央纪委常委会同志和全国81万专兼职纪检监察干部职工按时递交零持有会员卡报告书。"全国纪检监察系统会员卡专项清退活动结束纪检监察干部职工全递交零持卡报告"，载人民网：http://politics.people.com.cn/n/2013/0629/c100+22015057.html，最后访问日期：2019年10月25日。

干部约为 57 万。[1]

四、纪检监察系统的领导职务

《中华人民共和国公务员法》第 17 条规定："国家实行公务员职务与职级并行制度，根据公务员职位类别和职责设置公务员领导职务、职级序列。"第 18 条规定："公务员领导职务根据宪法、有关法律和机构规格设置。领导职务层次分为：国家级正职、国家级副职、省部级正职、省部级副职、厅局级正职、厅局级副职、县处级正职、县处级副职、乡科级正职、乡科级副职。"[2] 纪检监察系统的领导职务见表 3-4。

表 3-4 纪检监察系统的领导职务

领导职务层次	纪检监察系统的领导职务
国家级正职	中央纪委书记
国家级副职	国家监委主任、中央纪委副书记
省部级正职	中央纪委副书记、中央纪委秘书长、国家监委副主任
省部级副职	中央纪委常委、中央纪委副秘书长、副部级室主任、副部级巡视专员、派驻纪检监察组组长、省纪委书记
厅局级正职	室主任、派驻纪检监察组副组长、省纪委副书记、省纪委常委、省监委副主任
厅局级副职	室副主任、地市纪委书记、地市监委主任
县处级正职	处长、地市纪委副书记、地市纪委常委、地市监委副主任
县处级副职	副处长、县纪委书记、县监委主任
乡科级正职	—
乡科级副职	—

---

〔1〕 根据中央纪委组织部统计数据：2014 年，纪检监察全系统专职干部 47 万余人。另据不完全统计，全国各级检察院反贪系统人员转隶至监委后，纪检监察机关的人员只增加了 10%。参见石艳红："'全覆盖'不是'啥都管'"，载《中国纪检监察》2018 年第 14 期。据此推算，当前专职纪检监察干部约为 52 万。《对进一步做好学院工作的思考和建议》（2019 年 3 月 29 日）中明确为 57 万。

〔2〕《中华人民共和国公务员法》（2005 年 4 月 27 日第十届全国人民代表大会常务委员会第十五次会议通过，根据 2017 年 9 月 1 日第十二届全国人民代表大会常务委员会第二十九次会议《关于修改〈中华人民共和国法官法〉等八部法律的决定》修正，2018 年 12 月 29 日第十三届全国人民代表大会常务委员会第七次会议修订）。

第四章　纪检监察干部教育培训制度

第一节　纪检监察干部教育培训制度的演进

纪检监察机关历来高度重视干部队伍建设，始终把干部教育培训作为保证纪检监察事业顺利发展的一项"先导性、基础性、战略性工程"[1] 来抓。历届中央纪委及监察机关都对相关工作提出了明确的要求并加强制度建设。本节整理了 1978 年至今的纪检监察干部教育培训相关文件。文件按内容大致可分为三个方面：一是关于纪检监察干部教育培训机构编制的文件；二是关于加强纪检监察干部教育培训工作的指导意见；三是纪检监察干部教育培训规划与计划（见表 4-1）。各时期文件数量变化未见明显趋势，总体呈"间断平衡性"特征（见图 4-1）。

---

〔1〕《干部教育培训工作条例》（2015 年 10 月 14 日）。

表4-1 纪检监察干部教育培训相关文件

历史时期	会议时期	发布日期	文件名称	文号
改革开放初期（1978年12月~1989年6月）	十一大（1977年8月~1982年9月）	1979年1月26日	《中共中央纪律检查委员会关于工作任务、职权范围、机构设置的规定》	1979年1月4日~22日中央纪委第一次全会通过，文号不详
	十二大（1982年9月~1987年10月）	1983年3月2日	《中共中央纪律检查委员会关于印发纪检干部培训工作的规划的通知》	不详
		1987年2月18日	《关于中央纪律检查委员会关于纪检干部培训工作的规划（试行）》	不详
十三大至十五大时期（1987年10月~2002年11月）	十三大（1987年10月~1992年10月）	1988年11月29日	《关于印发〈监察部"三定"方案〉的通知》	监办发〔1988〕62号
		1989年5月9日	《关于加强监察宣传教育工作等有关事项的通知》	监发〔1989〕8号
		1989年8月30日	《监察部关于加强行政监察干部培训工作的意见》	监发〔1989〕23号
		1990年7月7日	《党的纪检检查机关党风党纪教育工作纲要（试行）》	不详
		1991年5月28日	《中共中央纪委机关关于加强纪检机关组织建设提高纪检队伍素质的意见》	不详
		1991年8月26日	《全国监察干部岗位培训规划》	监发〔1991〕8号
		1991年8月21日	《关于在行政监察系统开展法制宣传教育的五年规划》	监发〔1991〕9号
		1992年5月13日	《中共中央纪委关于印发〈几年来纪检干部培训工作的情况和今后的意见〉的通知》	不详
		1992年7月29日	《中央纪委办公厅关于制止擅自举办全国性纪检干部培训班问题的通知》	中纪办〔1992〕118号

历史时期	会议时期	发布日期	文件名称	文号
十三大至十五大时期（1987年10月～2002年11月）	十四大（1992年10月～1997年9月）	1993年2月	《中共中央、国务院批转中央纪委、监察部机关合署办公和机构设置有关问题的请示》的通知	中发〔1993〕4号
		1994年2月2日	《中共中央纪律检查委员会机关、监察部职能配置、内设机构和人员编制方案》	中办厅字〔1994〕4号
		1994年6月2日	《1994—1998年纪检监察干部培训规划》	不详
		1994年12月23日	《关于印发〈中共中央纪委监察部党风廉政教育工作纲要〉的通知》	中纪发〔1994〕15号
		1995年5月31日	《中共中央纪委办公厅关于认真贯彻执行〈关于加强干部培训管理的若干规定〉的通知》	中纪办发〔1995〕4号
	十五大（1997年9月～2002年11月）	1999年10月20日	《中共中央纪委监察部关于加强干部管理若干问题的意见（试行）》的通知	中纪发〔1999〕18号
		1999年10月21日	《中共中央纪委监察部关于印发〈关于加强和改进机关党的建设和思想政治工作的意见（试行）〉的通知》	中纪发〔1999〕20号
		1999年12月8日	《中共中央纪委监察部关于建立健全宣传工作领导体制的意见》的通知	中纪办发〔1999〕25号
		2001年9月30日	《2001年—2005年全国纪检监察干部教育培训规划》	中纪发〔2001〕16号

续表

历史时期	会议时期	发布日期	文件名称	文号
十六大至十七大时期（2002年11月~2012年11月）	十六大（2002年11月~2007年10月）	2004年8月30日	《关于进一步做好纪检监察干部教育培训工作的意见》	中纪发〔2004〕17号
		2006年7月25日	《中央纪委书记办公会议研究关于申办中国纪检监察学院有关事项的决定的通知》	通字〔2006〕44号
		2007年2月1日	《关于学院办学规模、教学设计、教学内容等相关事项的决定》	中央纪委干部培训工作领导小组会议决定事项2007第1号
	十七大（2007年10月~2012年11月）	2008年7月9日	《关于中国纪检监察学院建设总体方案》	中央纪委书记办公会议文件〔2008〕74号
		2008年10月28日	《关于中国纪检监察学院机构编制的批复》	中央编办复字〔2008〕107号
		2009年6月12日	《中央纪委书记办公会议通过〈中国纪检监察学院规划设计方案〉》	通字〔2009〕57号
		2009年12月7日	《关于中国纪检监察学院编制职数和内设机构有关事项的通知》	中纪干〔2009〕654号

续表

历史时期	会议时期	发布日期	文件名称	文号
十六大至十七大时期（2002年11月～2012年11月）	十七大（2007年10月～2012年11月）	2009年12月9日	《2009-2013年全国纪检监察干部教育培训工作规划》	中纪发〔2009〕25号
		2010年4月19日	《关于进一步加强和改进纪检监察干部队伍建设的若干意见》	中纪发〔2010〕19号
		2011年2月10日	《中央组织部、中央宣传部关于加强领导干部反腐倡廉教育的意见》	中办发〔2011〕9号
十八大以来（2012年1月至今）	十八大（2012年11月～2017年10月）	2015年	《中央纪委、监察部2015年培训计划》	无
		2016年	《中央纪委、监察部2016年培训计划》	无
		2017年	《中央纪委、监察部2017年培训计划》	无
	十九大（2017年10月至今）	2018年	《中央纪委2018年培训计划》	无
		2019年	《中央纪委国家监委2019年培训计划》	中纪国监组〔2019〕121号

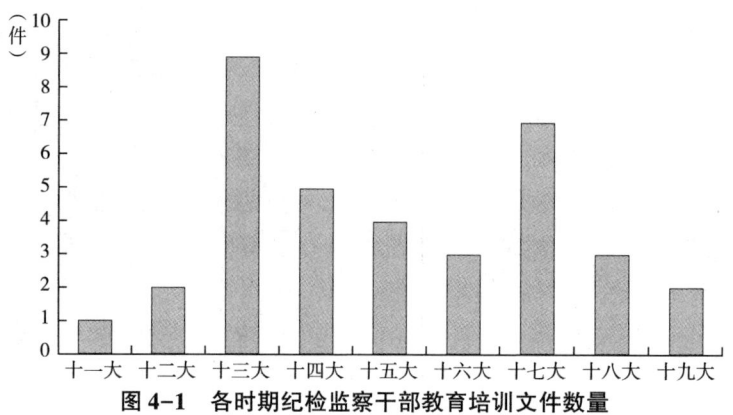

图4-1　各时期纪检监察干部教育培训文件数量

　　党的十一大、十二大时期中央纪委、国家监察部先后恢复建立，干部教育培训工作处于起步阶段，因此相关文件较少。党的十三大时期，中央纪委、国家监察部分别根据各自的实际工作情况开始制定干部教育培训政策，加强干部队伍建设。党的十四大时期，中央纪委、国家监察部合署办公，开始统一制定干部教育培训政策，因此文件数量有所下降。党的十七大时期，中国纪检监察学院建设进入实质阶段，这一时期与学院建设相关的文件较多。党的十八大以来，中央纪委、国家监察部开始制定纪检监察干部年度教育培训计划，对有关工作进行统筹安排。

一、党的十一大时期（1977年8月~1982年9月）

　　1978年12月，党的十一届三中全会选举了新的中央纪委。恢复成立初期，百废待兴，中央纪委一方面抓紧组建各级纪检机关，另一方面克服重重困难开展工作。十一大时期，中央纪委的机构设置相对精干，研究室承担"编辑对党员的教育材料"[1]。这一时期，受各种条件限制，纪检干部的教育培训工作还无法系统地开展。

----

　　〔1〕《中共中央纪律检查委员会关于工作任务、职权范围、机构设置的规定》（1979年1月4日~22日中央纪委第一次全会通过）。

二、党的十二大时期（1982 年 9 月~1987 年 10 月）

党的十二大时期，纪律检查机关积极开展整党和纠正党内不正之风，查处违纪违法案件，取得明显成效。[1] 这一时期纪检干部教育培训工作面临重要的发展机遇。1983 年，中央纪委成立教育室，地方纪委也先后成立了抓党纪教育和干部教育培训工作的专门机构。1986 年，中央纪委成立北戴河培训中心，专门负责纪检干部的教育培训工作。[2] 这些举措为党性党风党纪教育的开展和加强纪检干部队伍建设提供了坚实的组织保证。

1983 年 1 月，王鹤寿同志在中央纪委第二次全会上的讲话中要求各级纪委结合本单位的实际情况，参照《中共中央、国务院关于中央党政机关干部教育工作的决定》[3]，制订培训干部的计划，提高纪检干部的思想、理论、政策和业务水平。[4] 1983 年 3 月，中央纪委印发《中共中央纪律检查委员会关于健全党的纪律检查系统加强纪检队伍建设的暂行规定》，要求对纪检干部有计划、有步骤地进行培训。1987 年 2 月，中央纪委首次制定《中共中央纪律检查委员会关于纪检干部培训工作的规划（试行）》，标志着纪检干部教育培训开始走上正规化的发展道路。

1987 年 10 月，第十二届中央纪委在向党的十三大的工作报告中提出："加强对党的纪律检查工作的领导，搞好纪律检查队伍的建设，是党的建设的一部分。要使党的纪检机关在新形势下充分发挥保证党的路线的贯彻执行，支持和促进改革的作用。……要有计划地搞好纪检干部的培训，提高广大纪检干部的政策水平、思想水平、理论水平和工作水平。"[5] 这些要求体现了中央纪委对于干部教育培训的认识和对纪检干部队伍建设的高度重视。

---

〔1〕 本书编委会编：《辉煌历程——党的纪律检查工作三十年》，中国方正出版社 2008 年版，第 22 页。

〔2〕 中共中央纪律检查委员会教育室编：《纪检干部素质与培训》，吉林人民出版社 1987 年版，第 21 页。

〔3〕 《中共中央、国务院关于中央党政机关干部教育工作的决定》（中发〔1982〕11 号）（1982 年 10 月 3 日）。

〔4〕 王鹤寿：《尽快实现党风的根本好转——在中央纪委第二次全会上的讲话》（1983 年 1 月 30 日）。

〔5〕 《中共中央纪律检查委员会向党的第十三次全国代表大会的工作报告》（1987 年 10 月 30 日）。

三、党的十三大时期（1987年10月~1992年10月）

"党的十三大到十三届四中全会期间，各级纪律检查机关坚持从严治党、严肃执纪，不断加强党风建设。"[1] 1988年3月，中央纪委第二次全会工作报告强调，纪检干部的培训工作应继续抓好。努力建设成为一支坚决执行党的路线、秉公办事、富有才干、深受广大党员和群众信赖的队伍。[2]

十三届四中全会之后，以江泽民同志为核心的党的第三代中央领导集体，"坚持以经济建设为中心，始终把党风廉政建设和反腐败斗争放在重要位置"[3]。1991年5月28日《中共中央纪委关于加强纪检机关组织建设提高纪检队伍素质的意见》要求："在加强思想作风建设的同时，各级纪检机关也要有计划地搞好各种业务培训、轮训，提高干部的业务素质。"1992年5月，中央纪委在对有关工作深度调研的基础上，制定了《几年来纪检干部培训工作的情况和今后的意见》[4]，总结了经验，发现了问题，并对进一步加强纪检干部培训提出了意见。随后，中央纪委办公厅印发了《中央纪委办公厅关于制止擅自举办全国性纪检干部培训班问题的通知》[5]，对纪检干部培训中的突出问题进行了规范。

1987年7月，中华人民共和国监察部挂牌办公。监察部建立之初就高度重视监察干部的教育培训工作。重新恢复的各级行政监察机构设有宣教职能部门，负责组织和指导全国监察干部的业务培训工作。[6] 1989年8月，《监察部关于加强行政监察干部培训工作的意见》明确了监察干部培训的指导思想，强调了工作的重要性与迫切性，对教材、师资队伍、组织领导和工作条件等各个方面提出了要求，并决定筹建全国监察干部培训中心以加强监察系统干

---

〔1〕 本书编委会编：《辉煌历程——党的纪律检查工作三十年》，中国方正出版社2008年版，第26页。

〔2〕《认真贯彻党的十三大精神努力做好纪律检查工作——乔石同志在中央纪委第二次全体会议上的报告》（1988年3月20日）。

〔3〕 本书编委会编：《辉煌历程——党的纪律检查工作三十年》，中国方正出版社2008年版，第27页。

〔4〕《中共中央纪委关于印发〈几年来纪检干部培训工作的情况和今后的意见〉的通知》（1992年5月13日，已失效）。

〔5〕《中央纪委办公厅关于制止擅自举办全国性纪检干部培训班问题的通知》（中纪办〔1992〕118号）（1992年7月29日）。

〔6〕《关于印发〈监察部"三定"方案〉的通知》（监发〔1988〕62号）（1988年11月29日）。

部培训。[1] 1989年11月，监察干部培训中心（北京）成立[2]，1990年4月，监察部浙江大学干部培训中心成立[3]。1991年8月，监察部制定了《全国监察干部岗位培训规划》[4] 和《关于在行政监察系统开展法制宣传教育的五年规划》[5]，以提升监察干部队伍的能力素质。

1992年10月，十三届中央纪委在向党的十四大的工作报告中提出，各级纪检机关和纪检干部，要用邓小平同志建设有中国特色社会主义的理论武装自己，进一步解放思想，增强改革开放意识、市场经济意识、为经济建设服务的意识，克服不适应改革开放的旧思想、旧观念。要加强党纪条规建设，深入开展纪律教育。要加强纪检组织建设，提高干部队伍素质。进一步加强纪检干部的思想作风建设和业务培训工作，提高广大纪检干部的政治素质和业务能力。[6]

四、党的十四大时期（1992年10月~1997年9月）

党的十四大之后，面对严峻的反腐败形势，中央作出了加大反腐败斗争力度，坚决遏制腐败蔓延势头的重大决策。为加强对反腐败斗争的领导，"党中央、国务院决定中央纪律检查委员会与监察部合署办公，实行一套工作机构、两个机关名称，履行党的纪律检查和政府行政监察两项职能"[7]。纪律检查机关与监察机关合署办公是纪检监察工作体制上的重大转变，也对干部教育培训工作产生了重要影响。1994年2月，中央纪委、监察部设立宣传教育室主抓党风党纪、政风政纪教育工作以及组织纪检监察干部的业务培训，管理北戴河、北京两个干部培训中心和电化教育中心。[8] 这一时期，中央纪

---

〔1〕《监察部关于加强行政监察干部培训工作的意见》（监发〔1989〕23号）（1989年8月30日）。

〔2〕中华人民共和国监察部编：《中国监察年鉴（1987-1991）》，中国政法大学出版社1993年版。

〔3〕1990年4月，成立监察部浙江大学干部培训中心；1993年12月更名为中央纪委监察部杭州培训中心；2015年5月更名为杭州纪检监察干部培训中心。

〔4〕《关于印发〈全国监察干部岗位培训规划〉的通知》（监发〔1991〕8号）（1991年8月26日）。

〔5〕《关于印发〈关于在行政监察系统开展法制宣传教育的五年规划〉的通知》（监发〔1991〕9号）（1991年8月21日）。

〔6〕《中共中央纪律检查委员会向党的第十四次全国代表大会的工作报告》（1992年10月9日中央纪律检查委员会第九次全体会议通过）。

〔7〕《中共中央、国务院批转中央纪委、监察部〈关于中央纪委、监察部机关合署办公和机构设置有关问题的请示〉的通知》（中发〔1993〕4号）。

〔8〕《中共中央纪律检查委员会机关、监察部职能配置、内设机构和人员编制方案》。

委监察部制定了《1994 年-1998 年纪检监察干部培训规划》［本章以下简称《规划》（1994 年）］，在下达干部培训任务的基础上，提出通过科研健全纪检监察学科体系，要建立质量较高的专兼职结合的教师队伍，并要求将干部的使用和培训相结合。[1]《规划》（1994 年）是纪检监察机关合署后首次制定的干部教育培训规划，标志着纪检监察干部教育培训工作从一开始就在制度化、规范化的发展轨道运行。

1997 年 9 月，十四届中央纪委在向党的十五大的工作报告中提出："要强化纪律检查机关的职能作用，加强纪检干部队伍建设。进一步突出了纪检监察干部教育培训在加强纪检监察干部队伍建设中的作用。"[2]

五、党的十五大时期（1997 年 9 月~2002 年 11 月）

党的十五大之后，中央要求反腐败斗争必须"坚持标本兼治，教育是基础，法制是保证，监督是关键。通过深化改革，不断铲除腐败现象滋生蔓延的土壤"。[3] 十五届中央纪委高度重视纪检监察干部教育培训工作，始终将其作为加强纪检监察干部队伍的一项基础工程来抓。十五届中央纪委历次全会都要求各级纪检监察机关加强干部教育培训。2001 年 9 月，中央纪委监察部制定了《2001 年-2005 年全国纪检监察干部教育培训规划》[4]，提出七个方面要求：一是要求对纪检监察干部实施分级分类培训；二是要求加强干部培训中心的建设；三是要积极采用电化教育设施和计算机等多媒体手段开展教学；四是要加强教材与师资队伍建设；五是要保障培训经费；六是要完善培训制度；七是要利用社会教育资源进行培训。这些要求对于推动纪检监察干部教育培训工作的科学化发展具有重要的指导意义。

2002 年 11 月，十五届中央纪委在向党的十六大的工作报告中提出："（纪律检查干部）要熟悉纪检监察业务，学习经济、法律、科技、管理等方

---

〔1〕《1994 年-1998 年纪检监察干部培训规划》（1994 年 6 月 2 日）。

〔2〕《中共中央纪律检查委员会向党的第十五次全国代表大会的工作报告》（1997 年 9 月 9 日中央纪律检查委员会第九次全体会议通过）。

〔3〕 江泽民：《高举邓小平理论伟大旗帜，把建设有中国特色社会主义事业全面推向二十一世纪——在中国共产党第十五次全国代表大会上的报告》（1997 年 9 月 12 日）。

〔4〕《2001 年-2005 年全国纪检监察干部教育培训规划》（中纪发〔2001〕16 号）（2001 年 9 月 30 日）。

面的知识，不断提高知识水平和业务能力，提高运用现代科学技术防范和揭露腐败问题的能力。"〔1〕

六、党的十六大时期（2002 年 11 月~2007 年 10 月）

党的十六大之后，中央在坚决惩治腐败的同时，进一步加大预防腐败工作力度，坚持标本兼治、综合治理、惩防并举，注重预防的方针，加强"反腐倡廉建设"〔2〕，探索出一条中国特色反腐倡廉道路。十六届中央纪委对纪检监察机关自身建设高度重视，多次在中央纪委全会报告中提出明确要求，主要有三个方面：一是要高度重视党的理论学习；二是纪检监察干部要学习各种专业知识，适应反腐倡廉工作不断发展的需要；〔3〕三是五年内把纪检监察干部轮训一遍。〔4〕

这一时期，中央作出了"大规模培训干部，大幅度提高干部素质"〔5〕的战略决定，干部教育培训工作进入大发展时期。2004 年 8 月，中央纪委、监察部制定了《关于进一步做好纪检监察干部教育培训工作的意见》，明确了培训工作的指导思想和工作方针，总结了培训工作的十条经验〔6〕，并提出要在完成五年内将纪检监察干部轮训一遍的基础上，进一步加强培训基地、师资以及教材建设；改进教育培训方式方法；加大经费投入等要求〔7〕。这一时

---

〔1〕《中共中央纪律检查委员会向党的第十六次全国代表大会的工作报告》（2002 年 11 月 14 日中国共产党第十六次全国代表大会通过）。

〔2〕党的十六大时期，中央提出"反腐倡廉建设"的概念，并将之与思想建设、组织建设、作风建设和制度建设并列。本书编委会编：《辉煌历程——党的纪律检查工作三十年》，中国方正出版社2008 年版，第 38 页。

〔3〕吴官正：《全面贯彻党的十六大精神，努力开创党风廉政建设和反腐败工作新局面——在中国共产党中央纪律检查委员会第二次全体会议上的工作报告》（2003 年 2 月 17 日）。

〔4〕吴官正：《坚持用"三个代表"重要思想指导党风廉政建设和反腐败工作，为全面建设小康社会提供政治保证——在中国共产党中央纪律检查委员会第三次全体会议上的工作报告》（2004 年1 月 11 日）。

〔5〕参见胡锦涛给中国浦东干部学院、中国井冈山干部学院、中国延安干部学院建成并正式开学的贺信，2005 年 3 月 16 日。

〔6〕中央纪委宣传教育室、中国纪检监察报社编：《反腐倡廉"大宣教"理论与实践（上卷）》，中国方正出版社 2007 年版，第 67 页。

〔7〕《关于进一步做好纪检监察干部教育培训工作的意见》（中纪发〔2004〕17 号）（2004 年 8月 30 日）。

期，中央纪委、监察部成立了干部教育培训工作领导小组[1]负责中央纪委、监察部机关以及纪检监察系统干部教育培训工作，并开始筹建中国纪检监察学院[2]。

2007年10月，十六届中央纪委在向党的十七大的工作报告中提出，要加强纪检机关自身建设，进一步加大干部培训力度。[3]

七、党的十七大时期（2007年10月~2012年11月）

党的十七大之后，中央充分认识到反腐败斗争的长期性、复杂性、艰巨性，坚持标本兼治、综合治理、惩防并举、注重预防方针，大力加强以完善惩治和预防腐败体系为重点的反腐倡廉建设，推动党风廉政建设和反腐败斗争深入开展。十七届中央纪委对于纪检监察机关自身建设高度重视，多次在中央纪委全会上提出明确要求。主要有以下几个方面：一是强调纪检监察干部队伍建设要将思想理论建设放在首位；二是加强纪检监察能力建设，中央纪委要求纪检监察干部不断加强学习，拓宽学习领域，改善知识结构，理论结合实际，深入钻研纪检监察业务；三是将加强纪检监察能力建设与学习型纪检监察机关建设相结合，与"做党的忠诚卫士、当群众的贴心人"主题实践活动相结合；四是要求加强干部教育培训工作。

这一时期，中央提出继续大规模培训干部、大幅度提高干部素质。[4]2009年12月，《2009—2013年全国纪检监察干部教育培训工作规划》[5]［本章以下简称《规划》（2009年）］要求：以创建中国纪检监察学院为契机，

---

〔1〕 领导小组刘峰岩同志任组长，马馼、干以胜、吴玉良、黄树贤同志任副组长，中央纪委监察部宣教室、干部室、外事局、机关党委及中央纪委监察部三个培训中心主要负责同志为领导小组成员。领导小组下设办公室，办公室设在宣教室，负责领导小组的日常工作。

〔2〕《教育部关于举办中国纪检监察学院有关意见的函》（教发函〔2006〕336号）（2006年12月30日）；《教育部办公厅关于"教发函"〔2006〕336号有关内容的说明》（教发厅函〔2007〕38号）（2007年7月26日）。

〔3〕《坚持惩防并举　更加注重预防　深入推进党风廉政建设和反腐败斗争——中共中央纪律检查委员会向党的第十七次全国代表大会的工作报告》（2007年10月21日中国共产党第十七次全国代表大会通过）。

〔4〕 胡锦涛：《高举中国特色社会主义伟大旗帜　为夺取全面建设小康社会新胜利而奋斗——在中国共产党第十七次全国代表大会上的报告》（2007年10月15日）。

〔5〕《2009—2013年全国纪检监察干部教育培训工作规划》（中纪发〔2009〕25号）（2009年12月9日）。

加强纪检监察学科体系建设；建立健全培训质量评估机制和考核激励机制；并将纪检监察干部教育培训纳入全国干部教育培训工作规划。2010 年 4 月，《关于进一步加强和改进纪检监察干部队伍建设的若干意见》[1]［本章以下简称《若干意见》（2010 年）］第 7 条对《规划》（2009 年）有关内容予以确认。《规划》（2009 年）和《若干意见》（2010 年）为不断推进纪检监察干部教育培训工作的科学化、规范化、制度化发挥了重要作用。2008 年 10 月，中共中央制发的《中国共产党党校工作条例》[2] 为中国纪检监察学院的发展建设提供了重要的制度依据。经过多年的调研、论证与筹备，中国纪检监察学院于 2010 年 10 月挂牌开办。

2012 年 11 月，十七届中央纪委在向党的十八大的工作报告中提出："建设一支忠诚可靠、服务人民、刚正不阿、秉公执纪的纪检监察干部队伍，是新形势下开展党风廉政建设和反腐败斗争的重要组织保证。"[3] 要以思想政治建设为根本，以能力建设为关键。

八、党的十八大时期（2012 年 11 月~2017 年 10 月）

党的十八大以来，以习近平同志为核心的党中央从关系党和国家生死存亡的高度，作出"打铁还需自身硬"的庄严承诺，以猛药去疴、重典治乱的决心勇气，推动全面从严治党向纵深发展，形成了反腐败斗争压倒性态势，党心民心为之一振，党风政风为之一新。新的形势任务对广大纪检监察干部的能力素质提出了更高的要求。十八届中央纪委高度重视纪检监察机关自身建设，通过不断加强干部教育培训的力度，建设一支让党放心、让人民信赖的纪检监察干部队伍，为不断深入的党风廉政建设和反腐败斗争提供了有力的智力支持和人才保障。

这一时期，中央纪委要求各级纪检监察机关，围绕监督、执纪、问责，深化转职能、转方式、转作风。这实际上重新明确了纪委的三大工作职责和

---

〔1〕《关于进一步加强和改进纪检监察干部队伍建设的若干意见》（中纪发〔2010〕19 号）（2010 年 4 月 19 日）。

〔2〕《中国共产党党校工作条例》（中发〔2008〕13 号）（2008 年 10 月 29 日）。

〔3〕《中共中央纪律检查委员会向党的第十八次全国代表大会的工作报告》（2012 年 11 月 14 日中国共产党第十八次全国代表大会通过）。

三大着力方向，同时也要求纪检监察干部"提高履职监督能力"〔1〕。十八届中央纪委第二次全会工作报告强调："用铁的纪律打造人民满意的纪检监察干部队伍。"〔2〕十八届中央纪委第五次全会工作报告〔3〕、第六次全会工作报告〔4〕进一步要求"建设忠诚、干净、担当的纪检监察队伍"。

为完成中央纪委关于纪检监察干部队伍建设的有关要求，这一时期，中央纪委、原监察部调整了纪检监察干部教育培训工作领导体制。2014 年 3 月，中央纪委组织部负责相关工作，并从 2015 年起开始编制中央纪委、监察部培训计划〔5〕，以加强纪检监察干部教育培训工作的规范化和制度化。

2017 年 10 月，十八届中央纪委向党的十九大的工作报告中提出："加大干部轮岗、交流和培训力度，不断提高干部队伍的能力水平，增强生机活力。"〔6〕

九 党的十九大时期（2017 年 10 月至今）

党的十九大报告指出："当前，反腐败斗争形势依然严峻复杂，巩固压倒性态势、夺取压倒性胜利的决心必须坚如磐石。"〔7〕十九届中央纪委高度重视加强纪检监察干部队伍建设。2017 年 12 月 5 日，中央政治局常委、中央纪

---

〔1〕 王岐山：《深入学习贯彻党的十八大精神 努力开创党风廉政建设和反腐败斗争新局面——在中国共产党第十八届中央纪律检查委员会第二次全体会议上的工作报告》（2013 年 1 月 21 日）："四、用铁的纪律打造人民满意的纪检监察干部队伍。……加大干部轮岗、交流、培训力度……加强纪检监察组织建设，提高履职监督能力。"

〔2〕 王岐山：《深入学习贯彻党的十八大精神 努力开创党风廉政建设和反腐败斗争新局面——在中国共产党第十八届中央纪律检查委员会第二次全体会议上的工作报告》（2013 年 1 月 21 日）。

〔3〕 王岐山：《依法治国 依规治党 坚定不移推进党风廉政建设和反腐败斗争——在中国共产党第十八届中央纪律检查委员会第五次全体会议上的工作报告》（2015 年 1 月 12 日）。

〔4〕 王岐山：《全面从严治党 把纪律挺在前面 忠诚履行党章赋予的神圣职责——在中国共产党第十八届中央纪律检查委员会第六次全体会议上的工作报告》（2016 年 1 月 12 日）。

〔5〕 2014 年 3 月，中央纪委组建中央纪委宣传部、中央纪委组织部。中央纪委宣传部的前身是中央纪委宣教室，主要承担中央纪委的宣传教育相关工作，是中国纪检监察学院、中央纪委监察部北戴河培训中心（分院）、中央纪委监察部杭州培训中心等教育培训机构的管理协调部门。学院等教育培训机构的管理协调部门改为中央纪委组织部。中央纪委组织部干部培训处从 2015 年起开始制定年度培训计划，培训计划每年 1 月份发布，对班型、培训人数、培训地点、培训内容、培训方式等都有详细的要求。

〔6〕《十八届中央纪律检查委员会向中国共产党第十九次全国代表大会的工作报告》（2017 年 10 月 24 日中国共产党第十九次全国代表大会通过）。

〔7〕 习近平：《决胜全面建成小康社会 夺取新时代中国特色社会主义伟大胜利——在中国共产党第十九次全国代表大会上的工作报告》（2017 年 10 月 18 日）。

委书记赵乐际同志在中国纪检监察学院调研时就加强学院建设提出五点要求：找准办学定位；坚持党校姓党原则；加强师资队伍建设；创新教育培训方法；加强学院自身建设。[1] 2018 年 1 月 11 日，十九届中央纪委二次全会工作报告要求加强纪检监察机关自身建设："（一）自觉忠诚于党，确保政治过硬。（二）加强能力建设，确保本领高强。"[2] 2018 年 3 月 20 日，新颁布的《中华人民共和国监察法》对于监察人员的政治素质和工作能力进行了规定。[3] 2018 年 3 月 23 日，中华人民共和国国家监察委员会在北京揭牌，同中央纪律检查委员会合署办公。2019 年 1 月 11 日，十九届中央纪委三次全会工作报告要求："按照政治过硬、本领高强要求，从严从实加强纪检监察队伍建设。……打造忠诚坚定、担当尽责、遵纪守法、清正廉洁的纪检监察铁军。"[4] 这一时期，纪检监察体制改革不断深化，反腐败斗争压倒性胜利得到巩固发展，纪检监察干部教育培训进入新的发展阶段。

第二节　纪检监察干部教育培训制度渊源

"某一制度之创立，绝不是凭空忽然地创立，它必有渊源。"[5] "制度渊源是指制度形成的来源，可以是正式的立法、政策，也可以是非正式的惯例、习俗。"[6] 考察表明，纪检监察干部教育培训制度渊源很广，包括国家法律、党内法规、各类规范性文件以及国际公约等（见图 4-2）。

---

〔1〕 中共中央纪委办公厅：《落实赵乐际同志在巡视办、学院调研讲话精神任务清单和责任分解意见》（2017 年 12 月 28 日）。

〔2〕 赵乐际：《以习近平新时代中国特色社会主义思想为指导　坚定不移落实党的十九大全面从严治党战略部署——在中国共产党第十九届中央纪律检查委员会第二次全体会议上的工作报告》（2018 年 1 月 11 日）。

〔3〕《中华人民共和国监察法》（2018 年 3 月 20 日第十三届全国人民代表大会第一次会议表决通过）第 56 条规定："监察人员必须模范遵守宪法和法律，忠于职守、秉公执法，清正廉洁、保守秘密；必须具有良好的政治素质，熟悉监察业务，具备运用法律、法规、政策和调查取证等能力，自觉接受监督。"

〔4〕 赵乐际：《忠实履行党章和宪法赋予的职责　努力实现新时代纪检监察工作高质量发展——在中国共产党第十九届中央纪律检查委员会第三次全体会议上的工作报告》（2019 年 1 月 11 日）。

〔5〕 钱穆：《中国历代政治得失》，生活·读书·新知三联书店 2012 年版，第 2 页。

〔6〕 宋彪：《中国国家规划制度研究》，中国人民大学出版社 2016 年版，第 34 页。

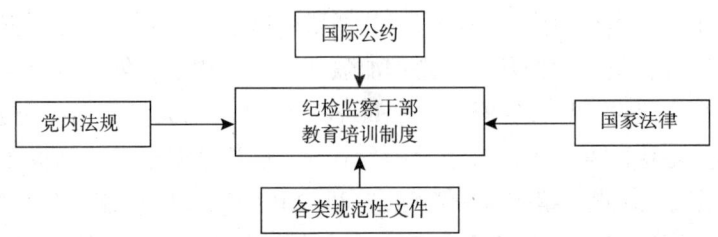

图 4-2　纪检监察干部教育培训制度渊源

一、《中国共产党章程》

《中国共产党章程》是中国共产党为实现纲领、开展活动、规范党务所制定的根本法规，是党赖以建立和活动的法规体系的基础，是党的各级组织和全体党员必须遵守的基本准则和规定，具有党内根本大法的效力。习近平同志在《认真学习党章　严格遵守党章》中指出，"建立健全党内制度体系，要以党章为根本依据"。[1]《中国共产党章程》是党内法规制度体系建设的总依据。《中国共产党党内法规制定条例》以党内法规的形式将该原则加以确定，使之更加明确与规范。[2] 纪检监察干部教育培训制度是由法律、党内法规及各类规范性文件等共同构成的制度体系。因此，《中国共产党章程》是该制度体系内所有党内法规及党内规范性文件的上位法和根本依据。《中国共产党章程》对党组织和党员在学习、教育、培训等方面的权利与义务进行了规定。[3]

二、《中华人民共和国监察法》

《中华人民共和国监察法》（本章以下简称《监察法》）第 56 条规定："监察人员必须模范遵守宪法和法律，忠于职守、秉公执法，清正廉洁、保守

---

〔1〕 习近平："认真学习党章　严格遵守党章"，载《人民日报》2012 年 11 月 20 日。

〔2〕《中国共产党党内法规制定条例》（2012 年 5 月 26 日）第 3 条第 2 款规定："党章是最根本的党内法规，是制定其他党内法规的基础和依据。"

〔3〕《中国共产党章程》：第一章"党员"。第 3 条规定："党员必须履行下列义务：（一）认真学习马克思列宁主义、毛泽东思想、邓小平理论、'三个代表'重要思想、科学发展观、习近平新时代中国特色社会主义思想，学习党的路线、方针、政策和决议，学习党的基本知识，学习科学、文化、法律和业务知识，努力提高为人民服务的本领。……"第六章"党的干部"。第 35 条第 2 款："党重视教育、培训、选拔、考核和监督干部……"第八章"党的纪律检查机关"。第 46 条第 2 款："党的各级纪律检查委员会的职责是监督、执纪、问责，要经常对党员进行遵守纪律的教育，……"

秘密；必须具有良好的政治素质，熟悉监察业务，具备运用法律、法规、政策和调查取证等能力，自觉接受监督。"

《监察法》第 56 条是关于监察官员在守法义务和业务能力等方面的要求规定，其主要目的在于规范监察官员的行为，促进监察官员更好地履职尽责。本条包含八个方面的内容，其中有四个方面对监察官员的教育培训工作提出了方向性、原则性的要求。第一"模范遵守宪法和法律"，主要是指监察官员作为执法人员要做遵守宪法和法律的标杆。第六"必须具有良好的政治素质"，主要是指监察官员要增强"四个意识"，提高政治觉悟、严守政治纪律，与党中央保持高度一致，坚决维护党中央权威。第七"熟悉监察业务"，主要是指监察官员必须掌握监察专业知识及相关业务知识。第八"具备运用法律、法规、政策和调查取证等能力"，主要是指监察官员必须掌握相关法律、法规、政策知识，并善于在调查取证等工作中加以运用。[1]

三、《中华人民共和国公务员法》

《中华人民共和国公务员法》（本章以下简称《公务员法》）是一部全面、系统规范公务员管理的法律。《公务员法》明确规定参加培训是公务员的权利[2]；并对培训机构、培训形式、培训类别等方面都作出了规定[3]。作为国家公务员的纪检监察官员受《公务员法》约束。

---

〔1〕 中共中央纪律检查委员会、中华人民共和国国家监察委员会法规室编写：《〈中华人民共和国监察法〉释义》，中国方正出版社 2018 年版，第 220~223 页。

〔2〕《公务员法》：第二章"公务员的条件、义务与权利"。第 15 条规定："公务员享有下列权利：……（四）参加培训；……"

〔3〕《公务员法》：第十章"培训"。第 66 条规定："机关根据公务员工作职责的要求和提高公务员素质的需要，对公务员进行分类分级培训。国家建立专门的公务员培训机构。机关根据需要也可以委托其他培训机构承担公务员培训任务。"第 67 条规定："机关对新录用人员应当在试用期内进行初任培训；对晋升领导职务的公务员应当在任职前或者任职后一年内进行任职培训；对从事专项工作的公务员应当进行专门业务培训；对全体公务员应当进行提高政治素质和工作能力、更新知识的在职培训，其中对专业技术类公务员应当进行专业技术培训。国家有计划地加强对优秀年轻公务员的培训。"第 68 条规定："公务员的培训实行登记管理。公务员参加培训的时间由公务员主管部门按照本法第六十七条规定的培训要求予以确定。公务员培训情况、学习成绩作为公务员考核的内容和任职、晋升的依据之一。"

四、《中国共产党党校（行政学院）工作条例》

《中国共产党党校（行政学院）工作条例》[1] 是根据《中国共产党章程》《中华人民共和国公务员法》和有关法律法规，并结合党校工作实际制定的。《中国共产党党校（行政学院）工作条例》对于进一步完善中国共产党党校教育体系，推进党校工作的科学化、规范化、制度化，推动党校教育体系适应中国特色社会主义事业发展的要求，具有重要的指导意义。"中国纪检监察学院是我们党在纪检监察领域特色鲜明的党校，是纪检监察的中央党校，是培养培训纪检监察干部的高级学院。"[2] 因此，纪检监察干部教育培训工作受《中国共产党党校（行政学院）工作条例》调整。

五、《干部教育培训工作条例》

《干部教育培训工作条例》[3] 是根据《中国共产党章程》《公务员法》和其他有关法律法规制定的。《干部教育培训工作条例》是干部教育培训工作的"基本法"，对于干部教育培训机构和工作具有普遍约束力。[4]

六、中央纪委全会工作报告

中央纪律检查委员会全体会议（简称"中央纪委全会"）由中央纪律检

---

〔1〕《中国共产党党校（行政学院）工作条例》（中发〔2019〕44号）（2019年10月25日）。

〔2〕中国纪检监察学院：《深入学习习近平新时代中国特色社会主义思想，认真贯彻落实好中央纪委三次全会精神》（2019年3月1日根据杨晓渡同志讲话整理）。

〔3〕《干部教育培训工作条例》（2015年10月14日）。

〔4〕《干部教育培训工作条例》第一章"总则"。第2条规定："干部教育培训是建设高素质干部队伍的先导性、基础性、战略性工程，在推进中国特色社会主义伟大事业和党的建设新的伟大工程中具有不可替代的重要作用。干部教育培训工作必须坚持以马克思列宁主义、毛泽东思想、邓小平理论、'三个代表'重要思想、科学发展观为指导，深入贯彻习近平总书记系列重要讲话精神，紧紧围绕全面建成小康社会、全面深化改革、全面依法治国、全面从严治党的战略布局，以坚定理想信念、增强执政意识、提高执政能力为重点，把'三严三实'要求贯穿干部教育培训全过程，培养造就信念坚定、为民服务、勤政务实、敢于担当、清正廉洁的好干部，推动学习型、服务型、创新型马克思主义执政党建设和学习型社会建设，推进国家治理体系和治理能力现代化，为不断夺取中国特色社会主义新胜利、实现中华民族伟大复兴的中国梦提供思想政治保证、人才保证和智力支持。"第3条规定："本条例适用于党的机关、人大机关、行政机关、政协机关、审判机关、检察机关，以及列入公务员法实施范围的其他机关和参照公务员法管理的机关（单位）的干部教育培训工作。国有企业、不参照公务员法管理的事业单位结合各自特点执行本条例。"

查委员会常务委员会召集，是中央纪委最高层次的议事、决策形式。中央纪委全会工作报告对纪检监察各项工作具有指导权威。历次中央纪委全会工作报告，对纪检监察干部队伍建设以及纪检监察干部教育培训等工作都提出了有关要求。

七、其他法律法规及规范性文件

纪检监察干部教育培训受到多重制度的约束。除了前述法律、党内法规外，还有大量的党内规范性文件对纪检监察干部教育培训工作也具有指导权威。在中国现行的政治体制下，纪检监察干部教育培训工作受到党的工作报告、决定、指示等党内规范性文件的调整。因此，这些都是纪检监察干部教育培训制度的渊源。例如，《关于新形势下党内政治生活的若干准则》[1]《2010—2020 年干部教育培训改革纲要》[2]《2018—2022 年全国干部教育培训规划》[3]《中共中央关于加强和改进新形势下党校工作的意见》[4]，领导同志的有关讲话及重要指示精神等。

八、《联合国反腐败公约》

《联合国反腐败公约》（本章以下简称《公约》）是联合国历史上通过的第一个指导国际反腐败斗争的法律文件。2003 年 12 月 10 日，中国外交部副部长张业遂代表中国政府在《公约》上签字。2005 年 10 月 27 日，第十届全国人大常委会第十八次会议批准加入《公约》，《公约》于 2006 年 2 月 12 日对我国生效。《公约》中对有关机构的建设、教育培训、反腐败国际合作的开展等方面都有相应的规定。中国作为《公约》的缔约国具有履约义务，国内的有关工作应与《公约》相协调。《公约》第 6 条、第 36 条、第 60 条等有关内容与纪检监察干部教育培训制度具有相关性。

---

〔1〕《关于新形势下党内政治生活的若干准则》（2016 年 10 月 27 日中国共产党第十八届中央委员会第六次全体会议通过）："一、坚定理想信念。……坚定理想信念，必须加强学习。……坚持和创新党内学习制度……"

〔2〕《2010—2020 年干部教育培训改革纲要》（中办发〔2010〕18 号）（2010 年 8 月 17 日）。

〔3〕《2018—2022 年全国干部教育培训规划》（2018 年 11 月 1 日）。

〔4〕《中共中央关于加强和改进新形势下党校工作的意见》（中发〔2015〕35 号）（2015 年 12 月 9 日）。

　　《公约》第 6 条〔1〕要求缔约国设立预防腐败机构，并为工作人员的履职提供培训。2007 年 9 月，中华人民共和国国家预防腐败局的成立标志着中国政府对《公约》第 6 条已经落实到位。2018 年 3 月 17 日，第十三届全国人民代表大会第一次会议审议通过了国务院机构改革方案，不再保留监察部、国家预防腐败局。〔2〕国家预防腐败局所承担的有关职能将一并由中华人民共和国国家监察委员会概括承继。

　　《公约》第 36 条〔3〕要求各缔约国应设立反腐败机构，以及工作人员应当受到适当培训。中华人民共和国国家监察委员会是我国反腐败领导机构，其直属的干部教育培训机构对监察官员提供专业化的培训。

　　《公约》第 60 条〔4〕第 1 款对于各缔约国负责预防和打击腐败人员的具体

---

　　〔1〕《公约》第 6 条：预防性反腐败机构。"一、各缔约国均应当根据本国法律制度的基本原则，确保设有一个或酌情设有多个机构通过诸如下列措施预防腐败……二、各缔约国均应当根据本国法律制度的基本原则，赋予本条第一款所述机构必要的独立性，使其能够有效地履行职能和免受任何不正当的影响。各缔约国均应当提供必要的物资和专职工作人员，并为这些工作人员履行职能提供必要的培训。……"

　　〔2〕《深化党和国家机构改革方案》（2018 年 3 月）："一、深化党中央机构改革。（一）组建国家监察委员会。为加强党对反腐败工作的集中统一领导，实现党内监督和国家机关监督、党的纪律检查和国家监察有机统一，实现对所有行使公权力的公职人员监察全覆盖，将监察部、国家预防腐败局的职责，最高人民检察院查处贪污贿赂、失职渎职以及预防职务犯罪等反腐败相关职责整合，组建国家监察委员会，同中央纪律检查委员会合署办公，履行纪检、监察两项职责，实行一套工作机构、两个机关名称。主要职责是，维护党的章程和其他党内法规，检查党的路线方针政策和决议执行情况，对党员领导干部行使权力进行监督，维护宪法法律，对公职人员依法履职、秉公用权、廉洁从政以及道德操守情况进行监督检查，对涉嫌职务违法和职务犯罪的行为进行调查并作出政务处分决定，对履行职责不力、失职失责的领导人员进行问责，负责组织协调党风廉政建设和反腐败宣传等。国家监察委员会由全国人民代表大会产生，接受全国人民代表大会及其常务委员会的监督。不再保留监察部、国家预防腐败局。"

　　〔3〕《公约》第 36 条：专职机关。"各缔约国均应当根据本国法律制度的基本原则采取必要的措施，确保设有一个或多个机构或者安排了人员专职负责通过执法打击腐败。这类机构或者人员应当拥有根据缔约国法律制度基本原则而给予的必要独立性，以便能够在不受任何不正当影响的情况下有效履行职能。这类人员或者这类机构的工作人员应当受到适当培训，并应当有适当资源，以便执行任务。"

　　〔4〕《公约》第 60 条：培训和技术援助。"一、各缔约国均应当在必要的情况下为本国负责预防和打击腐败的人员启动、制定或者改进具体培训方案。这些培训方案可以涉及以下方面：（一）预防、监测、侦查、惩治和控制腐败的有效措施，包括使用取证和侦查手段；（二）反腐败战略性政策制定和规划方面的能力建设；（三）对主管机关进行按本公约的要求提出司法协助请求方面的培训；（四）评估和加强体制、公职部门管理、包括公共采购在内的公共财政管理，以及私营部门；（五）防止和打击根据本公约确立的犯罪的所得转移和追回这类所得；（六）监测和冻结根据本公约确立的犯罪的所得的转移；

培训方案提出十个方面的要求。第 2 款要求各缔约国之间开展反腐败计划和方案的技术援助，特别强调向发展中国家提供有关支持和培训。第 3 款要求各缔约国应在双边和多边协定内最大限度地开展业务和培训活动。对于《公约》第 60 条的有关规定，中国作为联合国安理会常任理事国以及《公约》缔约国，积极向发展中国家提供相关技术援助以及培训。近年来，中国纪检监察学院先后为老挝、柬埔寨、越南、马尔代夫等"一带一路"相关国家的官员提供了反腐败培训。

第三节　纪检监察干部教育培训制度体系

一、党建制度中的纪检监察干部教育培训

政党建设是政党为完成自身的使命而进行领导国家、社会，提高自身生机和活力的一系列理论和实践活动，具有鲜明的政治性和实践性，指导着党在不同时代、不同情况下的工作与活动。中国共产党的政党建设主要包括三方面的含义：一是研究党的建设的理论科学；二是党的建设的实践活动；三是作为理论与实践中介的规章制度。

《干部教育培训工作条例》指出："干部教育培训是建设高素质干部队伍的先导性、基础性、战略性工程，在推进中国特色社会主义伟大事业和党的建设新的伟大工程中具有不可替代的重要作用。"《中国共产党第十九次全国代表大会关于〈中国共产党章程（修正案）〉的决议》指出："……调整和充实党的纪律、党的纪律检查机关部分的相关内容，等等，是党的十八大以来党的工作和党的建设成果的集中反映。"[1]党的十九大通过的《中国共产党章

（接上页）（七）监控根据本公约确立的犯罪的所得的流动情况以及这类所得的转移、窝藏或者掩饰方法；（八）便利返还根据本公约确立的犯罪所得的适当而有效的法律和行政机制及方法；（九）用以保护与司法机关合作的被害人和证人的方法；（十）本国和国际条例以及语言方面的培训。二、缔约国应当根据各自的能力考虑为彼此的反腐败计划和方案提供最广泛的技术援助，特别是向发展中国家提供援助，包括本条第一款中提及领域内的物质支持和培训，以及为便利缔约国之间在引渡和司法协助领域的国际合作而提供培训和援助以及相互交流有关的经验和专门知识。三、缔约国应当在必要时加强努力，在国际组织和区域组织内并在有关的双边和多边协定或者安排的框架内最大限度地开展业务和培训活动。……"

　　〔1〕《中国共产党第十九次全国代表大会关于〈中国共产党章程（修正案）〉的决议》（2017 年 10 月 24 日中国共产党第十九次全国代表大会通过）。

程》中提及的党的建设主要包括长期执政能力建设、先进性和纯洁性建设、政治建设、思想建设、组织建设、作风建设、纪律建设、制度建设等几个方面。[1] "纪检监察干部教育培训制度是党的干部教育培训制度的重要组成部分；是加强纪检监察干部队伍建设的重要途径；是推进党风廉政建设和反腐败斗争的基础性工作。"[2] 由此可见，纪检监察干部教育培训制度是党的干部教育培训制度和纪检监察制度交汇的产物，属于党建制度的范畴（见图4-3）。

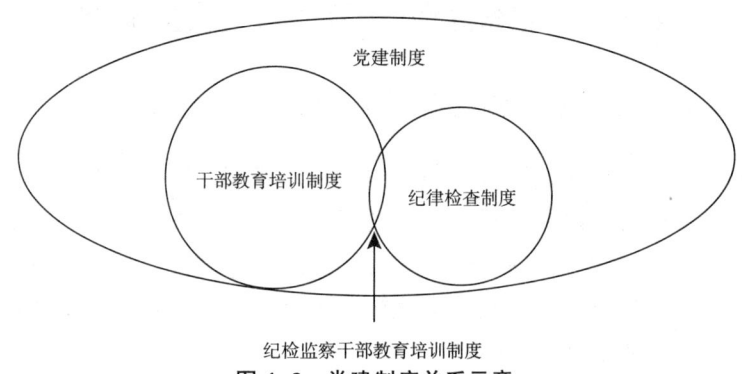

图4-3　党建制度关系示意

二、在纪检监察系统与工作中的定位

在中央纪委国家监委机关的组织架构中，纪检监察干部教育培训机构是直属单位，属于附随机构（见图4-4）。广义上纪检监察工作包含一切与纪检监察相关的工作内容，包括为履行法定职责开展的核心工作和相关辅助工作（见图4-5）。

---

〔1〕《中国共产党章程》（2017年10月24日中国共产党第十九次全国代表大会部分修改）指出："中国共产党要领导全国各族人民实现'两个一百年'奋斗目标、实现中华民族伟大复兴的中国梦，必须紧密围绕党的基本路线，坚持党要管党、全面从严治党，加强党的长期执政能力建设、先进性和纯洁性建设，以改革创新精神全面推进党的建设新的伟大工程，以党的政治建设为统领，全面推进党的政治建设、思想建设、组织建设、作风建设、纪律建设，把制度建设贯穿其中，深入推进反腐败斗争，全面提高党的建设科学化水平。"

〔2〕中央纪委监察部教材编审委员会审定：《新编纪检监察业务教材（上）》，中国方正出版社2009年版，第357页。

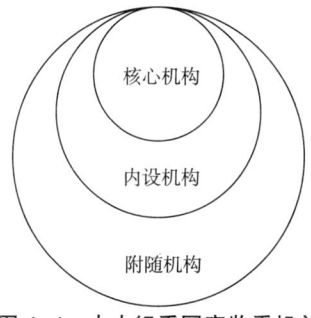 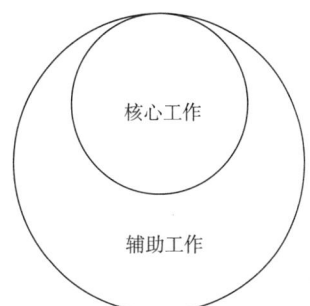

图 4-4　中央纪委国家监委机关　　　　图 4-5　纪检监察核心工作
机构设置层次示意　　　　　　　　　与辅助工作示意

核心机构：中央纪律检查委员会常务委员会、国家监察委员会。

内设机构：《中共中央纪律检查委员会、中华人民共和国国家监察委员会机关职能配置、内设机构和人员编制规定》[1] 所列的 31 个内设机构。

附随机构：《中央编办关于中央纪委国家监委机关所属事业单位机构编制的批复》[2] 所列的 9 个事业单位，以及 1 个企业。

核心工作：为履行《中国共产党章程》《中华人民共和国监察法》等法律法规所规定的法定职责而开展的工作。主要包括：纪律检查工作、监察工作等。

辅助工作：为保障核心工作而开展的相关工作。主要包括：信息化工作、后勤保障服务工作、媒体及出版工作、干部教育培训工作等。

图 4-4、图 4-5 标示出了纪检监察干部教育培训机构在中央纪委国家监委机关组织结构中的位置，以及纪检监察干部教育培训工作在纪检监察工作中的位置。由此可见，纪检监察干部教育培训制度的特征，根本上是由纪检监察干部教育培训机构的附随性和纪检监察干部教育培训工作的辅助性所决定的。

三、纪检监察干部教育培训制度框架

纪检监察干部教育培训机构作为纪检监察系统的党校，受《中国共产党

---

〔1〕《中共中央办公厅关于印发〈中共中央纪律检查委员会、中华人民共和国国家监察委员会机关职能配置、内设机构和人员编制规定〉的通知》（厅字〔2018〕25 号）（2018 年 5 月 26 日）。

〔2〕《中央编办关于中央纪委国家监委机关所属事业单位机构编制的批复》（中央编办复字〔2018〕76 号）（2018 年 8 月 22 日）。

党校（行政学院）工作条例》（2019 年）调整。《中共中央关于加强和改进新形势下党校工作的意见》（2015 年）是党的十八大以来中央关于党校工作的最新的指示和要求。《公务员法》（2018 年）第十章"培训"，对于公务员培训进行了原则性规定。《干部教育培训工作条例》（2015 年）体现了中央关于干部教育培训工作的新精神新要求，吸收了在实践中创造的新经验新成果，根据新形势新任务对相关制度进行了改进完善，是做好干部教育培训工作的基本遵循。自 2015 年起，中央纪委组织部开始制定《中央纪委年度培训计划》，这是对纪检监察干部教育培训最直接的工作安排。此外，与纪检监察干部教育培训工作相关的制度还包括：《2010-2020 年干部教育培训改革纲要》《2018-2022 年全国干部教育培训规划》等。这些文件相互联系、共同作用于纪检监察干部教育培训工作，建构了纪检监察干部教育培训制度的框架（见表4-2）。

表 4-2　纪检监察干部教育培训制度框架

年份	党校相关	干部教育培训相关	纪检监察干部教育培训相关
2010		《2010-2020 年干部教育培训改革纲要》	
2013		《关于在干部教育培训中进一步加强和改进党性教育的意见》《中央和国家机关培训费管理办法》	
2014		《关于在干部教育培训中加强理想信念和道德品行教育的通知》	
2015	《中共中央关于加强和改进新形势下党校工作的意见》	《干部教育培训工作条例》	
2018		《2018-2022 年全国干部教育培训规划》《公务员法》	
2019	《中国共产党党校（行政学院）工作条例》		《中央纪委国家监委年度培训计划》

说明：已失效文件未在表内体现。

四、纪检监察干部教育培训制度层次

经过 40 多年的发展，纪检监察干部教育培训制度已经形成了一个层次分明、内容丰富、相互联系、运行有效的制度体系。当前的纪检监察干部教育培训制度是由若干具体的纪检监察干部教育培训政策所构成，从纵向上大致可以分为四级结构：核心理念——元政策——基本政策——具体政策（见表4-3）。

从纵向结构看，纪检监察干部教育培训制度从高层到低层分为若干等级，高层级政策是低层级政策的基础，低层级政策是对高层级政策的具体化。

表4-3　纪检监察干部教育培训制度层次

核心理念	党的领袖的重要思想、论述、讲话精神、中央纪委书记的指示、党代会工作报告、中央纪委全会工作报告等
元政策	相关党内法规、法律
基本政策	关于干部教育培训的规范性文件
具体政策	关于纪检监察干部教育培训的规范性文件

核心理念。按照中国共产党长期以来的政治传统，核心理念主要包括党的领袖的重要思想及对相关问题的论述、讲话精神，中央纪委书记的相关指示等。这些内容一旦以文件形式制发即成为具有约束力的党内规范性文件。核心理念处于政策体系的顶端，是其他政策的指导原则和方针。

元政策。元政策是核心理念的法制化体现，在政策体系中具有统摄性地位，是其他制度的法理依据。大致分为两部分：一是党内法规；二是法律。党内法规中与干部教育培训工作相关的法规，例如：《中国共产党党校（行政学院）工作条例》《干部教育培训工作条例》等。法律中与干部教育培训工作相关的法律和行政规章，例如：《公务员法》等。

基本政策。基本政策是关于干部教育培训的规范性文件，例如：《关于加强干部教育工作的意见》《2010-2020年干部教育培训改革纲要》《2018-2022年全国干部教育培训规划》等。

具体政策。具体政策是关于纪检监察干部教育工作的规范性文件。该层次的政策大致按照以下几个维度划分：①按调整内容；②按行政区划（块）；

③按部门或行业（条）；④按时间等。

（1）按调整内容。具体政策按照其调节内容不同，可划分为不同的政策子系统。这是一种横向结构，各子系统间相互补充、配合、协调，使政策体系得以保持自身的整体性，例如：针对培训费用管理的政策《中央和国家机关培训费管理办法》（2013年）；针对教材工作的政策《全国干部学习培训教材建设五年规划（2003-2007年）》；针对教学管理的政策《关于在干部教育培训中进一步加强学员管理的规定》（2013年）、《关于在干部教育培训中进一步加强和改进党性教育的意见》（2013年）、《关于在干部教育培训中加强理想信念和道德品行教育的通知》（2014年）；针对学风问题的政策《关于在干部教育培训中进一步加强学风建设的若干意见》（2008年）等。

（2）按行政区划（块）。各级纪检监察机关根据上一层次相应政策，并结合本地区工作实际制定有关制度。

（3）按部门或行业（条）。中央各部委及中央企业的纪检监察机构根据上一层次相应政策，并结合本部门或行业工作实际制定有关制度。

（4）按时间。各级纪检监察机关将中长期规划进一步细化，制定年度工作计划。

第四节　纪检监察干部教育培训
机构与工作体制

"培训机构、师资、教材、经费等是开展干部教育培训的基础和保障，是提高干部教育培训质量和水平的关键要素。"[1] 因此，加强有关方面的建设，对于提升纪检监察干部教育培训能力以及科学化水平，促进可持续发展，更好地加强纪检监察干部队伍建设，具有重要意义。纪检监察干部教育培训机构是纪检监察干部教育培训制度的重要表现形式，其变迁反映了各个历史时期纪检监察干部教育培训管理体制的特点。当前中央纪委国家监委的干部教育培训工作管理层次大致分三层：一是中央纪委领导；二是中央纪委组织部；三是干部教育培训机构（见表4-4）。

---

[1]　晓山："大力加强干部教育培训基础建设"，载《中国延安干部学院学报》2014年第3期。

一、纪检监察干部教育培训管理机构

1978 年 12 月，中央纪委恢复成立后，为加强纪检干部队伍建设，开始筹划干部教育培训工作。1983 年，中央纪委成立教育室，负责纪检干部的教育培训工作。1987 年 7 月，国家监察部挂牌办公。1989 年 4 月，监察部成立宣传教育司[1]，负责监察干部的教育培训工作[2]。1993 年 1 月，中央纪委监察部合署办公后，成立宣传教育室，负责归口管理北戴河、北京两个培训中心，及纪检监察干部教育培训工作。[3] 2012~2017 年，为适应党风廉政建设和反腐败斗争形势发展，中央纪委机关实施"三转"，对内设机构进行调整。2014年 3 月，中央纪委组建中央纪委组织部，"负责归口管理中国纪检监察学院、中国纪检监察学院（北戴河校区）"[4]，"组织和指导纪检监察系统干部教育培训工作"[5]。纪检监察干部教育培训管理机构变迁见图 4-6。

---

〔1〕 中华人民共和国监察部编：《中国监察年鉴（1987-1991）》，中国政法大学出版社 1993 年版，第 511 页。

〔2〕《关于印发〈监察部"三定"方案〉的通知》（监发〔1988〕62 号）（1988 年 11 月 29日）：监察部"三定"方案："二、机构设置和职责。12. 宣传教育司，宣传行政监察工作方针、政策和法律法规；宣传为政清廉，鼓励人民群众对各级政府工作人员和企事业单位的领导干部进行监督；对政府工作人员及企事业单位的领导干部进行遵纪守法和廉洁奉公的教育；负责新闻发布和新闻报道工作；负责监察系统的人才预测，组织和指导全国监察干部的业务培训工作。"

〔3〕《中共中央纪律检查委员会机关、监察部职能配置、内设机构和人员编制方案》（中办厅字〔1994〕4 号）（1994 年 2 月 2 日）。

〔4〕《中央纪委书记办公会纪要》（十八届）第 88 次。

〔5〕《中共中央办公厅关于印发〈中共中央纪律检查委员会、中华人民共和国监察委员会机关职能配置、内设机构和人员编制规定〉的通知》（厅字〔2018〕25 号）（2018 年 5 月 26 日）。

表 4-4　纪检监察干部教育培训工作管理层次

党代会	部委主要领导	主管领导	协管领导	干部教育培训管理机构	干部教育培训执行机构		
					北戴河	北京	杭州
十一大时期（1977 年 8 月～1982 年 9 月）	陈云（中央纪委第一书记，1977 年 8 月～1982 年 9 月）						
十二大时期（1982 年 9 月～1987 年 10 月）	陈云（中央纪委第一书记，1982 年 9 月～1987 年 10 月）	傅杰（常委，1985 年 9 月～1987 年 10 月）		中央纪委教育室（1983年至 1993年1月）	中央纪委北戴河培训中心（1986 年～1993年1月）		
十三大时期（1987年10月～1992年10月）	乔石（中央纪委书记，1987年10月～1992年10月）	傅杰（常委，1987 年 11 月～1992 年10月）	尉健行（监察部部长，1987 年 6 月～1993 年 3 月）　徐青（监察部副部长，1987 年 6 月～1993 年 3 月）	监察部宣传教育司（1989 年 3 月～1993年1月）③		监察部干部培训中心（北京）（1989年10月～1993年1月）④	监察部浙江大学教育培训中心（杭州）（1990年4月～1993年1月）

续表

党代会	部委主要领导	主管领导	协管领导	干部教育培训管理机构	干部教育培训执行机构		
					北戴河	北京	杭州
十四大时期（1992年10月～1997年9月）	尉健行（中央纪委书记，1992年10月～1997年9月）	傅杰（常委，1992年10月～1997年9月）		中央纪委监察部宣教室（1993年1月～2014年3月）⑥	中央纪委监察部北戴河培训中心（1993年1月至今）⑤	中央纪委监察部北京培训中心（1993年1月至今）⑨	中央纪委监察部杭州培训中心（1993年1月～2015年5月）⑪
十五大时期（1997年9月～2002年11月）	尉健行（中央纪委书记，（副书记，2000年1月～2002年11月）⑦	傅杰（常委，1997年9月～2000年1月）					
十六大时期（2002年11月～2007年10月）	吴官正（中央纪委书记，2002年11月～2007年10月）	刘峰岩（副书记，2002年11月～2007年10月）⑨	十六届中央纪委第64次书记办公会议决定成立中国纪检监察学院①。吴玉良（中纪委常委主抓，陈昌智（监察部副部长）任顾问（2005年7月2日）⑧				

续表

党代会	部委主要领导	主管领导	协管领导	干部教育培训管理机构	干部教育培训执行机构		
					北戴河	北京	杭州
十七大时期（2002年10月~2012年11月）	贺国强（中央纪委书记，2007年10月~2012年11月）	李玉赋（副书记，2007年10月~2012年11月） 李玉赋（组长，2007年11月~2009年4月） 李伟（副组长，2009年4月~2012年11月） 王伟（副书记，2012年11月~2013年5月）	吴玉良（常委，筹备办主任，2007年8月~2007年11月） 吴玉良（常委，副组长，2007年11月~2009年4月）	中央纪委干部室	中国纪检监察学院筹备工作办公室（2007年8月~2007年11月） 中国纪检监察学院筹备工作领导小组②（2007年11月30日~2010年10月11日） 中国纪检监察学院挂牌（2010年10月11日）	中国纪检监察学院（北戴河校区） 中国纪检监察学院	
十八大时期（2012年11月~2017年10月）	王岐山（中央纪委书记，2012年11月~2017年10月）	赵洪祝（副书记，2013年5月~2013年7月） 吴玉良（副书记，2013年7月~2014年2月）	张立军（干部室主任）	中央纪委干部室			

续表

党代会	部委主要领导	主管领导	协管领导	干部教育培训管理机构	干部教育培训执行机构		
					北戴河	北京	杭州
十八大时期 2012年11月~2017年10月	王岐山（中央纪委书记，2012年11月~2017年10月）	陈文清（副书记，院长，2014年2月~2015年8月）；杨晓渡（副书记，院长，2015年8月~2017年10月）；李书磊（副书记，副主任，院长，2017年10月~2019年3月）	黄晓薇（监察部副部长）；崔鹏（监察部副部长）；周亮（组织部部长，2017年10月~3月至今）	中央纪委组织部（2014年3月至今）			更名为杭州纪检监察干部培训中心（2015年5月），不再列入中央纪委监察部直属单位序列
十九大时期 2017年10月至今	赵乐际（中央纪委书记，2017年10月至今）	杨晓渡（副书记，分管领导，2018年3月至今）	凌激（常委，委员，组织部部长，2018年11月至今）				

资料来源：

① 《中央纪委书记办公会纪要》（十六届）第 64 次。

② 《中央纪委书记办公会纪要》（十七届）第 1 次。

③ 中华人民共和国监察部编：《中国监察年鉴（1987-1991）》，中国政法大学出版社1993年版。

④ 中华人民共和国监察部编：《中国监察年鉴（1992 年-1997 年卷）》（上、下），中国方正出版社2007年版。

⑤ 中华人民共和国监察部编：《中国监察年鉴（1998 年-2002 年卷）》（上、下），中国方正出版社2007年版。

⑥ 中央纪委监察部办公厅编：《中国监察年鉴（2003 年-2007 年卷）》（上、中、下），中国法制出版社2012年版。

⑦ 中央中央纪律检查委员会编：《中国共产党党风廉政文献选编（1921-2000）》（1～8 册），中国方正出版社2001年版。

⑧ 中央纪委监察部机关主题实践活动办公室编：《中央纪委监察部机关自身建设若干规定汇编》，中国方正出版社2008年版。

⑨ 中共中央纪委监察部办公厅编：《中共中央纪委监察部机关内部建设文件选编》（1993年1月-2002年8月）。

⑩ 中央纪律检查委员会办公厅编：《纪检监察工作文件选编（2002 年）》。

⑪ 中华人民共和国监察部办公厅编：《行政监察工作文件选编》（1987-2018），中国方正出版社1988-2018年版。

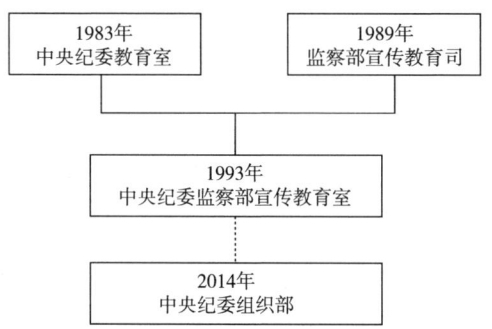

图 4-6　纪检监察干部教育培训管理机构变迁

二、纪检监察干部教育培训机构

纪检监察干部教育培训机构是纪检监察干部教育培训制度运行的场域（见表 4-5）。1978 年 12 月，中央纪律检查委员会恢复成立后，随着党的纪律检查工作的发展，为进一步适应工作需要，中央纪委成立了专门的干部教育培训机构——中央纪委北戴河培训中心。1987 年 7 月，中华人民共和国监察部挂牌办公后，监察部立即开始规划设立干部教育培训中心——监察部干部培训中心（北京）和监察部浙江大学教育培训中心（杭州）[1]。1993 年 1月，中央纪委、监察部合署办公后，北戴河、北京两个培训中心共同承担了纪检监察干部教育培训工作；杭州培训中心由浙江省纪委管理，也承担部分中央纪委、监察部的干部教育培训任务。2006 年 7 月，中央纪委、监察部根据纪检监察事业的发展需要，决定成立中国纪检监察学院。经过多年的筹备与建设，2010 年 10 月，中国纪检监察学院正式挂牌。

表 4-5　中央纪委及监察机关直属干部教育培训机构变迁

单位	时间	发展变迁
北戴河培训中心 （北戴河院区）	1986 年	成立中央纪委北戴河培训中心
	1993 年	合署后更名为中央纪委监察部北戴河培训中心
	2008 年 10 月	加挂中国纪检监察学院北戴河校区牌子①

---

〔1〕　中华人民共和国监察部编：《中国监察年鉴（1987-1991）》，中国政法大学出版社 1993 年版，第 376 页。

续表

单位	时间	发展变迁
	2016 年	更名为中国纪检监察学院北戴河校区[2]
北京培训中心	1989 年 11 月 1 日	批复成立监察干部培训中心（北京）[3]
杭州培训中心	1990 年 4 月	成立监察部浙江大学教育培训中心（杭州）[4]
	1993 年 12 月	合署后更名为中央纪委监察部杭州培训中心[5]
	2015 年 5 月	"三转"后更名为杭州纪检监察干部培训中心[6]
中国纪检监察学院	2006 年 7 月 21 日	十六届中央纪委第 64 次书记办公会议，决定成立中国纪检监察学院[7]
	2008 年 10 月 28 日	中央编办批复撤销中央纪委监察部北京培训中心，成立中国纪检监察学院[8]
	2010 年 10 月 11 日	中国纪检监察学院正式挂牌开班[9]

资料来源：① 参见中央纪委国家监委机关网站，中国纪检监察学院北戴河校区主页。

② 《中央纪委书记办公会纪要》（十八届）第 88 次。

③ 中华人民共和国监察部编：《中国监察年鉴（1987–1991）》，中国政法大学出版社 1993 年版。

④ 《认清纪检监察工作形势和任务进一步做好干部培训工作——傅杰同志在"中央纪委监察部杭州培训中心"开学典礼上的讲话》（1993 年 4 月 25 日）；傅杰：《纪检监察工作研究》（下），中国方正出版社 2003 年版。

⑤ 由于原文件无法获得，根据杭州培训中心资深干部的有关记录整理。

⑥ 2000 年，中央纪委将杭州培训中心和 10 名事业编制划转浙江省纪委管理。2015 年"三转"后，杭州培训中心不再纳入中央纪委监察部直属单位序列。

⑦ 《中央纪委书记办公会纪要》（十六届）第 64 次。

⑧ 参见中国纪检监察学院办公室编：《中国纪检监察学院大事记》（2009 年）。

⑨ 参见《关于学院的基本情况》（2019 年 4 月 10 日）。

中央纪委干部教育培训工作管理体制是："中央纪委组织部组织指导，中国纪检监察学院、中国纪检监察学院（北戴河校区）等根据计划分工，负责落实具体的教育培训任务。"[1] 中央纪委国家监委干部教育培训机构管理结

---

〔1〕《中央纪委书记办公会纪要》（十八届）第 88 次。

构见图4-7。地方纪检监察机关也建设有相关机构负责干部教育培训工作见表4-6。目前，已经形成了以"一院一中心"为主渠道，各级纪检监察干部教育培训机构并存，区位布局、各有分工、竞争有序的格局。

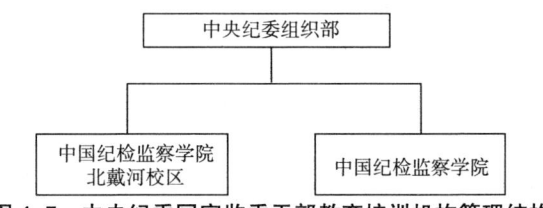

图4-7　中央纪委国家监委干部教育培训机构管理结构

表4-6　地方纪检监察干部教育培训机构

	行政区		纪检监察干部教育培训机构
1	直辖市	北京	廉政教育基地
2		天津	惩治和预防腐败教育基地
3		上海	反腐倡廉基地
4		重庆	不详
5	省	辽宁	廉政教育中心
6		吉林	宣传部
7		黑龙江	纪检监察干部学院、电教中心
8		河北	廉政教育培训中心
9		山西	培训中心、电教中心、党纪教育基地
10		陕西	纪检监察干部培训中心
11		青海	宣传部
12		甘肃	宣传部
13		山东	纪委监察廉政教育中心、电化教育中心
14		河南	纪检监察宣教基地、廉政文化教育中心
15		湖北	监察信息（培训）中心
16		湖南	纪检监察干部培训中心
17		安徽	党风廉政教育基地、电教中心

	行政区		纪检监察干部教育培训机构
18	省	江西	培训中心
19		四川	网络政务与电教中心
20		浙江	杭州纪检监察干部教育培训中心
21		江苏	宣传教育室
22		广东	培训中心
23		贵州	干部培训中心
24		云南	纪检监察干部培训中心
25		福建	廉政教育中心
26		海南	纪检干部培训中心
27		台湾	未设置
28	自治区	内蒙古	纪检监察干部培训中心
29		宁夏	廉政警示教育和案件信息管理中心
30		西藏	宣传部
31		广西	反腐倡廉信息教育管理中心
32		新疆	纪检监察干部培训中心
33	兵团	新疆生产建设兵团	未设置
34	特别行政区	香港	未设置
35		澳门	未设置

说明：数据来自中央纪委国家监委网站，统计时间截至 2019 年 4 月 1 日。

第五节　纪检监察干部教育培训教材

加强干部教育培训教材建设，是增强纪检监察干部教育培训实效的重要方式。为此，中央纪委、监察部专门成立中央纪委监察部教材编审委员会来主抓这项工作，编审委主任由中央纪委副书记担任[1]。编审委成立后集中组织编审了一批纪检监察业务教材（见表 4-7）。目前，机关各厅室局根据工作

---

〔1〕 中央纪委监察部教材编审委员会审定：《新编纪检监察业务教材》，中国方正出版社 2007 年版。

实际需求，自行编写教材。此外，学院也设有教材建设部开展相关工作。

表 4-7　纪检监察业务教材

教材	审定	书目
新编纪检监察业务教材（中国方正出版社2007年版）	中央纪委监察部教材编审委员会审定	1.《纪检监察概论》
		2.《建立健全教育、制度、监督并重的惩治和预防腐败体系实施纲要教程》
		3.《反腐倡廉法规制度建设教程》
		4.《反腐倡廉宣传教育教程》
		5.《领导干部廉洁自律工作教程》
		6.《纠风工作教程》
		7.《执法监察教程》
		8.《纪检监察案件检查教程》
		9.《纪检监察审理教程》
		10.《纪检监察信访举报工作教程》
		11.《纪检监察组织建设教程》
		12.《反腐倡廉监督教程》
		13.《国（境）外廉政建设与反腐败考察研究》

第五章　宏观层面——政治体系分析

第一节　作为一个政治体系的纪检监察干部教育培训制度

　　"任何政治结构及其调控方式都有它的社会历史文化根源，都应置于一定的社会历史文化条件下予以分析和评价。"[1] 纪检监察干部教育培训制度是作为一项正式的制度嵌入纪检监察体制中的。因此，只有将纪检监察干部教育培训制度放在当前中国的政治结构和政治环境中去分析，才能准确地理解。所有的政治制度都是产生它的政治环境的映像，会直接明了地反映出政治结构和有关的权力安排的特征。伊斯顿和阿尔蒙德都将政治过程视为一个行为体系——政治体系（Political System）。"结构功能主义按照政治系统理论的思路，把政治系统与环境的相互作用抽象为输入、转换、输出三个环节。"[2] 政治体系的要素包括环境、参与者、互动、开放性等。

　　不同的政治结构必然会进行不同的权力安排。当谈及一个政治体系时，通常会区分体系中的要素，确定它们在系统中的位置以及不同功能。一个政治体系不仅仅是各种要素集合所构成的整体，在这一整体中的所有要素都是相互作用、彼此依存的。这个由各要素所形成的集合，对于来自内部的变化或外部的压力会作为一个整体做出反应。我们通过建立一个分析框架来解构（Decompositional）这个政治体系，以使我们能够更好地理解它（见图5-1）。

---

　　[1]　陈明明："现代化进程中政党的集权结构和领导体制的变迁"，载《战略与管理》2000年第6期。

　　[2]　胡伟：《政府过程》，浙江人民出版社1998年版，第11页。

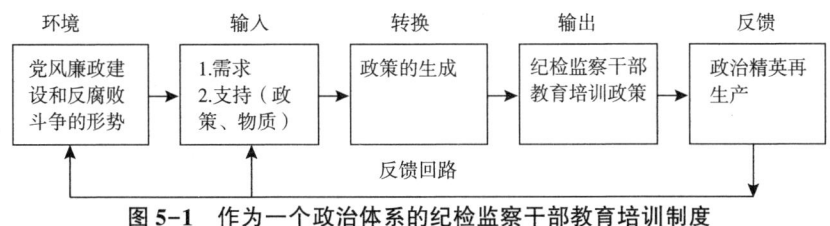

图 5-1　作为一个政治体系的纪检监察干部教育培训制度

系统理论通常把体系与环境之间的相互作用分成三个阶段：输入、转换和输出。"输入和输出是体系同环境之间的交换。转换过程则是政治体系内部的。"[1]

一、环境：党风廉政建设和反腐败斗争的形势

"形势决定任务，有什么样的形势就有什么样的任务。"[2] 一个政治系统在面临长期而激烈的变化与冲突时，总会千方百计设法维持下去。改革开放以来，随着经济的高速发展，腐败现象也开始滋生并逐渐蔓延。如果任由这一趋势发展，将会严重地威胁到党的执政地位和国家的安定团结。因此，中国共产党必然需要寻求一种有效的解决方案以应对。党和国家通过设立纪检监察机关加强党风廉政建设，领导反腐败斗争，纪检监察干部教育培训制度也随之产生。如果我们将纪检监察干部教育培训制度作为一个政治系统来观察，那么党风廉政建设和反腐败斗争的形势就是该系统所处的环境。

二、输入：需求与支持

伊斯顿认为一个政治体系包括两方面的输入：一是需求；二是支持。如果我们将纪检监察干部教育培训视为一个体系，那么需求即是中央纪委对于纪检监察干部教育培训的一系列相关要求；支持则是中央纪委给予该体系的物质及政策支持。

（一）需求：中央纪委全会的有关要求

中国共产党是反腐败斗争的领导力量，党对于纪检监察干部教育培训的

---

〔1〕〔美〕加布里埃尔·A. 阿尔蒙德、小 G. 宾厄姆·鲍威尔：《比较政治学——体系、过程和政策》，曹沛霖等译，东方出版社 2007 年版，第 9 页。

〔2〕"党风廉政建设和反腐败斗争形势与任务之一——形势决定任务"，载中国纪检监察报社编：《学思践悟》，中国方正出版社 2017 年版，第 59~60 页。

有关要求是最关键的输入变量。这种要求体现为中央纪委历次全会对纪检监察干部教育培训提出的有关要求。在不同历史时期，中央基于党风廉政建设和反腐败斗争形势的判断，对纪检监察干部教育培训提出了具体而明确的要求。通过对中央纪委历次全会报告中关于纪检监察干部教育培训有关内容的考察表明以下几点：首先，中央纪委对于纪检监察干部教育培训高度重视，始终把加强纪检监察机关自身建设作为基础性工程来抓。中央纪委几乎在历次全会报告中都有关于纪检监察机关自身建设、纪检监察队伍建设、纪检监察干部教育培训的相关要求。其次，中央纪委对于纪检监察干部教育培训的要求主要集中在两个方面：一是意识形态方面，中央纪委始终要求广大纪检监察干部加强思想政治学习，对党无限忠诚，与中央保持高度一致；二是履职能力方面，中央纪委要求广大纪检监察干部与时俱进，加强学习各种知识技能，提升履职能力。

（二）支持：物质与政策

纪检监察干部教育培训制度是作为一种正式制度嵌入纪检监察体制中的。由法律所确定的权威当局在政策过程中总是处于主导性和决定性的地位。在纪检监察干部教育培训系统内，权威当局构成了权力源泉的独立基础。整个系统的存在有赖于这种权力源泉的持续输入。作为权威当局的中央纪委如果不能保证对于纪检监察干部教育培训系统最低程度的支持流入的话，该系统就无法继续存在。中央纪委借助该系统进行的自我更新与增殖，进一步强化了其在这一体系中的地位。

中央纪委的支持主要表现为两种形式：一是物质支持；二是政策支持。物质支持方面，中央纪委一方面出资建设各级纪检监察干部教育培训机构，并以财政资金维持运行；另一方面拨出专款用于开展纪检监察干部教育培训工作。政策支持方面，党和国家以立法等形式建构了纪检监察干部教育培训制度体系，以确保纪检监察干部教育培训得到适当的制度保障。

三、转换：内部工作机制

阿尔蒙德认为转换过程是政治体系内部的。任何一个政治体系都有其专门的转换机制，作为体系外部的研究者很难掌握相关信息，因此不少研究者将这一环节视为"黑箱"。我们发现权威当局的相关要求（中央纪委全会的有关要求）及支持，会通过某一转换机制以政策输出（纪检监察干部教育培训政策）的方式实现。这一转换是通过中央纪委国家监委内部工作机制实现的。当前的纪检监察干部教育培训制度是由若干相互联系的具体政策共同构成的，转换环节的工作机制更适合从政策制定的视角分析。

四、输出：纪检监察干部教育培训政策

政治系统理论认为公共政策是政治系统的输出。纪检监察干部教育培训政策是中国共产党政治系统对外界环境压力所做出的应激反应。政策的输出是政治系统与其外部环境互动的结果。纪检监察干部教育培训制度是由若干相互联系的具体政策共同构成的。本书将每一个政策视为组成纪检监察干部教育培训制度的基本单位。因此，对政策的过程分析也是对于纪检监察干部教育培训制度的中观分析。本书根据纪检监察干部教育培训的特点，将政策过程概括划分为五个阶段：政策问题的建构、政策的制定、政策的执行、政策的评价、政策的终止与周期。

五、反馈

当一个政治体系的输出完成后，环境对于输出的效果做出反馈，这种反馈的信息获得者与权威当局沟通后，权威当局做出下一步可能的行为，对新一轮的输入产生影响。因此这一过程是不间断的。通过开展教育培训，纪检监察干部在意识形态和履职能力两方面得到明显改善，这种效果体现为党风廉政建设和反腐败斗争的绩效表现。由此获得的正向反馈进一步提升中央纪委国家监委对纪检监察干部教育培训制度的重视和继续投入。

第二节　改革开放以来党风廉政建设和反腐败斗争的形势

重视分析形势，是我们党重要的思想方法和工作方法。"认清形势，是作出正确决策的前提，也是掌握规律、赢得胜利的条件。"[1] 对中央纪委历次全会报告中关于党风廉政建设和反腐败斗争有关内容的考察表明，中央对党

---

〔1〕 "党风廉政建设和反腐败斗争形势与任务之一——形势决定任务"，载中国纪检监察报社编：《学思践悟》，中国方正出版社 2017 年版，第 59~60 页。

风廉政建设和反腐败斗争形势的认识是在长期实践和斗争中不断深化的（见表 5-1）。

表 5-1　中央对党风廉政建设和反腐败斗争形势的判断

时期	日期	会议	关于反腐败斗争形势的表述
十一大（1977年 8 月~1982年 9 月）	1977 年 8 月 18 日	十一大	无
十二大（1982年 9 月~1987年 10 月）	1982 年 9 月 8 日	十二大	无
十三大（1987年 10 月~1992年 10 月）	1987 年 10 月 25 日	十三大	特别是对不少环节上不同程度存在着的官僚主义和腐败现象，全党同志和广大群众是很不满意的。我们一定要正视它，努力去消除它，不辜负人民对我们的期望
	1990 年 3 月 12 日	十三届六中全会	如果听任腐败现象蔓延，党就有走向自我毁灭的危险
十四大（1992年 10 月~1997年 9 月）	1992 年 10 月 12 日	十四大	坚持反腐败斗争，是密切党同人民群众联系的重大问题。要充分认识这个斗争的紧迫性、长期性和艰巨性。在改革开放的整个过程中都要反腐败，把端正党风和加强廉政建设作为一件大事，下决心抓出成效，取信于民
	1993 年 8 月 21 日	十四届中央纪委二次全会	消极腐败现象有些方面还在滋长和蔓延，反腐败斗争的形势是严峻的。反腐败斗争是长期的，艰巨的，又是紧迫的
十五大（1997年 9 月~2002年 11 月）	1997 年 9 月 12 日	十五大	反腐败是关系党和国家生死存亡的严重政治斗争
	1998 年 1 月 22 日	十五届中央纪委二次全会	党政机关中存在的消极腐败现象尚未全面有效地得到遏制，有些地方、有些方面甚至还在滋长，反腐败斗争任务仍很艰巨，形势依然严峻
	1999 年 1 月 15 日	十五届中央纪委三次全会	消极腐败现象还没有得到全面遏制，有的还在滋长蔓延。反腐败斗争的形势依然严峻，任务仍很艰巨，不能有丝毫松懈

续表

时 期	日 期	会 议	关于反腐败斗争形势的表述
十六大（2002年11月~2007年10月）	2002 年 11 月 8 日	十六大	有些腐败现象仍然突出
	2003 年 2 月 19 日	十六届中央纪委二次全会	现在一些腐败现象仍然比较突出，导致腐败现象易发多发的土壤和条件还存在。反腐败斗争的形势仍然是严峻的，反腐败斗争的任务仍然是繁重的，我们必须继续进行不懈的努力
	2006 年 1 月 6 日	十六届中央纪委六次全会	我们要深刻认识现阶段我国反腐倡廉工作的长期性、复杂性、艰巨性
	2007 年 1 月 9 日	十六届中央纪委七次全会	当前，党风廉政建设和反腐败斗争任务仍然艰巨
十七大（2007年10月~2012年11月）	2007 年 10 月 15 日	十七大	全党同志一定要充分认识反腐败斗争的长期性、复杂性、艰巨性，把反腐倡廉建设放在更加突出的位置，旗帜鲜明地反对腐败
	2008 年 1 月 15 日	十七届中央纪委二次全会	对反腐败斗争的长期性、复杂性、艰巨性的认识是十分清醒的、态度是一以贯之的，抓好反腐倡廉工作对保证党和国家事业健康发展、巩固党的执政地位和保持党的先进性的重大意义的认识也是十分清醒的、态度也是一以贯之的
	2009 年 1 月 13 日	十七届中央纪委三次全会	要充分认识反腐败斗争的长期性、复杂性、艰巨性，毫不动摇地加强党风廉政建设和反腐败斗争，坚持标本兼治、综合治理、惩防并举、注重预防的方针，以党风廉政建设和反腐败斗争的新成效取信于民，为改革发展稳定提供坚强保证
	2010 年 1 月 12 日	十七届中央纪委五次全会	全党必须正确认识党风廉政建设和反腐败斗争形势，既充分看到反腐倡廉建设已经取得的显著成效，又深刻认识反腐败斗争的长期性、复杂性、艰巨性，以更加坚定的信心、更加坚决的态度、更加有力的措施、更加扎实的工作，坚定不移把党风廉政建设和反腐败斗争推向前进

续表

时期	日期	会议	关于反腐败斗争形势的表述
	2011 年 1 月 10 日	十七届中央纪委六次全会	必须清醒地看到，党风廉政建设和反腐败斗争仍然面临一些突出问题，反腐败斗争形势依然严峻、任务依然艰巨。我们既要看到反腐倡廉建设取得的明显成效，又要看到反腐败斗争的长期性、复杂性、艰巨性，以更加坚定的决心和更加有力的举措坚决惩治腐败、有效预防腐败，进一步提高反腐倡廉建设科学化水平
	2012 年 1 月 9 日	十七届中央纪委六次全会	我们也必须清醒地看到，当前党风廉政建设和反腐败斗争面临不少新情况新问题，反腐败斗争形势依然严峻、任务依然艰巨。我们一定要充分认识反腐败斗争的长期性、复杂性、艰巨性，进一步坚定信心、加大力度，继续把反腐倡廉工作做深、做细、做实，做出成效
十八大（2012年 11 月~2017年 10 月）	2012 年 11 月 8 日	十八大	反腐败斗争形势依然严峻
	2013 年 1 月 22 日	十八届中央纪委二次全会	反腐败斗争形势依然严峻
	2014 年 1 月 14 日	十八届中央纪委三次全会	滋生腐败的土壤依然存在，反腐败形势依然严峻复杂，一些不正之风和腐败问题影响恶劣、亟待解决。全党同志要深刻认识反腐败斗争的长期性、复杂性、艰巨性，以猛药去疴、重典治乱的决心，以刮骨疗毒、壮士断腕的勇气，坚决把党风廉政建设和反腐败斗争进行到底
	2015 年 1 月 12 日	十八届中央纪委五次全会	腐败和反腐败呈胶着状态。反腐败斗争形势依然严峻复杂。特别是腐败和反腐败呈胶着状态，我们在实现不敢腐、不能腐、不想腐上还没有取得压倒性胜利，腐败活动减少了但并没有绝迹，反腐败体制机制健全了但还不够完善，思想教育加强了但思想防线还没有筑牢，减少腐败存量、遏制腐败增量、重构政治生态的工作艰巨繁重
	2016 年 1 月 12 日	十八届中央纪委六次全会	使不敢腐的震慑作用充分发挥，不能腐、不想腐的效应初步显现，反腐败斗争压倒性态势正在形成

续表

时期	日期	会议	关于反腐败斗争形势的表述
十九大（2017年10月至今）	2016年12月28日	中央政治局会议	反腐败斗争压倒性态势已经形成
	2017年10月18日	十九大	不敢腐的目标初步实现，不能腐的笼子越扎越牢，不想腐的堤坝正在构筑，反腐败斗争压倒性态势已经形成并巩固发展。当前，反腐败斗争形势依然严峻复杂，巩固压倒性态势、夺取压倒性胜利的决心必须坚如磐石
	2018年1月11日	十九届中央纪委二次全会	要清醒认识当前反腐败斗争形势依然严峻复杂，巩固压倒性态势、夺取压倒性胜利的决心必须坚如磐石。深化标本兼治，构建不敢腐、不能腐、不想腐的体制机制
	2019年1月11日	十九届中央纪委三次全会	巩固发展反腐败斗争压倒性胜利

一、改革开放初期（1978年12月~1989年6月）

改革开放初期的纪检工作，"在拨乱反正、正本清源中端正党风、严肃党纪，保障改革开放和社会主义现代化建设顺利起航，保证党的基本路线贯彻执行"。[1]

党的十一届三中全会决定把党和国家工作重心转移到经济建设上来，作出实行改革开放的战略决策。在改革开放大潮的冲击下，一些党员干部被腐蚀，党内不正之风来势很猛，党的建设面临新的考验。以邓小平同志为核心的党的第二代中央领导集体，科学揭示了在改革开放新的历史条件下为什么必须反腐倡廉和怎样反腐倡廉这两个根本性问题，分析了党风廉政建设和反腐败斗争的地位、作用、特点和任务，阐明了党内消极腐败现象滋生蔓延的根源，指出了反腐败的方针、原则、途径和基本方法，初步构建了中国特色

---

〔1〕 钟纪言："改革开放40年纪检监察事业的创新发展"，载《中国纪检监察报》2018年12月18日。

的反腐倡廉理论框架。[1] 1987 年 10 月，党的十三大报告指出：“在改革开放的过程中，党内反对腐败的斗争是不可避免的。”[2] 这表明中央对于改革开放过程中的反腐败斗争形势有着清醒的认识。

二、党的十三届四中全会至十五大时期（1989 年 6 月~2002 年 11 月）

党的十三届四中全会至党的十五大时期的纪检监察工作，“在建立社会主义市场经济体制过程中深入开展党风廉政建设和反腐败斗争，提高拒腐防变和抵御风险能力”[3]。

党的十三届四中全会以后，以江泽民同志为核心的党的第三代中央领导集体，坚持以经济建设为中心，始终把党风廉政建设和反腐败斗争放在重要位置，作出了一系列重大决策和战略部署，初步探索出一条适合我国现阶段基本国情的有效开展反腐倡廉的路子。[4]

1990 年 3 月，党的十三届六中全会通过的《中共中央关于加强党同人民群众联系的决定》指出：“如果听任腐败现象蔓延，党就有走向自我毁灭的危险。”1992 年 2 月，邓小平同志在南方谈话中指出，在整个改革开放过程中必须始终坚持四项基本原则，必须反对腐败，廉政建设要作为大事来抓。1992年 10 月，江泽民总书记在十四大报告中指出：“坚持反腐败斗争，是密切党同人民群众联系的重大问题。要充分认识这个斗争的紧迫性、长期性和艰巨性。”[5] 1997 年 9 月，党的十五大报告指出：“反腐败是关系党和国家生死存亡的严重政治斗争。”[6] 此后，一直沿用“反腐败斗争的形势依然严峻”的判断。

---

〔1〕 本书编委会编：《辉煌历程——党的纪律检查工作三十年》，中国方正出版社 2008 年版，第18 页。

〔2〕 中共中央文献研究室编：《十三大以来重要文献选编》（上），人民出版社 1991 年版，第 53 页。

〔3〕 钟纪言：“改革开放 40 年纪检监察事业的创新发展”，载《中国纪检监察报》2018 年 12 月18 日。

〔4〕 本书编委会编：《辉煌历程——党的纪律检查工作三十年》，中国方正出版社 2008 年版，第27~18 页。

〔5〕 中共中央文献研究室编：《十四大以来重要文献选编》（上），人民出版社 1996 年版，第 42 页。

〔6〕 中共中央文献研究室编：《十五大以来重要文献选编》（中），人民出版社 2001 年版，第 1519 页。

三、党的十六大至十七大时期（2002 年 11 月~2012 年 11 月）

党的十六大至党的十七大时期的纪检监察工作，在全面建设小康社会过程中探索中国特色反腐倡廉道路，不断加强党的执政能力建设和先进性纯洁性建设。[1]

党的十六大以来，以胡锦涛同志为总书记的新一届中央领导集体，坚定不移地开展党风廉政建设和反腐败斗争，提出了一系列新的思想，采取了一系列新的举措，走出了一条中国特色反腐倡廉道路。[2]

2002 年 11 月，党的十六大报告指出："有些腐败现象仍然突出。"[3] 2006 年 1 月，胡锦涛同志在十六届中央纪委六次全会上指出："我们必须充分认识反腐败斗争的长期性、复杂性、艰巨性。"[4] 2007 年 10 月，党的十七大报告提出："全党同志一定要充分认识反腐败斗争的长期性、复杂性、艰巨性，把反腐倡廉建设放在更加突出的位置，旗帜鲜明地反对腐败。"[5] 这表明，中央高度重视反腐败斗争，并将反腐倡廉纳入党的建设范畴。此后，一直沿用"反腐败斗争的形势依然严峻""充分认识反腐败斗争的长期性、复杂性、艰巨性"的判断。

四、党的十八大以来（2012 年 11 月至今）

党的十八大以来的纪检监察工作，"把全面从严治党纳入'四个全面'战略布局，旗帜鲜明加强党的领导、推进党的建设，推动党和国家事业取得历史性成就、发生历史性变革"。[6]

党的十八大以来，以习近平同志为核心的党中央从关系党和国家生死存亡的高度，作出"打铁还需自身硬"的庄严承诺，以猛药去疴、重典治乱的

---

〔1〕 钟纪言："改革开放 40 年纪检监察事业的创新发展"，载《中国纪检监察报》2018 年 12 月 18 日。

〔2〕 本书编委会编：《辉煌历程——党的纪律检查工作三十年》，中国方正出版社 2008 年版，第 38 页。

〔3〕 中共中央文献研究室编：《十六大以来重要文献选编》（上），中央文献出版社 2005 年版，第 179 页。

〔4〕 中共中央文献研究室编：《十七大以来重要文献选编》（下），中央文献出版社 2013 年版，第 790 页。

〔5〕 中共中央文献研究室编：《改革开放三十年重要文献选编》（下），中央文献出版社 2008 年版，第 1741 页。

〔6〕 钟纪言："改革开放 40 年纪检监察事业的创新发展"，载《中国纪检监察报》2018 年 12 月 18 日。

决心勇气，推动全面从严治党向纵深发展，形成了反腐败斗争压倒性态势。

2012 年 11 月，党的十八大报告指出："一些领域消极腐败现象易发多发，反腐败斗争形势依然严峻。"[1] 2014 年 1 月，习近平总书记在十九大报告中指出："反腐败斗争形势依然严峻复杂。"[2] 在"依然严峻"上增加"复杂"，表明中央对于反腐败形势认识的深化。2015 年 1 月，十八届中央纪委五次全会描述："腐败和反腐败呈胶着状态。"[3] 2016 年 1 月，十八届中央纪委六次全会指出："不敢腐的震慑作用充分发挥，不能腐、不想腐的效应初步显现，反腐败斗争压倒性态势正在形成。"[4] 2016 年 12 月，中央政治局会议提出："反腐败斗争压倒性态势已经形成。"

2017 年 10 月，党的十九大报告指出："不敢腐的目标初步实现，不能腐的笼子越扎越牢，不想腐的堤坝正在构筑，反腐败斗争压倒性态势已经形成并巩固发展。"[5] 这正是基于党的十八大以来反腐败斗争实践作出的科学判断，是对反腐败斗争特点和规律的深刻把握。

第三节　中央纪委全会关于纪检监察干部教育培训的要求

中央纪律检查委员会全体会议（以下简称"中央纪委全会"）由中央纪律检查委员会常委会召集，每年至少举行一次。[6] 中央纪委常委会向中央纪

---

〔1〕　中共中央文献研究室编：《十八大以来重要文献选编》（上），中央文献出版社 2014 年版，第 4 页。

〔2〕　习近平：《决胜全面建成小康社会　夺取新时代中国特色社会主义伟大胜利——在中国共产党第十九次全国代表大会上的报告》（2017 年 10 月 18 日）。

〔3〕　中共中央文献研究室编：《习近平关于协调推进"四个全面"战略布局论述摘编》，中央文献出版社 2015 年版，第 145 页。

〔4〕　"习近平在第十八届中央纪律检查委员会第六次全体会议上的讲话"，载人民网：http://cpc.people.com.cn/n1/2017/0823/c64094-29489862.html，最后访问日期：2020 年 4 月 1 。

〔5〕　习近平：《决胜全面建成小康社会　夺取新时代中国特色社会主义伟大胜利——在中国共产党第十九次全国代表大会上的报告》（2017 年 10 月 18 日）。

〔6〕　《中国共产党章程》（2017 年 10 月 24 日中国共产党第十九次全国代表大会部分修改）：第 22 条第 2 款规定："中央委员会全体会议由中央政治局召集，每年至少举行一次。中央政治局向中央委员会全体会议报告工作，接受监督。"《中国共产党章程》对于中央纪律检查委员会全体会议未进行明确规定，参照对中央委员会全体会议的规定，并结合实际观察情况表明，中央纪律检查委员会全体会议每年至少举行一次。

委全会报告工作，接受监督。中央纪委全会内容主要包括选举中央纪委常委
会、审议工作报告、对重要工作作出部署等。中央纪委全会是在党的全国代
表大会闭会期间，中央纪律检查委员会召开的最重要的会议。

中央纪委历来高度重视纪检监察队伍建设。因此，历次中央纪委全会对
此均提出有关要求。本节对中央纪委恢复成立以来历次全会报告中的有关内
容进行梳理（见表5-2）。

第四节　纪检监察干部教育培训制度的再生产功能

在政治经济学领域的"再生产"就是指生产的往复循环——既是物质的
循环也是关系的循环。无独有偶，皮埃尔·布尔迪约（Pierre Bourdieu）按照
"教育—文化—社会结构"这样的逻辑关系，建构了"教育再生产"理论。
他认为教育行动本身是一种符号暴力，其产品是人，统治集团（阶级）通过
教育行动再生产来实现符合其阶级利益的文化资本分配结构的再生产，进而
实现社会结构的再生产。

一方面，教育是一种符号暴力。学校不是中立的机构，它传递的文化反
映着统治阶级的文化，无论从学校教育的方式还是从教育的内容来看，都最
全面地符合统治集团或阶级的客观利益，是一种以专断权力进行的文化专断，
从这个意义上说，所有的教育行动客观上都是一种符号暴力。[1] 另一方面，
"教育有助于权力关系的再生产。教育行动有助于再生产这一社会构成特有的
文化专断系统，即文化专断的统治，并由此促进把这一文化专断置于主导地
位的权力关系的再生产"[2]。"在政治过程中也存在着同样的权力关系再生
产。权力的产生和销售过程意味着权力并不是静止之物，它'流动'在政治
生活中，表现为各种政治关系的维系和变动。"[3] 由此可见，政治精英再生

〔1〕〔法〕P. 布尔迪约、J.-C 帕斯隆：《再生产——一种教育系统理论的要点》，邢克超译，商
务印书馆 2002 年版，第 15~16 页。
〔2〕〔法〕P. 布尔迪约、J.-C 帕斯隆：《再生产——一种教育系统理论的要点》，邢克超译，商
务印书馆 2002 年版，第 15~16 页。
〔3〕王海洲：《政治仪式：权力生产和再生产的政治文化分析》，江苏人民出版社 2016 年版，第
30 页。

表5-2　中央纪委全会报告对纪检监察干部教育培训工作的要求

时间	会议	文件	关键内容
1983年1月18日	十二届中央纪委第二次全会	《尽快实现党风的根本好转——王鹤寿同志在中央纪委第二次全会上的讲话》	各级纪委结合本单位的实际情况，参照1982年10月《中共中央、国务院关于中央党政机关干部教育工作的决定》，制订培训干部的计划，提高纪检干部的思想、理论、政策和业务水平。
1984年3月1日	中央纪委工作会议		在全党普遍进行纪律教育。
1987年10月30日	中国共产党第十三次全国代表大会	《中央纪委向党的十三次全国代表大会的工作报告》	对今后纪律检查工作的建议 六、加强对党的纪律检查工作的领导，搞好纪律检查队伍的建设，支持和发挥保证党的路线的贯彻执行，是党的建设的一部分。要进一步提高纪检干部的政治业务素质，加强各级纪检机构。 纪检机关在政治体制改革中，要结合自身的组织、思想和作风建设，不断加强自身的培训，提高广大纪检干部的政策水平、思想水平、理论水平和工作水平。要研究提出改革的意见方案，把纪检机关建设成为精干的、高效率的机构。要有计划地搞好纪检干部的培训，目前需方案...
1988年3月20日	十三届中央纪委第二次全会	《十三届中央纪委第二次全会工作报告》	要以改革精神加强纪检队伍建设，纪检机关应依照党章发挥保护、惩处、监督、教育四项职能，从而明确了教育在纪检工作中具有的重要地位和作用。
1992年10月9日	中国共产党第十四次全国代表大会	《中央纪委向党的十四大的工作报告》	五年来的主要工作 六、加强纪检组织建设，提高干部队伍素质 ……适应改革开放的新形势，加强了纪检干部的思想风建设和业务培训工作，进一步提高了广大纪检干部的政治素质和业务能力。……

续表

时间	会议	文件	关键内容
1997年9月9日	中国共产党第十五次全国代表大会	《中央纪委向党的十五次全国代表大会的工作报告》	反腐败面临的形势和对今后工作的建议 （四）强化纪律检查机关的职能作用，加强纪检干部队伍建设 为适应社会主义市场经济条件下党风廉政建设和反腐败斗争的需要，党的纪律检查工作及其工作机构只能加强，不能削弱。……在建设有中国特色社会主义伟大事业的实践中，我们党培养了一支政治和业务素质比较高、党和人民信赖的纪检干部队伍。……加强理论研究和工作调研，努力探索新时代党风廉政建设和反腐败斗争工作的本领，广大纪检干部要用马列主义、毛泽东思想和邓小平理论武装头脑，指导工作，增强做好纪检工作的政策和业务水平，纪检干部的特点和规律，提高政治素质和业务素质水平。各级纪委要加强纪律检查工作，做到恪尽职守、公正严明，依法办事，不徇私情。……
1998年1月20日	十五届中央纪委第二次全会	《十五届中央纪委第二次全会工作报告》	四、以改革精神加强纪检监察机关的自身建设 （一）加强学习，改进作风，增强工作的预见性 纪检监察干部要按照党的十五大关于"全党要重视学习，善于学习"的要求，认真学习马列主义、毛泽东思想特别是邓小平理论，从总体上领会理论的基本观点和基本精神，系统钻研党风廉政建设和反腐败工作的内容，深入到改革开放和经济建设的第一线，了解新情况，解决新问题。政治上与党中央保持一致，在思想上、政治上和经济上筑牢反腐败滋生蔓延的根源以及反腐败斗争的特点和规律，努力钻研纪检监察业务，增强队伍的政治知识和战斗力。……要加强理论学习和政策研究，要加强经济知识、法律知识的学习，增强工作的预见性。要加强经济知识，增强工作才干和执纪办案的本领。…… （三）改进和加强纪检监察干部管理工作，增强队伍的凝聚力和战斗力。……要加强和改进纪检监察机关的领导班子建设，以思想政治建设为重点。……要选调和培养熟悉金融、财经、法律等专业知识的干部，改善干部队伍的知识结构。……

续表

时间	会议	文件	关键内容
1999 年 1 月 13 日	十五届中央纪委第三次全会	《十五届中央纪委三次全会工作报告》	三、完成 1999 年党风廉政建设和反腐败任务需要强调的几个问题 第五，加强队伍建设。……高度重视纪检监察干部队伍建设改革，加强纪检监察机构改革，加强纪检监察干部队伍建设。各级纪检监察机关要加强理论、法律等知识，组织纪检监察干部深入学习邓小平理论，结合工作需要集中制，大兴调查研究之风，增强大局观念和群众观念，进一步提高决策能力和领导水平。要努力建设一支政治坚强、公正廉洁、纪律严明、业务精通、作风优良的队伍。……
2000 年 1 月 12 日	十五届中央纪委第四次全会	《十五届中央纪委四次全会工作报告》	三、做好 2000 年党风廉政建设和反腐败工作必须强调的几个问题 （四）按照从严治党的要求，以改革的精神加强纪检监察机关自身建设 在队伍建设的首位。要结合"三讲"教育，抓住理想信念这个根本，加强政治思想政治建设的针对性和有效性，切实提高纪检监察干部始终忠诚于党的事业的坚定性，保持共产党人的政治本色革命正气，敢于同各种错误思想和行为作坚决斗争。要加强教育培训工作，努力提高纪检监察干部的素质。当前，要把纪检监察业务知识和社会主义市场经济的相关知识作为教育培训的重要内容，使纪检监察干部掌握必要的金融、财经、法律和现代科学知识，提高在新形势下开展纪检监察工作的能力。……
2000 年 12 月 25 日	十五届中央纪委第五次全会	《十五届中央纪委五次全会工作报告》	三、……2001 年党风廉政建设和反腐败的主要任务 ……2001 年要在党员领导干部中深入开展党性党风党纪教育和理想信念教育活动，着重解决在坚持党的宗旨和理想信念方面存在的问题。教育领导干部树立正确的世界观、人生观、价值观，……开展"三个代表"重要思想的学习教育活动。……要利用重大典型案件开展警示教育……

续表

时间	会议	文件	关键内容
2001年9月27日	十五届中央纪委第六次全会	《十五届中央纪委第六次全会工作报告》	三、以"三个代表"重要思想为指导，按照六中全会《决定》的要求，加强和改进党的纪检机关的作风建设 四是进一步抓好党的廉洁自律，增强拒腐防变的能力。……各级纪检机关必须努力适应新的形势和要求，不断提高纪检干部的思想政治素质和业务素质，特别是努力增强其反腐蚀的能力。……要切实加强对纪检干部的理想信念教育，采取有效措施，教育引导纪检干部牢固树立正确的世界观、人生观和价值观，开拓进取，廉政勤政，依法办事，谦虚谨慎，戒骄戒躁，严于律己，防微杜渐，时刻警惕和抵制腐朽思想的侵蚀，做党的忠诚卫士。……保证纪检干部在新的形势下忠实履行党和人民赋予的神圣职责。……
2002年1月23日	十五届中央纪委第七次全会	《十五届中央纪委第七次全会工作报告》	三、强化监督，严明纪律，保证党风廉政建设和反腐败任务的落实 （四）加强和改进纪检监察机关的纪律检查体制。……认真执行中央纪委监察部2001年—2005年教育培训规划，切实改革和完善党的纪律检查体制，逐步改革和完善纪律检查培训规划，改善知识结构，增强法制观念，提高纪检监察干部的政治素质、业务水平和工作能力。……
2002年11月14日	中国共产党第十六次全国代表大会	《中央纪委向党的十六次全国代表大会的工作报告》	三、关于进一步加强党风廉政建设和反腐败工作的建议 （六）适应新形势的要求，进一步加强党的纪律检查监察机关自身建设 纪律检查干部队伍是一支可以信赖的队伍。要进一步增强纪律检查监察业务。要熟悉纪检监察业务，学习经济、法律、科技、管理等方面的知识，不断提高知识水平和科学技术，防范和揭露腐败问题的能力。要用邓小平理论和"三个代表"重要思想坚持用邓小平理论和"三个代表"重要思想武装头脑。同一切违纪违法行为作坚决斗争，提高运用现代科学技术防范和揭露腐败问题的能力。做忠于党，忠于人民的坚强卫士。……

续表

时间	会议	文件	关键内容
2003 年 2 月 17 日	十六届中央纪委第二次全会	《十六届中央纪委第二次全会工作报告》	三、强调和处理好几个问题，确保各项任务的落实 （四）继续加强纪检监察机关自身建设，切实提高干部队伍素质 应该看到……必须按照江泽民同志提出的"政治坚强、公正清廉、纪律严明、业务精通、作风优良"的要求，进一步加强自身建设。广大纪检监察干部要加强武装头脑，认真学习和实践"三个代表"重要思想，用马克思列宁主义、毛泽东思想、邓小平理论和"三个代表"重要思想武装头脑，适应反腐倡廉工作不断发展的需要，认真开展反腐倡廉，深入开展工作调研和政策理论研究，提高业务素质，加强对新任职领导干部的培训，针对掌握纪检监察业务人员结构发生变化的，以适应新领导岗位的需要，严格对新任职领导干部的培训，加强对年轻干部的教育和培养，加快熟练地掌握纪检监察业务，提高思想素养和专业化水平，加强他们的党内生活锻炼，提高思想素养和专业化水平。……
2004 年 1 月 11 日	十六届中央纪委第三次全会	《十六届中央纪委第三次全会工作报告》	四、加强党风廉政建设和反腐败自身建设 （四）加强纪检监察机关自身建设，纪检监察干部队伍是一支党和人民信赖的队伍。面对新的形势和任务，我们要用"三个代表"重要思想武装头脑，进一步加强纪检监察机关领导班子和干部队伍的思想政治建设、能力建设、作风建设和党风廉政建设。……加强法律和党内条规的学习，增强法治观念。做好培训工作，在五年内把纪检监察干部轮训一遍，努力提高纪检监察干部队伍的政策理论水平、业务能力和专业化水平。……
2004 年 9 月 20 日	十六届中央纪委第四次全会	《十六届中央纪委第四次全会工作报告》	二、按照加强党的执政能力建设的要求，努力提高党的纪律检查工作能力 ……提高党的纪律检查工作能力。必须全面提高纪检监察机关领导干部和干部队伍的素质，努力建设一支政治坚强、公正清廉、纪律严明、业务精通、作风优良的纪检监察干部队伍。我们要自觉实践"三个代表"重要思想，加强马克思主义理论修养和党性锻炼，提高思想政治素质；努力学习经济、科技、法律、管理等知识，总结纪检监察业务和党性经验，提高业务水平。要加强纪检监察机关内部管理和监督，深入调查研究，严格落实管理和监督，把好进人关，加大教育培训工作力度，认真做好干部轮岗交流工作。……

续表

时间	会议	文件	关键内容
2005年1月10日	十六届中央纪委第五次全会	《十六届中央纪委第五次全会工作报告》	重视纪检监察队伍建设，对纪检监察干部严格教育、管理和监督。
2006年1月5日	十六届中央纪委第六次全会	《十六届中央纪委第六次全会工作报告》	三、全面履行党章赋予的职责，加强和改进纪检监察工作 （三）主题实践活动，充分运用先进性教育活动的成果。……认真开展"做党的忠诚卫士、当群众的贴心人"主题实践活动，进一步解决思想、组织、作风以及工作方面存在的问题。加强领导班子和干部队伍建设，建立严格的监督约束机制，纪检监察干部要讲政治、讲党性、轮岗、交流和调整力度，强化内部管理，模范遵守宪法、法律和党章及其他党内法规，严格执行纪律特别是办案保密纪律；努力学习政治理论和业务知识……自觉维护党的形象，严格执行纪律特别是办案保密纪律……
2007年1月8日	十六届中央纪委第七次全会	《十六届中央纪委第七次全会工作报告》	二、2007年主要工作任务 加强纪检监察机关自身建设。……继续开展"做党的忠诚卫士、当群众的贴心人"主题实践活动。进一步加强思想、作风和制度建设，不断提高纪检监察干部的工作能力和水平。加强各级纪委领导班子建设，切实做好班子成员的选配工作，抓好对新任纪委书记的培训。……
2007年10月21日	中国共产党第十七次全国代表大会	《中央纪委向党的十七大的工作报告》	三、今后五年的工作建议 加强纪检监察机关自身建设。……要深入学习贯彻中国特色社会主义理论体系，坚持用马克思主义中国化的最新成果武装头脑，指导实践，推动工作。……推进反腐倡廉理论建设……加大干部轮岗、交流和培训力度。……

续表

时间	会议	文件	关键内容
2008 年 1 月 14 日	十七届中央纪委第二次全会	《十七届中央纪委第二次全会工作报告》	三、大力加强纪检监察机关自身建设 （二）进一步加强和创新教育培训工作，把纪检监察业务知识和金融、财经、法律、现代科学知识作为教育培训的重要内容，改善知识结构，加强实践锻炼，拓宽工作视野，增强工作本领，努力提高纪检监察工作的专业化水平。
2009 年 1 月 12 日	十七届中央纪委第三次全会	《十七届中央纪委第三次全会工作报告》	三、突出纪检监察机关实践特色，扎实开展深入学习实践科学发展观活动 （三）以开展深入学习实践科学发展观为契机，以"做党的忠诚卫士、当群众的贴心人"主题实践活动为载体，进一步加强纪检监察系统开展"做党的忠诚卫士、当群众的贴心人"主题实践活动……各级纪检监察机关要在深入学习实践科学发展观活动中，同步开展主题实践活动。要坚持中国特色社会主义理论体系的自觉性和坚定性，坚持走中国特色社会主义道路，在思想上、政治上、行动上与以胡锦涛同志为总书记的党中央保持高度一致。要加大对纪检监察干部的教育培训力度，改善知识结构，拓宽工作视野，努力提高工作的专业化水平。……
2009 年 9 月 19 日	十七届中央纪委第四次全会	《十七届中央纪委第四次全会工作报告》	三、按照党的十七届四中全会要求，进一步加强纪检监察机关自身建设 ……各级纪检监察机关一定要深刻领会四中全会精神，充分认识加强自身建设的重要性，把它作为一项基础工程切实抓紧抓好，努力建设一支政治坚强、公正廉洁、纪律严明、业务精通、作风优良的纪检监察干部队伍。 《决定》提出要建设马克思主义学习型政党，努力提高纪检监察干部的政治素质和业务能力。四中全会提出加强学习型党建设，用中国特色社会主义理论体系武装全党，各级纪检监察机关要加强学习，加大教育培训力度，努力提高政治素质和业务能力。

续表

时间	会议	文件	关键内容
			要把思想理论建设放在首位，深入学习马克思列宁主义、毛泽东思想、邓小平理论、"三个代表"重要思想以及科学发展观，牢固树立辩证唯物主义世界观和历史唯物主义发展观的科学内涵和精神实质，全面把握科学掌握中国特色社会主义理论体系。要深刻理解科学发展观所体现的马克思主义发展观对党风廉政建设和反腐败工作提出的新要求，进一步用科学发展观工作。要深入钻研业务、方法谋划、观点、立场，社会管理以及科学技术等各方面知识，不断增加知识储备，提高业务水平。……
2010 年 1 月 11 日	十七届中央纪委第五次全会	《十七届中央纪委第五次全会工作报告》	一、2009 年党风廉政建设和反腐败工作的回顾 （十）纪检监察机关自身建设取得新成效。坚持把加强纪检监察机关自身建设作为一项基础工程来抓。在深入学习实践科学发展观活动中，突出实践的忠诚卫士、当群众的贴心人"主题实践活动，促进了纪检监察干部队伍整体素质和工作水平的提高。……加大干部教育培训力度，对全国近 2000 名县纪委书记进行集中培训。 三、以备发进取精神和求真务实作风，切实抓好反腐倡廉各项任务 提供组织保证。各级纪检监察机关学习真学的十七届四中全会精神，巩固深入学习实践科学发展观成果，认真总结开展"做党的忠诚卫士、当群众的贴心人"主题实践活动的成效和经验，建立加强自身建设的长效机制，努力建设一支政治坚强、业务精通、纪律严明、公正清廉、作风优良的纪检监察干部队伍。要切实加强思想政治建设和能力建设，着眼建设学习型纪检监察机关，把思想理论建设放在首位，坚持用中国特色社会主义理论体系武装头脑，模范践行社会主义核心价值体系，建立健全学习制度，拓宽学习领域，发扬理论联系实际的学风，切实增强学习实效。要强化实践锻炼，努力掌握和运用纪检监察工作所需要的新思想、新知识、新经验，不断提高干部队伍的思想政治素质和业务能力水平。……加强干部教育培训，不断提高纪检监察专业化水平。…… （三）切实加强纪检监察机关自身建设。

续表

时间	会议	文件	关键内容
2011年1月9日	十七届中央纪委第六次全会	《十七届中央纪委第六次全会工作报告》	三、切实抓好反腐倡廉各项任务的落实……（四）加强纪检监察机关自身建设，为落实反腐倡廉各项任务提供组织保证。……认真贯彻落实《关于进一步加强和改进纪检监察干部队伍建设的若干意见》，深入开展创先争优活动，要努力建设一支政治坚强、公正清廉、纪律严明、业务精通、作风优良的纪检监察干部队伍。要努力建设学习型纪检监察机关，组织引导广大纪检监察干部认真学习中国特色社会主义理论体系，深入钻研纪检监察业务，广泛了解和掌握各方面知识，着力提高服务、保障和促进科学发展的能力，着力提高维护社会和谐稳定和有效防治腐败的能力。……
2012年1月8日	十七届中央纪委第七次全会	《十七届中央纪委第七次全会工作报告》	一、2011年党风廉政建设和反腐败工作回顾……纪检监察领导班子和干部队伍建设得到加强。……四、进一步加强纪检监察机关自身建设……各级纪检监察机关要认真学习贯彻胡锦涛同志"七一"重要讲话和党的十七届六中全会精神，以思想政治建设为重点，服务人民，深入贯彻落实《关于进一步加强和改进纪检监察干部队伍建设的若干意见》，全面提高政治素质、理论水平和业务能力，努力建设一支忠诚可靠、服务人民、刚正不阿、秉公执纪的纪检监察干部队伍，为深入推进党风廉政建设和反腐败工作提供坚强组织保证。……积极推进学习型纪检监察机关建设。……
2012年11月14日	中国共产党第十八次全国代表大会	《中央纪委向党的十八大的工作报告》	一、五年来党风廉政建设和反腐败工作回顾……（九）坚持严格要求，严格教育、严格管理、严格监督，加强纪检监察机关自身建设。始终把严格教育和自身建设作为基础性工程来抓，当群众的贴心人，深入开展学习实践科学发展观活动，创先争优活动和"做党的忠诚卫士、当群众的贴心人"主题实践活动，制定和实施加强纪检监察干部队伍建设的意见，引导广大纪检监察干部做到对党无限忠诚，对腐败分子和消极腐败现象坚决斗争，对人民群众充满感情，对自己和亲属严格要求，纪检监察干部素质能力不断提高。……

续表

时间	会议	文件	关键内容
			三、进一步加强党风廉政建设和反腐败工作的建议 （八）严格执行党风廉政建设责任制，巩固和发展全党动手抓党风廉政建设和反腐败工作的良好局面 建设一支忠诚可靠、刚正不阿、秉公执纪、服务人民的重要组织保证。要抓住思想政治建设这个根本，引导广大纪检监察干部队伍，是新形势下开展党风廉政建设和反腐败斗争和党性修养，自觉用中国特色社会主义理论武装头脑，指导实践，推动工作。要抓住能力建设这个关键，加强调查研究，完善工作思路，改进方式方法，不断提高科学履职的能力和水平。……
2013年1月21日	十八届中央纪委第二次全会	《十八届中央纪委第二次全会工作报告》	四、用铁的纪律打造人民满意的纪检监察干部队伍 ……加强纪检监察组织建设，提高履职监督能力。……加大干部轮岗、交流，培训力度……。
2014年1月13日	十八届中央纪委第三次全会	《十八届中央纪委第三次全会工作报告》	一、一年来党风廉政建设和反腐败工作回顾 二、2014年党风廉政建设和反腐败工作主要任务 （六）加强基础工作，建设过硬队伍 （五）转职能、转方式、转作风，用铁的纪律打造纪检监察队伍 ……狠抓纪检监察机关领导班子和干部队伍建设……用铁的纪律打造过硬队伍。
2014年10月25日	十八届中央纪委第四次全会	《王岐山同志在十八届中央纪委第四次全会上的讲话》	三、紧密联系实际落实四中全会精神，深入推进党风廉政建设和反腐败斗争 第三、用铁的纪律建设全党信任、人民信赖的纪检监察干部队伍。……打造一支忠诚、干净、担当的纪检监察干部队伍。

续表

时间	会议	文件	关键内容
2015年1月12日	十八届中央纪委第五次全会	《十八届中央纪委第五次全会工作报告》	一、一年来工作回顾 (五)强化责任担当，以铁的纪律建设过硬队伍 ……深入开展党性教育，增强纪检监察干部党的观念、担当意识。……举办纪律检查体制改革研讨班、新任纪委书记培训班。…… 三、2015年主要任务 (七)落实监督责任，建设忠诚、干净、担当的纪检监察干部队伍 ……纪检监察干部是党的忠诚卫士，要忠于职守，秉公执纪，敢于担当是纪检监察干部队伍。……纪检监察干部是党对党绝对忠诚的具体体现。……用铁的纪律打造全党信任、人民信赖的纪检监察队伍。
2016年1月12日	十八届中央纪委第六次全会	《十八届中央纪委第六次全会工作报告》	三、2016年主要任务 (七)建设忠诚干净担当的纪检监察队伍 聚焦再聚焦……建设一支忠诚于党、让人民放心的纪检监察队伍。
2017年1月6日	十八届中央纪委第七次全会	《十八届中央纪委第七次全会工作报告》	一、2016年工作回顾 (七)打铁还需自身硬，建设忠诚干净担当的纪检监察队伍 ……强化党性教育，抓好政治和业务培训…… 三、2017年工作部署 (七)无须扬鞭自奋蹄，绝不辜负党和人民重托 ……严格选人用人标准，把政治过硬、忠诚干净担当的干部选出来，选优配强纪委领导班子。……加大培训力度，不断提高思想政治工作水平和业务能力。……建设一支让党放心、人民信赖的队伍。
2017年10月24日	中国共产党第十九次全国代表大会	《十八届中央纪委向党的十九大的工作报告》	一、十八大以来的工作回顾 (十)坚持打铁还需自身硬，培养严实深细作风，建设忠诚干净担当的队伍 ……强化政治觉悟，强化政治担当。党中央高度重视纪检监察队伍建设。……强化政治和业务培训。……培训各级纪检监察干部17.8万人次，纪检监察队伍精神风貌、能力素质明显提升。 十八大以来，……

续表

时间	会议	文件	关键内容
			三、今后五年的工作建议 （六）建设让党放心、人民信赖的纪检监察队伍 广大纪检监察干部要始终对党忠诚、牢记使命，做政治上的明白人、老实人，扎实开展以学习实践习近平新时代中国特色社会主义思想为重点的"不忘初心、牢记使命"主题教育，提高政治站位和把握政治方向、明辨政治是非的能力；做德才兼备的好干部用起来；加大干部轮岗、交流和培训力度，不断提高干部队伍的能力水平，增强生机活力。……以坚定的理想信念和铁的纪律，建设忠诚干净担当的干部队伍。
2018年1月11日	十九届中央纪委第二次全会	《十九届中央纪委第二次全会工作报告》	三、加强纪检监察机关自身建设 （一）自觉忠诚于党，确保政治过硬　纪检监察机关是政治机关，所处的特殊位置和承担的重要职责，决定了必须把对党忠诚作为工作的首要政治原则，队伍的首要政治本色，干部的首要政治品质。……要加强思想教育，坚持以马克思主义政治观对照自己、改造自己，提高政治定力、纪律定力、道德定力、抵腐定力…… （二）加强能力建设，确保本领高强　纪检监察干部既要有过硬的政治素质，又要有过硬的业务能力，又向善学、同行用干，勤于用历史、文化和哲学的思考解现实问题，既向书本学、多读经典，又向实践学、认真学习党章党规和宪法法律，强化纪法贯通意识，掌握所监督领域知识，提高日常监督、执纪审查、依法调查本领……
2019年1月11日	十九届中央纪委第三次全会	《十九届中央纪委第三次全会工作报告》	三、2019年主要任务 （八）按照政治过硬、本领高强要求，从严从实加强纪检监察队伍建设。……加大教育培训力度，加强学习和调查研究，增强纪法思维、辩证思维，准确把握其性和个性，普遍性和特殊性关系，提高执行政策水平、执纪执法水平，思想政治水平和信息化工作水平。……打造忠诚干净担当、清正廉洁的纪检监察铁军。

产既是物质（成员）的再生产，也是关系（权力）的再生产。阿尔都塞
（Althusser）继承了马克思、列宁、葛兰西对国家和意识形态的理论，并
将主体建构、再生产以及国家机器等概念有机地结合，建构了"结构主
义"意识形态理论。阿尔都塞特别看重教育在"意识形态国家机器"
（Appareils Idéologiques d'Etat，AIE）[1]中的特殊地位，这一点与布尔迪约如
出一辙。

正因如此，党校作为中国共产党的干部教育培训机构，制度性地承担着
政治精英再生产的重要职能。这种具有鲜明政治立场的符号暴力和权力关系
在党校体系中的体现，是由中国共产党纲领型政党的性质、执政党的地位以
及非竞争性的政党生存环境等因素所决定的。纪检监察机关开展纪检监察干
部教育培训的目的是加强纪检监察队伍建设。再生产的主体是各级纪检监察
机关，客体是全体纪检监察干部。这一过程既有意识形态的灌输，也是履职
能力的规训，具体表现在如下两个方面：

一是强化意识形态。强化意识形态可以从理论更新和忠诚强化两个角度
进行理解。强意识形态政党高度依赖意识形态理论的指导。随着时代、政治
形势和战略任务的变化，中国共产党相应调整其意识形态和政策、路线、方
针等。意识形态的调整必然需要纪检监察干部在思想理论方面同步跟进，保
持高度一致。在纪检监察干部教育培训中，一方面对纪检监察干部进行党的
意识形态（党的学说、主义、理论等）的灌输；另一方面将关于党风廉政建
设和反腐败斗争最新的形势判断、方针政策、工作任务等内容，详细地、系
统地传递给纪检监察干部。

---

〔1〕 阿尔都塞的"意识形态国家机器"（Appareils Idéologiques d'Etat，AIE）和马克思主义的国
家机器不同。后者是指包括政府、行政机关、军队、警察、法庭、监狱等"镇压性质的国家机器"。
"镇压"是指依靠暴力实施其功能，即便镇压本身可以不直接用暴力形式实行。"我所说的意识形态国
家机器是这样一些现实，它们以一些各具特点的、专门化机构的形式呈现在临近的观察者面前。尽管
有这种需要包含着的所有保留意见，我们暂时还是可以把下列机构看成是意识形态国家机器（我列举
的顺序没有任何特殊的含义）；宗教的 AIE（由不同教会构成的制度），教育的 AIE（由不同公立和私
立'学校'构成的制度），家庭 AIE，法律的 AIE，政治的 AIE（政治制度，包括不同党派），工会
AIE，传播 AIE（出版、广播、电视等等），文化 AIE（文学、艺术、体育等等）。"〔法〕路易·阿尔
都塞："意识形态和意识形态国家机器（研究笔记）"，载〔法〕阿尔都塞：《哲学与政治（下）——
阿尔都塞读本》，陈越译，吉林人民出版社 2011 年版，第 281 页。

政治忠诚是首要标准。《党政领导干部选拔任用工作条例》[1] 规定，"选拔任用党政领导干部，必须把政治标准放在首位"。《2018-2022 年全国干部教育培训规划》规定："突出政治训练、政治历练，把提高政治觉悟、政治能力贯穿全过程，坚持政治统领、服务大局。"党的历次代表大会报告、中央纪委全会报告中，都高度强调干部对党的忠诚。这表明，在中国共产党主导的政治录用、政治精英再生产和政治输送全过程中，均将政治忠诚放在首位。因此，政治忠诚就成为纪检监察干部教育培训的首要目标。

二是提升履职能力。由于纪检监察工作具有全覆盖、全渗透的特点，所以纪检监察干部队伍数量大、人员构成多样化。不同行业、不同分工、不同职级的纪检监察工作对于纪检监察干部的能力素质要求不尽相同。因此，通过培训有效提升纪检监察干部的履职能力是题中应有之义。纪检监察干部教育培训机构通过向纪检监察干部教授纪检监察理论知识与实践技能，以提升纪检监察干部专业水平，使之更好地履职尽责。

---

[1] 《党政领导干部选拔任用工作条例》（2019 年 3 月中共中央印发）第 4 条规定："本条例适用于选拔任用中共中央、全国人大常委会、国务院、全国政协、中央纪律检查委员会工作部门领导成员或者机关内设机构担任领导职务的人员，国家监察委员会、最高人民法院、最高人民检察院领导成员（不含正职）和内设机构担任领导职务的人员；县级以上地方各级党委、人大常委会、政府、政协、纪委监委、法院、检察院及其工作部门领导成员或者机关内设机构担任领导职务的人员；上列工作部门内设机构担任领导职务的人员。选拔任用参照公务员法管理的群团机关和县级以上党委、政府直属事业单位的领导成员及其内设机构担任领导职务的人员，参照本条例执行。上列机关、单位选拔任用非中共党员领导干部，参照本条例执行。选拔任用民族区域自治地方党政领导干部，法律法规和政策另有规定的，从其规定。"

第六章　中观层面——政策过程分析

第一节　政策过程分析理论框架

“政策与制度之间的关系非常紧密，制度主义的观点认为政策是制度的输出。”[1] 伊斯顿认为在一个政治体系中，权威当局所产生的输出包括约束性决策、实施这种决策的行为以及相关行为等。[2] “这种输出会通过反馈与体系内的各部分发生互动。按照结构功能主义的理论，输入和输出属于体系和环境之间的交换，而转换过程则发生于政治体系内部。”[3] 阿尔蒙德将政策分析一并纳入政治体系分析的框架中，他将其划分为体系、过程和政策三个层次。“过程层次分为四个阶段：利益表达、利益综合、政策制订、政策实施。政策是政治体系的输出，政策层次关注结果、反馈等方面。”[4]

我们可以将纪检监察干部教育培训制度看作由一系列相互关联的具体政策组合而成的体系。这些政策是中央纪委为了加强纪检监察队伍建设，以权威形式规定在一定时期内的工作目标、行动原则、工作任务、工作方式及具体措施等。不同时期的政策作为基本单元构成了纪检监察干部教育培训制度体系。因此，对政策过程的分析也是纪检监察干部教育培训制度的中观分析。广义上的政策过程包括一项政策从酝酿到产生直至终结的一整个生命周期。根据纪检监察干部教育培训政策的特点，我们将政策过程概括划分为五个阶

---

〔1〕〔美〕托马斯·R. 戴伊：《理解公共政策》（第12版），谢明译，中国人民大学出版社2011年版，第11页。

〔2〕〔美〕戴维·伊斯顿：《政治生活的系统分析》，王浦劬主译，人民出版社2012年版。

〔3〕胡伟：《政府过程》，浙江人民出版社1998年版，第11页。

〔4〕〔美〕加布里埃尔·A. 阿尔蒙德、小 G. 宾厄姆·鲍威尔：《比较政治学——体系、过程和政策》，曹沛霖等译，东方出版社2007年版，第14~17页。

段：政策问题的建构、政策的制定、政策的执行、政策的评价、政策的终止
（见图 6-1）。

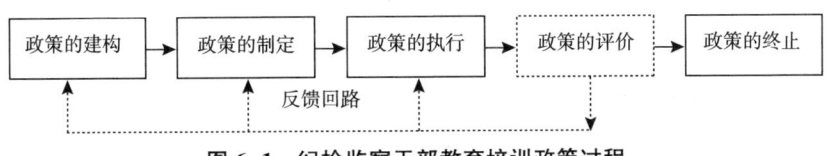

图 6-1 纪检监察干部教育培训政策过程

按照政策过程的一般逻辑，大致是起于建构，经过制定、执行，直到终
止。其间，通过评价对建构、制定、执行均有反馈。这一过程周而复始，形
成一个不断循环的政策周期。当前纪检监察干部教育培训政策过程没有建立
政策评价机制（虚线标示），因此不存在制度性的反馈。

第二节　政策问题建构

政策问题取向（Problem Oriented）决定了政策问题建构（Problem Struc-
turing）是纪检监察干部教育培训政策过程的逻辑起点。政策问题构建的质量
直接影响政策过程后续阶段的方案与执行。因此能否提出正确的问题是非常
关键的。

一、党风廉政建设和反腐败斗争的形势任务是什么？

党的十九大报告指出："当前，反腐败斗争形势依然严峻复杂，巩固压倒
性态势、夺取压倒性胜利的决心必须坚如磐石。"[1] 2018 年 1 月 11 日，习近
平总书记在十九届中央纪委二次全会上强调："要坚持无禁区、全覆盖、零容
忍，坚持重遏制、强高压、长震慑，坚持受贿行贿一起查，坚决减存量、重
点遏增量。……要深化标本兼治，夺取反腐败斗争压倒性胜利。"[2] 2019 年
1 月 11 日，习近平总书记在十九届中央纪委三次全会上强调："取得全面从严

〔1〕 习近平：《决胜全面建成小康社会　夺取新时代中国特色社会主义伟大胜利——在中国共产
党第十九次全国代表大会上的报告》（2017 年 10 月 18 日）。
〔2〕《习近平总书记在十九届中央纪委二次全会上的重要讲话》（2018 年 1 月 11 日）。

治党更大战略性成果，巩固发展反腐败斗争压倒性胜利。"[1]

二、中央纪委对纪检监察干部队伍建设提出了哪些要求？

党的十九大报告要求建设高素质专业化干部队伍。十九届中央纪委二次全会工作报告要求加强纪检监察机关自身建设："（一）自觉忠诚于党，确保政治过硬。纪检监察机关是政治机关，所处的特殊位置和承担的重要职责，决定了必须把对党忠诚作为工作的首要政治原则、队伍的首要政治本色、干部的首要政治品质。……（二）加强能力建设，确保本领高强。纪检监察干部既要有过硬的政治素质，又要有过硬的业务能力。……"[2] 十九届中央纪委三次全会工作报告要求："按照政治过硬、本领高强要求，从严从实加强纪检监察队伍建设。……打造忠诚坚定、担当尽责、遵纪守法、清正廉洁的纪检监察铁军。"[3]

三、纪检监察干部教育培训的目的是什么？

纪检监察干部教育培训的目的是加强纪检监察队伍建设。开展纪检监察干部教育培训，就是要围绕纪检监察中心工作，培养造就忠诚干净担当的高素质专业化纪检监察干部队伍。

四、怎样安排纪检监察干部教育培训？

中央纪委国家监委确定生产目标，中央纪委组织部制定生产计划，分配生产资源。纪检监察干部教育培训机构承担具体生产工作，并控制生产过程。纪检监察干部教育培训作为一种教育培训产品，主要通过系统内部采购模式进行，具体工作主要由纪检监察系统内设的干部教育培训机构实施。中央纪

---

〔1〕 朱基钗等："巩固发展反腐败斗争压倒性胜利——聚焦习近平总书记在十九届中央纪委三次全会上的重要讲话"，载人民网：http://politics.people.com.cn/n1/2019/0112/c1001-30523818.html，最后访问日期：2019年2月25日。

〔2〕 赵乐际：《以习近平新时代中国特色社会主义思想为指导 坚定不移落实党的十九大全面从严治党战略部署——在中国共产党第十九届中央纪律检查委员会第二次全体会议上的工作报告》(2018年1月11日)。

〔3〕 赵乐际：《忠实履行党章和宪法赋予的职责 努力实现新时代纪检监察工作高质量发展——在中国共产党第十九届中央纪律检查委员会第三次全体会议上的工作报告》(2019年1月11日)。

委国家监委的纪检监察干部教育培训由中国纪检监察学院（含北戴河校区）实施；地方纪检监察机关的干部教育培训由各级纪检监察干部教育培训机构实施。随着市场经济以及教育培训产业的发展，纪检监察干部教育培训专业化、国际化程度不断提升，也有一小部分纪检监察干部教育培训通过市场采购的方式进行。

第三节　政策制定

当纪检监察干部教育培训被列入政策议程后，就需要制定一系列的方案解决问题，这就是政策制定阶段。政策制定在整个政策过程中居于核心的地位，只有高质量的政策方案才能确保政策运行的成功。决策模式是政策方案制定的关键。决策完成后，政策方案通常需要经由一定的程序以合法化（Legitimization），如此才算完成政策制定的全部流程。

一、政策制定的方式

任何一个决策过程都包含两个基本维度：一是谁制定政策（决策者）；二是如何作出决策（决策模式）。这两个维度中的任何一个都不能单独完成整个决策的全过程，他们需要结合在一起，重新组合成一个不同的结构。"中国的决策模式是一种典型的精英决策，决策过程基本取决于权力精英的作用，特别是深受人格化权力结构的影响。人格化权力的特点是不大受制定程序的约束，领袖和重要的权力精英的行为方式和人格因素对决策的影响至关重要。"[1]

决策者。纪检监察干部教育培训政策的决策者是中央纪委国家监委领导层。

决策模式。大致分为四种：指令接受型、内部集体决策型、咨询决策型。

（一）指令接受型

在建党初期，中国共产党受共产国际直接领导，在有关中国革命的重大决策上没有多少自主权，这一点也直接体现在干部教育培训政策上。这一时期，在政策制定上，中国共产党领导层主要工作就是将共产国际的有关指示细化成具体工作方案。这种模式的特点就是被动接受，体制僵化，制定出的政策往往并不适应工作实际的需要。因此这种决策模式在经历了一系列惨痛

---

〔1〕　胡伟：《政府过程》，浙江人民出版社1998年版，第254~255页。

失败后被弃用。

（二）内部集体决策型

这种模式由体制内某个机构主导，相关部门共同参与决策过程，在进行政策论证时注重实事求是，有利于在参与者当中形成共识，提升政策质量和适应性。在决定纪检监察干部教育培训的重大事项时，通常由中央纪委组织部研究提出具体方案，中央纪委国家监委的领导层通过办公会进行决策。近年来的纪检监察干部教育培训政策制定多采用这种模式。

（三）咨询决策型

这种模式是内部集体决策型的升级版。咨询范围有所扩大，引入系统内研究机构与人员参与政策过程中。决策程序更加完善，决策科学性进一步提升。决策者也可能会在一定程度上咨询外部专业机构，但外部机构无法参与决策过程。事实上，由于纪检监察干部教育培训政策的高度政治性，决策者不可能允许系统外的力量影响决策过程。

事实上，当前几乎所有的决策过程都是多种模式综合作用的结果。改革开放后，纪检监察干部教育培训政策的决策过程不断科学化、程序化、制度化，但与一般的公共政策决策模式相比，纪检监察干部教育培训政策的决策过程始终是相对封闭的。

二、纪检监察干部教育培训政策制定

决策模式与中央纪委国家监委内部的工作分工有密切关系。如果不是亲身参与其中，局外人很难从复杂的架构中搞清楚究竟哪里才是政策制定的关键部位（见图6-2、图6-3）。[1] 第一，中央纪委书记对纪检监察干部教育培训工作的指示和意见具有最高影响力。第二，中央纪委副书记、国家监委主任分管中央纪委组织部和中国纪检监察学院（包括北戴河校区）。第三，中央纪委副书记、国家监委副主任兼任中国纪检监察学院院长。第四，中央纪委组织部"组织和指导纪检监察系统干部教育培训工作"[2]，组织部部长协

---

〔1〕 示意图所标示的纪检监察干部教育培训政策制定阶段关系并非一成不变。中央纪委组织部与中国纪检监察学院之间的管理条线相对固定，但分管学院的中央纪委国家监委领导可能因工作需要发生变动。十九届中央纪委成立后，这一关系处于持续调试过程中。

〔2〕《中共中央办公厅关于印发〈中共中央纪律检查委员会、中华人民共和国国家监察委员会机关职能配置、内设机构和人员编制规定〉的通知》（厅字〔2018〕25号）（2018年5月26日）。

助学院的分管委领导管理中国纪检监察学院。[1] 第五，组织部干部培训处负责具体工作。组织部副部长分管干部培训处，负责拟定有关政策方案。干部培训处制定的政策不仅调整中央纪委国家监委的干部教育培训工作，其效力甚至影响全系统。第六，纪检监察干部教育培训政策方案拟定后，提交办公会审议。第七，中国纪检监察学院负责纪检监察干部教育培训政策的执行。

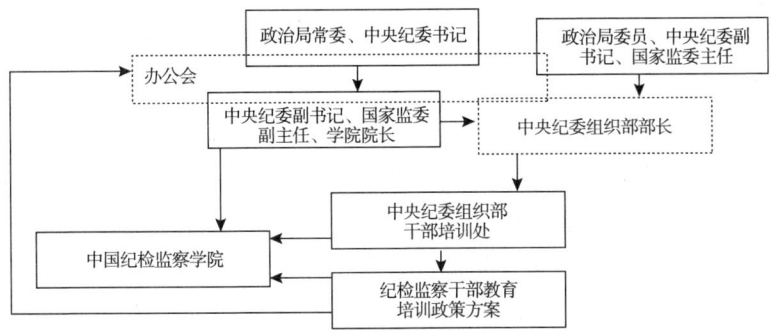

图6-2　纪检监察干部教育培训政策制定阶段关系（2017年10月~2018年12月）

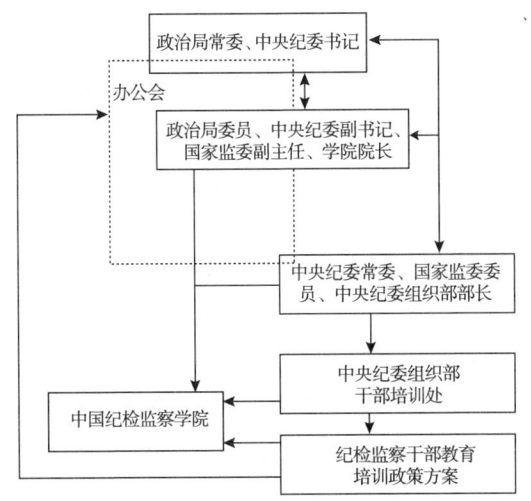

图6-3　纪检监察干部教育培训政策制定阶段关系（2019年3月至今）

---

〔1〕　在现行体制下，中央纪委组织部长是否直接参与学院管理是由中央纪委常委会会议研究决定的。参见《关于印发〈十九届中央纪委常委会成员、监察部副部长分工意见〉的通知》（中纪厅〔2017〕16号）（2017年10月30日），《关于中央纪委国家监委驻委领导分工调整的通知》（中纪厅〔2018〕30号）（2018年12月7日）。

三、纪检监察干部教育培训政策合法化

纪检监察干部教育培训政策大致分为三类：一是党内法规；二是法律；三是党内规范性文件。与此相应的主体、程序、形式等都有所不同。

改革开放前，干部教育培训政策绝大部分是以党内法规形式出现，例如：党的章程、党的决议、党的各类规范性文件等。

改革开放后，干部教育培训政策有的以法律的形式出现，例如，2005 年 4 月 27 日，第十届全国人大常委会第十五次会议通过的《中华人民共和国公务员法》等。有的以党内法规的形式出现，例如，2008 年 10 月，中共中央印发的《中国共产党党校工作条例》；2015 年 10 月，中共中央印发的《干部教育培训工作条例》等。有的以党政联合发文的形式出现，例如，2008 年 6 月 27 日，中共中央组织部、人力资源和社会保障部联合发布《公务员培训规定（试行）》（中组发〔2008〕17 号）；2013 年 12 月 29 日，中共中央组织部、财政部、国家公务员局联合发布《中央和国家机关培训费管理办法》（财行〔2013〕523 号，已失效）等。

纪检监察干部教育培训政策绝大部分是以党内规范性文件的形式出现，包括意见、计划、规划、纲要等。例如，《关于进一步做好纪检监察干部教育培训工作的意见》《党的纪律检查机关党风党纪教育纲要（试行）》《2009-2013 年全国纪检监察干部教育培训工作规划》等。

第四节　政策执行

干部教育培训政策合法化完成后，就进入了政策执行阶段。政策执行是将规划转化为现实的途径。干部教育培训政策的执行模式经历了由"自上而下"向"上下互动"的转变。

一、政策执行模型

政策需要通过一定的机构得以执行。干部教育培训机构是政策执行的主体。政策执行水平也可以通过机构发展得以反映。中国共产党建党至今，始终高度重视干部教育培训机构的建设方面。据不完全统计，我国现有党校、

行政学院、干部学院、培训中心等各类"县处级以上干部教育培训机构5000多所"[1]，形成了层级分明、专业分工、较为完备的机构体系。"中国纪检监察学院是我们党在纪检监察领域特色鲜明的党校，是纪检监察的中央党校，是培养培训纪检监察干部的高级学院。"[2]目前中央纪委国家监委的干部教育培训机构已经形成了"一院一区"的格局。地方纪检监察机关也根据工作实际需要建立了相关部门，开展纪检监察干部教育培训。

不同的政策主体在政策执行阶段会采取不同的行动模式，并且在不同时期也会与时俱进进行调整，以适应政策环境的变化。在政策执行环节，中央纪委组织部（政策制定者）对中国纪检监察学院进行秩序的单向输出（政策）。中国纪检监察学院是纪检监察干部教育培训政策的执行主体。纪检监察干部教育培训工作有强制性和计划性特点，是典型的"自上而下"的行动模式。

托马斯·史密斯（Thomas Smith）在"政策执行过程模型"[3]中指出执行机构、目标群体与环境因素三者在政策执行过程中存在密切的互动关系；麦克劳夫林（McLaughlin）的"制度执行相互调适模型"[4]则强调政策执行者与受影响者之间存在政策调试空间。本书结合纪检监察干部教育培训工作的特征，提出纪检监察干部教育培训政策执行模型（见图6-4）。

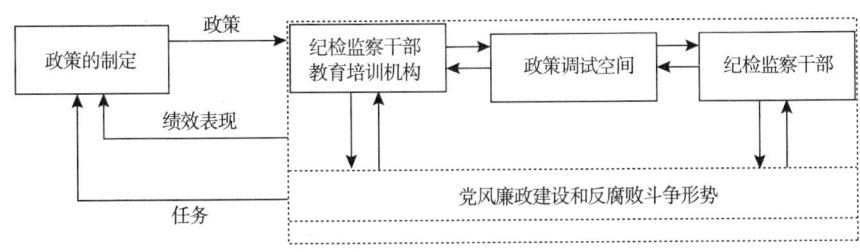

图6-4 纪检监察干部教育培训政策执行模型

〔1〕 晓山："大力加强干部教育培训机构评估"，载人民网：http://cpc. people. com. cn/n/2014/1027/c68742-25916303. html，访问日期：2019年3月18日。

〔2〕 中国纪检监察学院：《深入学习习近平新时代中国特色社会主义思想，认真贯彻落实好中央纪委三次全会精神》（2019年3月1日根据杨晓渡同志讲话整理）。

〔3〕 Thomas B. Smith, "The Policy Implementation Process", *Policy Sciences*, 4（1973），197~209.

〔4〕 Milbrey McLaughlin, "Implementation as Mutual Adaptation：Change in Classroom Organization", in Walter Williams and Richard F. Elmore, ed., *Social Program Implementation*, New York：Academic Press, 1976, pp. 167~180.

二、中央层面的政策执行

纪检监察干部教育培训模型标示出了纪检监察干部教育培训机构（执行机构）与纪检监察干部（目标群体）之间的互动关系。中央纪委国家监委先后建立了数个干部教育培训机构（执行机构）对纪检监察干部（目标群体）进行教育培训。在各个历史时期，政策（要求）、党风廉政建设和反腐败斗争的形势（环境）都有所不同。这四个要素在制度执行过程中相互作用。党风廉政建设和反腐败斗争的形势决定任务，并与纪检监察干部的绩效表现共同反馈至政策制定过程，其影响将体现在下一个政策循环的政策制定中。

纪检监察干部教育培训政策执行是一个动态的过程，纪检监察干部教育培训机构一定程度上不再是简单被动地执行政策，纪检监察干部也不再是简单被动地接受政策，二者之间开始呈现出双向交流关系，双方存在政策调适的空间，并在相互调适过程中对政策制定产生一定的影响。随着教育培训理念、技术的大发展，如今的纪检监察干部教育培训高度重视"自下而上"的互动与调适。纪检监察干部教育培训机构会通过各种途径和技术手段去了解受训干部的真实需求，并据此不断调整和完善教育培训产品，提升培训质量（调适结果）。

三、地方层面的政策执行

在管理体制上，中央纪委国家监委的干部教育培训管理部门——中央纪委组织部干部培训处"组织和指导纪检监察系统干部教育培训工作"[1]。地方纪检监察干部教育培训机构在各地纪检监察机关直接领导下开展工作。中央纪委国家监委制发的纪检监察干部教育培训政策具有全系统的调节力。

第五节　政策评价

政策评价是检验政策效果的基本方式，只有通过科学的政策评价，才能判断一项政策是否在时限内达成预期目标，并以此为依据决定这项政策是应

---

〔1〕《中共中央办公厅关于印发〈中共中央纪律检查委员会、中华人民共和国国家监察委员会机关职能配置、内设机构和人员编制规定〉的通知》（厅字〔2018〕25号）（2018年5月26日）。

该延续、调整还是终止。

一、政策评价的效果

对干部教育培训政策效果进行评价大致可以分为四个方面：直接效果、间接效果、潜在效果、象征效果。

（一）直接效果

纪检监察干部教育培训是中央纪委国家监委加强队伍建设的重要方式。培训数量和质量是最直接的评价指标。中央纪委始终高度重视并不断加强纪检监察干部教育培训，并取得显著成效。有关报告表明，改革开放以来几乎所有乡科级以上的纪检监察领导干部都接受过组织安排的教育培训，其政治素质和履职能力得到了不同程度提升。

（二）间接效果

纪检监察干部教育培训不但满足了纪检监察中心工作的需要，也为国家治理现代化作出了贡献。

（三）潜在效果

随着经济社会的发展和公共财政资金的充裕，中央对干部教育培训的整体投入不断增加。目前，中央层面设有中国纪检监察学院，地方各级纪检监察机关设有干部教育培训机构。此外，不少纪检监察机关向高等院校、科研院所采购所需的干部培训产品，由此形成了一个具有相当规模的产业。

（四）象征效果

通过颁布纪检监察干部教育培训政策，向全系统宣示中央纪委国家监委对纪检监察队伍建设的高度重视和用人导向。

二、政策评价的制约因素

目前，纪检监察干部教育培训政策过程中，缺乏有效、全面的评价机制。制约评价的因素主要包括制度因素、技术因素和人为因素等，其中制度因素是主要方面。

评价标准以价值判断为主。纪检监察干部教育培训事关纪检监察事业发展，具有重要的政治意义。几乎所有文件均以概括性表述突出了这一点。

政策评价规定不够具体。早期的政策中没有对教育培训数量、质量提出明确要求，致使量化评价比较困难。随着干部教育培训专业化、科学化水平不断提升，有关政策对评估工作作出了更加明确的规定（见表6-1）。

表6-1　评估要求

时间	政策	有关要求
2009年12月9日	《2009－2013年全国纪检监察干部教育培训工作规划》（中纪发〔2009〕25号）	三、工作措施 （三）建立健全培训质量评估和考核激励机制 　建立健全教育培训质量评估机制。按照以评促改、以评促建的原则，稳步推进纪检监察干部教育培训机构教学质量评估工作。纪检监察干部教育培训主管部门要制定切实可行的评估办法和评估指标体系，开展对教育培训机构的评估。充分运用评估结果，对培训机构的建设与发展提出指导性意见，培训机构应当根据评估结果，积极改进干部教育培训工作。
2010年8月17日	《2010－2020年干部教育培训改革纲要》（中办发〔2010〕18号）	四、运行机制改革 　14. 建立健全干部学习培训考核评价机制。严格执行干部学习培训情况考核制度。全面考核干部的学习态度和表现、掌握运用理论和知识、党性修养和作风养成等情况。对中青年干部培训班等重点班次，由干部教育培训主管部门委托或会同干部教育培训机构进行考核并作出鉴定，向干部所在单位反馈。建立健全干部教育培训登记管理制度，将干部学习培训情况和考核结果如实记入干部信息库，并将重要培训情况纳入干部人事档案。建立干部教育培训跟踪管理制度，不断拓展和延伸培训效果。 　16. 建立干部教育培训质量评估机制。干部教育培训主管部门要会同同级党校、行政学院和干部学院等，研究制定教学质量评估办法和指标体系，定期开展评估工作，将评估结果作为培训机构承担培训任务、深化教学改革的重要依据。干部教育培训机构要组织学员对培训项目、课程设置、师资水平、教学管理等进行评价，根据评价情况不断改进工作，提高教学水平。到2012年，在全国普遍推行教学质量评估制度。
2015年10月14日	《干部教育培训工作条例》	第八章　考核与评估 　第五十二条　建立干部教育培训考核和激励机制。干部接受教育培训情况应当作为干部考核的内容和任职、晋升的重要依据。

续表

时间	政策	有关要求
		第五十三条　干部教育培训考核的内容包括干部的学习态度和表现，理论、知识掌握程度，党性修养和作风养成情况，以及解决实际问题的能力等。 　　第五十四条　干部教育培训考核应当区分不同教育培训方式分别实施。脱产培训的考核，由主办单位和干部教育培训机构实施；网络培训和境外培训的考核，由主办单位和干部所在单位实施。 　　干部教育培训实行登记管理。各级干部教育培训主管部门和干部所在单位应当按照干部管理权限，建立完善干部教育培训档案，如实记载干部参加教育培训情况和考核结果。 　　建立健全跟班管理制度，加强对干部学习培训的考核与监督。 　　第五十五条　组织（人事）部门在干部年度考核、任用考察时，应当将干部接受教育培训情况作为一项重要内容。干部参加脱产培训情况应当记入干部年度考核表，参加2个月以上的脱产培训情况应当记入干部任免审批表。 　　第五十六条　建立健全干部教育培训评估制度，加强对干部教育培训机构、项目及课程的评估。 　　第五十七条　干部教育培训管理部门负责对干部教育培训机构进行评估，也可以委托干部教育培训管理部门认可的机构进行评估。 　　干部教育培训机构评估的内容包括办学方针、培训质量、师资队伍、组织管理、学风建设、基础设施、经费管理等。 　　干部教育培训管理部门应当充分运用评估结果，指导干部教育培训机构改进工作。 　　第五十八条　干部教育培训项目评估由项目委托方组织实施。 　　项目评估的内容包括培训设计、培训实施、培训管理、培训效果等。 　　评估结果应当作为评价教育培训机构办学质量的重要标准，作为确定教育培训机构承担培训任务的重要依据。 　　第五十九条　干部教育培训课程评估由教育培训机构组织实施。 　　课程评估的内容包括教学态度、教学内容、教学方法、教学效果等。 　　教育培训机构应当将评估结果作为指导教学部门和教师改进教学的重要依据。

续表

时间	政策	有关要求
2018 年 11 月 1 日	《2018－2022 年全国干部教育培训规划》	六、健全培训制度体系 （五）建立健全干部教育培训质量评估制度。坚持定量与定性相结合，完善质量评估指标体系，全面推进干部教育培训机构办学质量、项目质量、课程质量评估。2020 年前完成省市县三级党校（行政学院）办学质量评估试点工作，2022 年前对省市县三级党校（行政学院）评估一遍。完善项目质量评估制度，健全由项目委托单位、参训学员、培训机构等共同参与的评估机制。完善课程质量评估制度，健全由学员、教师（或者专家）、跟班管理人员、教学管理部门等多方参与的评估机制。

说明：《2009-2013 年全国纪检监察干部教育培训工作规划》（中纪发〔2009〕25 号）已失效，但目前没有制定后续规划。

早在《2001 年-2005 年全国干部教育培训规划》中就已经要求"建立干部教育培训质量评估制度"。[1]《2006-2010 年全国干部教育培训规划》要求"开展培训质量评估"[2]。《2010-2020 年干部教育培训改革纲要》提出：一是要建立健全干部学习培训考核评价机制；二是要建立干部教育培训质量评估机制。早期规定大多属于原则性要求，《2013-2017 年全国干部教育培训规划》首次将评估要求与明确的数量指标和质量要求相结合，为政策效果评估

---

〔1〕《2001 年-2005 年全国干部教育培训规划》（中发〔2001〕4 号）（2001 年 1 月 21 日）："四、以改革创新为动力，进一步提高教育培训质量，落实干部教育培训的保障措施 5. 建立干部教育培训质量评估制度 制定干部教育培训质量评估标准，建立质量评估制度。加强对干部教育培训基地的监督和办学质量的检查，逐步形成对学校办学行为和教学质量的监督机制及评价体系。完善教育培训基地自我约束、自我管理机制，更好地发挥其办学自主权。对照质量评估标准，各培训基地每年都要组织一次自评。在此基础上，要组织力量，有步骤、分类别、分层次地对全国各类教育培训基地普遍进行一次质量评估。评估要注重实效，防止形式主义和弄虚作假。"

〔2〕《2006-2010 年全国干部教育培训规划》（中发〔2006〕21 号）（2006 年 10 月）："六、坚持改革创新，切实提高干部教育培训的质量和效益 （二）开展培训质量评估 按照评建结合、以评促建的原则，逐步开展干部教育培训质量评估工作。中央组织部要会同有关部门研究制定省（自治区、直辖市）党校、行政学院培训质量评估指标体系和评估办法，有组织有计划地对省（自治区、直辖市）党校、行政学院的办学方针、教学水平、师资队伍、组织管理等方面进行评估。各省（自治区、直辖市）干部教育培训主管部门要对本地区市（地）党校、行政学院进行评估。在评估的基础上，对党校、行政学院的教学工作提出指导性意见。对部门和行业培训机构、承担干部教育培训任务的高等学校和科研院所的培训质量，也要开展评估。"

提供了量化标准。[1]《干部教育培训工作条例》（2015 年）单列一章对考核与评估进行了规定，为干部教育培训质量评估的开展提供了法规依据。《2018-2022 年全国干部教育培训规划》进一步明确要在 2022 年前对省市县三级党校（行政学院）评估一遍。这为干部教育培训质量评估制度的实质推进设定了明确目标。

《2009-2013 年全国纪检监察干部教育培训工作规划》要求：纪检监察干部教育培训主管部门制定切实可行的评估办法和评估指标体系，开展对教育培训机构的评估，并根据评估结果，改进工作等。这些要求可以视为纪检监察干部教育培训政策对上位法有关规定的响应。囿于种种原因，这些要求并未得到有效的落实，且该规划已失效，目前没有制定后续规划。

缺少独立客观的评价机构。在政策制定阶段，纪检监察干部教育培训政策的决策机构是中央纪委国家监委，备选方案的制定机构是中央纪委组织部，中国纪检监察学院等相关部门在一定程度上也参与了政策方案的制定过程。在政策执行阶段，中央纪委组织部负责组织协调"一院一中心"执行政策。在这种单主体多角色的制度安排下，中央纪委组织部很难对政策进行科学、客观、全面的评价。

有关机构间的行政隶属关系等因素也不利于制度评估。在中国的政治体系中，行政隶属关系以及行政级差对于工作的影响是直接而巨大的。中央纪委组织部是副部级单位，而中国纪检监察学院院长通常是中央纪委副书记、国家监委副主任（正部长级）兼任。中央纪委组织部与中国纪检监察学院是上下级的指导关系。这些因素直接影响中央纪委组织部开展评估的动力和客观性。

---

〔1〕《2013-2017 年全国干部教育培训规划》（中发〔2013〕8 号）（2003 年 9 月 28 日）："一、指导思想和总体要求。 （四）数量指标和质量要求 1. 数量指标。加强脱产培训，保证不同类别干部每年达到一定的调训率、参训率和人均脱产培训学时数（见附件 1）。拓展网络培训，保证网络培训达到一定覆盖率和人均年学时数（见附件 2）。2. 质量要求。全面开展培训质量评估，从培训设计、实施、管理以及培训效果等方面入手，对每个培训项目进行考核测评，把评估结果作为评价党校、行政学院、干部学院和社会主义学院办学质量的重要依据，作为确定高等学校、社会培训机构、境外培训机构承担培训任务的重要标准，作为干部教育培训机构推动教学改革、提高教学质量的重要指引。结合不同培训项目特点，合理设置评估标准，把培训需求适配度、课程设计科学性、师资选配合理性、教学内容满意度、教学方法有效性、教学组织有序性、学风校风良好度以及培训对干部能力素养提高的帮助程度等，作为质量评估的主要内容，努力探索科学的项目质量评估办法。"

此外，现行的体制也不可能委托第三方机构进行评价。

核心数据获取困难，评价方法以定性评价为主。由于信息保密的需要，纪检监察干部教育培训的核心数据只有中央纪委组织部才能较为全面地获取，研究机构不可能得到完整的信息。加之纪检监察干部教育培训政策过程是一个相对封闭的循环体系，外部能够观察到的只有政策文本、执行机构等信息，而决策过程、执行方案、执行效果等关键性内容，局外人无从得知。政策的执行主要由"一院一中心"等机构开展，其数据也是相对零散且不透明的。这些因素都为政策评价带来了较大的障碍。

对于政策评价的重视还需加强。本书没有收集到中央纪委国家监委关于纪检监察干部教育培训政策评价的专门报告。相关资料主要集中在教学质量评估方面。

第六节　政策终止与周期

政策终止意味着一项政策生命的结束，当决策者进行政策评价后，自然会对政策下一步的去向作出判断和选择：延续、调整或者终止。在纪检监察干部教育培训政策过程中同样也存在政策终止的情况，其中既有对低效、无效政策的技术性终止，也有政治性终止。

改革开放后，党的干部教育培训政策的科学化、规范化、制度化水平不断提高。在颁布新政策时，会明确规定生效时间以及相关政策的终止。例如：2019 年 10 月公布的《中国共产党党校（行政学院）工作条例》，[1] 2015 年 10 月 14 日公布的《干部教育培训工作条例》[2] 都有明确的时效规定。

政策周期是新陈代谢的交替循环。纪检监察干部教育培训政策过程是一个连续的动态过程，旧的政策终结、新的政策产生，形成了政策循环往复的周期。这一周期与党风廉政建设和反腐败斗争形势任务的变化同步。

---

〔1〕《中国共产党党校（行政学院）工作条例》第 70 条规定："本条例自 2019 年 10 月 25 日起施行。2008 年 9 月 3 日中共中央印发的《中国共产党党校工作条例》同时废止。"

〔2〕《干部教育培训工作条例》第 62 条规定："本条例自 2015 年 10 月 14 日起施行。2006 年 1 月 21 日中共中央印发的《干部教育培训工作条例（试行）》同时废止。"

第七章　关于制度的多视角观察

第一节　人力资源管理视域的理解

"公共部门人力资源管理（Human Resources Management of Public Sector）就是公共部门中的各类公共组织依据人力资源开发和管理的目标，对其所属的人力资源开展的战略规划、甄选录用、职业发展、开发培训、绩效评估、薪酬设计管理、法定权利保障等多项管理活动和过程的总称。"[1] 公共部门承担着向全体社会成员提供公共服务的重要职能，要实现这些重要职能需要依赖公共部门的工作人员（人力资源）。人力资源是最重要的资源，其优劣状况将在很大程度上决定组织的核心竞争力。纪检监察机关也不例外。能否构建一个专业、高效的纪检监察干部教育培训体系，并通过该体系有效提升纪检监察干部的能力素质，进而提高组织绩效，对于助推反腐败工作不断取得进展具有重要作用。

人力资源管理在公共管理中扮演的最重要的角色之一就是战略伙伴。"战略性人力资源管理（Strategic Human Resource Management）可以看成为了使组织能够实现其目标而制定的有计划的人力资源使用模式以及各种人力资源管理活动。"[2] "人力资源战略管理与企业战略保持一致，对于企业战略的执行是非常有帮助的。"[3] 图7-1清楚地表明了人力资源管理所扮演的角色。纵向维度标示的是人力资源管理是关注未来与战略还是日常运营，横向维度标

---

〔1〕　孙柏瑛、祁光华编著：《公共部门人力资源开发与管理》，中国人民大学出版社2004年版，第10页。

〔2〕　Wright Patrick M，Gary C. McMahan，"Theoretical Perspectives for Strategic Human Resource Management"，*Journal of Management*，18（1992），pp. 295~320.

〔3〕　D. Ulrich，*Human Resource Champions*，Boston：Harvard Business School Press，1998.

示的是人力资源管理关注过程还是人。由此可见，战略性人力资源管理所关注的不限于当下，而是着眼于未来发展的需要，更重视整体及过程，而不是限于个体或局部。

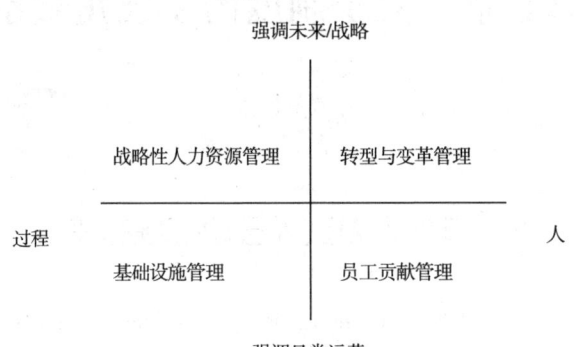

图7-1　人力资源管理在塑造有竞争力的组织方面所扮演的角色[1]

公共部门人力资源培训与开发是指公共部门根据工作和发展的需要对公职人员进行的有计划、有组织的培养、教育和训练活动，它推动公共部门工作人员能力素质的提升，以使之满足工作发展的需要。"组织依赖于其职员的知识、技能和能力，以便有效率的、有效益的和有回应的生产产品和服务。由于组织使命的变化、员工工作职位的变动，以及知识、技能和能力（KSAs）不断地变得过时，组织必须不断地更新它的人力资源——员工队伍。"[2] "培训着眼于促进当前工作绩效的提高，开发是通过提供随后工作中所需要的技能来促进未来工作的绩效提高。开发和组织战略紧密联系。"[3]在公共部门的战略性人力资源管理中，人力资源的培训与开发扮演了极为重要的角色。

对于纪检监察工作来讲，战略性人力资源管理的意义，即通过专业化的

〔1〕　资料来源：Reprinted with Permission of Harvard Business School Press. From Human Resource Champions, by D. Ulrich. Boston, MA, 1998, Page 24. Copyright 1998 by the President and Fellows of Harvard College. All rights reserved.

〔2〕〔美〕唐纳德·E. 克林纳、约翰·纳尔班迪：《公共部门人力资源管理：系统与战略》（第4版），孙柏瑛等译，中国人民大学出版社2010年版，第250页。

〔3〕〔美〕埃文·M. 伯曼等：《公共部门人力资源管理》（第2版），萧鸣政等译，中国人民大学出版社2008年版，第264页。

培训，打造一支高素质专业化，忠诚干净担当的纪检监察队伍，以满足当下和未来纪检监察事业发展的需要。

第二节　作为一种政治仪式的制度

"仪式可以是特殊场合情境下庄严神圣的典礼，也可以是世俗功利性的礼仪、做法，或者亦可将其理解为被传统所规范的一套约定俗成的生存技术或由国家意识形态所运用的一套权力技术。"[1] "仪式普遍存在于政治制度中。政治仪式的作用主要是赋予已经存在的制度掌权者以合法性。"[2] 例如，面对国旗、党旗的宣誓，重走长征路，庄严盛大的政治集会，对于重大事件的纪念活动，政治组织的集体学习，等等。

在政治过程中，政治组织通过大量的政治仪式强化自身整合，建构命运共同体。"仪式被视为一种象征性的和富有表现性的行动，一种制度化的创造特殊时空的手段，个体在其中可以体验到自己是这个共同体中的一分子。"[3] "组织中最为常见的仪式使用是对新成员进行社会化，使之接受组织文化所需的价值观和期望。"[4] 中国共产党通过干部教育培训实现政党的内部整合，除了功能性的考虑，其过程也被赋予强烈的政治仪式感。

中央纪委国家监委将纪检监察干部强制性集中到特定场域进行政治教育和学习，其目标是实现成员的理论更新和忠诚强化，建构命运共同体，完成政治精英再生产。这一过程本身就构成一种政治仪式。对于纪检监察干部而言，获得党校学习的机会意味着组织对其自身价值的肯定和职业发展的重视。中国纪检监察学院是纪检监察系统的最高学府，能够获得这种学习机会尤为难得，因此学员们无不倍感珍惜。在学习期间，来自全国各地和各行各业的学员可以听到中央纪委国家监委领导的授课、报告甚至座谈交流，对于来自基层的学员来说这是难得的经历。来中国纪检监察学院学习也是纪检监察干部晋升或转任新职务的必经安排，这也使学员自带荣誉光环。由此可见，来

---

〔1〕 郭于华主编：《仪式与社会变迁》，社会科学文献出版社 2000 年版，第 3 页。

〔2〕 〔美〕大卫·科泽：《仪式、政治与权力》，王海洲译，江苏人民出版社 2015 年版。

〔3〕 〔美〕约翰·R. 霍尔、玛丽·乔·尼兹：《文化：社会学的视野》，周晓虹、徐彬译，商务印书馆 2002 年版，第 98 页。

〔4〕 〔美〕大卫·科泽：《仪式、政治与权力》，王海洲译，江苏人民出版社 2015 年版，第 37 页。

中国纪检监察学院学习所产生的诸多效应使得这一精英再生产过程具有强烈的政治仪式性。组织可以通过这一仪式进一步强化纪检监察干部对党的忠诚。

因此，在纪检监察干部教育培训中可以通过增加仪式感来提升培训效果。通过政治仪式加持，可以有效地提升学员的归属感和党性意识，有助于构建政治合法性、形成政治共识，塑造个体对于政治环境的理解。

第三节　纪检监察干部教育培训与国际交流合作

"反对腐败，建设廉洁政治是世界各国政党和政府面临的共同课题，加强反腐败国际交流与合作已经成为世界各国、各地区的共识。"[1] 党中央、国务院历来重视反腐败领域的国际交流与合作。长期以来，中央纪委监察部的外事工作始终"围绕中心、服务大局，坚持'为党和国家整体外交服务，为党风廉政建设和反腐败斗争服务，为纪检监察系统和纪检监察干部服务'的指导思想，坚持'以我为主，为我所用'的原则，扎实推进国际合作，有序发展出国（境）培训"[2]。

一、考察与国际会议

1987 年 7 月，中华人民共和国监察部重新建立。为了在改革开放的新形势下做好行政监察工作，监察部党组认为"要注意学习、借鉴国外的经验和有效做法"[3]。1988 年初，监察部正式将外事任务纳入工作日程。1993 年，中央纪委、监察部合署办公。中纪委对外交往原由中联部归口代管，合署后开始独立进行，中央纪委监察部的对外交往进一步增多。中央纪委时任副书记、监察部时任部长李至伦同志就指出："要加强选派业务干部出国学习、进修、培训，为纪检监察系统培养人才和业务骨干。要进一步加强调研和学术

---

〔1〕 中央纪委监察部外事局编：《海外监督制度与实践——纪检监察机关国（境）外考察报告专辑（2005-2010）》，中国方正出版社 2013 年版，序。

〔2〕 中央纪委监察部外事局编：《海外监督制度与实践——纪检监察机关国（境）外考察报告专辑（2005-2010）》，中国方正出版社 2013 年版，序。

〔3〕 中央纪委外事局、监察部外事局编：《外国监督制度与实践——纪检监察机关国外考察报告专辑》，中国方正出版社 1995 年版，第 1 页。

交流活动。"〔1〕 随着纪检监察国际交流日趋频繁，形式也逐渐多样化，除了参访考察，还加入了大量多边合作机制，例如，二十国集团反腐败工作组、APEC反腐败工作组、亚洲监察专员协会、国际反贪污大会、《联合国反腐败公约》缔约国会议、亚太反腐败行动计划等。〔2〕 "进入新世纪以来，中央纪委监察部根据实际工作的需要，扩大了赴国（境）外培训的规模。"〔3〕 考察与参加国际会议都是非常有效的干部教育培训形式，既增进了纪检监察工作的交流，也开阔了纪检监察干部的国际视野。几十年来，纪检监察国际交流合作在党和国家整体外交以及反腐倡廉建设方面发挥了不可替代的作用，培养了一批既熟悉国内纪检监察业务，又具备国际交流合作能力的工作骨干。

二、境外留学与来华培训

中央纪委监察部机关历年来先后组织干部留学或参加专题培训，目的地包括美国、英国、法国、德国、澳大利亚、日本、新加坡等国家。

党的十七大时期，时任中央纪委书记的贺国强同志提出，中国纪检监察学院的办学目标是经过一段时间的努力，把学院建设成为"三个基地、两个中心"——"纪检监察专业人才培养基地、纪检监察学科建设基地、党政领导干部廉政教育基地和反腐倡廉理论与实践研究中心、国际反腐败交流与合作中心"〔4〕。在中编办的批复中，明确了学院的主要职责："……承担有关学术研究、国际学术交流与合作、国（境）外委托培训任务。"〔5〕 由此可见，开展"国际学术交流与合作、国（境）外委托培训任务"是学院的基本职责之一。近年来，学院承办的各类国（境）外来华培训班日益增多，例如，尼泊尔反腐败措施与实践研修班、柬埔寨反腐技能与能力提高研修班、马尔代

---

〔1〕 中央纪委外事局、监察部外事局编：《外国监督制度与实践——纪检监察机关国外考察报告专辑》，中国方正出版社1995年版，第7页。

〔2〕 参见国际合作局《关于赴韩国参加亚太反腐败行动计划系列会议的公示》，《关于赴奥地利参加〈联合国反腐败公约〉第七届缔约国会议情况的公示》，《关于赴阿根廷参加二十国集团反腐败工作组2018年第一次会议的公示》，《关于赴巴布亚新几内亚参加APEC反腐败工作组第二十六次会议的公示》。

〔3〕 中央纪委宣传教育室、中国纪检监察报社编：《反腐倡廉"大宣教"理论与实践上》，中国方正出版社2007年版，第67页。

〔4〕 《关于中国纪检监察学院建设总体方案》（2008年7月9日中央纪委书记办公会议通过）。

〔5〕 《关于中国纪检监察学院机构编制的批复》（中央编办复字〔2008〕107号）。

夫反腐败官员研修班（2017年）、越南政府监督总署研修班（2018年）、发展
中国家反腐败官员研修班（2018年、2019年）、"一带一路"参与国家反腐败
研修班、非洲国家反腐败研讨班（2019年）等。未来，随着国际反腐败交流
与合作的不断增多，国（境）外留学与来华培训会更加频繁。

三、《联合国反腐败公约》与国际反腐败学院（IACA）

《联合国反腐败公约》（本章以下简称《公约》）是联合国历史上通过的
第一个指导国际反腐败斗争的法律文件。[1]党的十八大以来，反腐败国际交
流合作不断加强，"猎狐行动""天网行动"相继展开，国际追赃追逃取得显
著成效。在这一大背景下，《公约》的重要性日益凸显。中国作为《公约》
缔约国具有履约义务，国内的有关工作应与《公约》相协调，因此《公约》
也是纪检监察干部教育培训制度的渊源。《公约》中对有关机构的建设情况，
有关教育培训的法律、政策及措施的实施情况，有关反腐败国际合作的开展
情况等三个方面都进行了相应的规定。

国际反腐败学院（International Anti-Corruption Academy，IACA）是全球第
一所专业化的反腐败国际教育机构，是联合国下属的国际组织。联合国毒品
与犯罪问题办公室（The United Nations Office on Drugs and Crime，UNODC）、
奥地利政府、欧洲反诈骗局（European Anti-Fraud Office，OLAF）等共同倡
议成立，国际刑警组织（International Criminal Police Organization，ICPO）给
予了大力支持。学院由71个联合国成员国和3个国际组织构成，总部位于奥
地利，它向成员提供有关如何有效打击贿赂的教育和培训。学院目前设有2
年制的国际反腐败研究硕士学位项目（Master in Anti-Corruption Studies，
MACS），并向成员提供多种类型的反腐败课程。2014年11月19日，中国决
定加入国际反腐败学院，这是继APEC会议和G20峰会之后，中国反腐败进
行国际合作的又一重要举措。目前我国已经有来自中央纪委国家监委、地方
纪检监察机关、外交部条法司和中国常驻联合国代表团等单位的学员接受过
国际反腐败学院的有关培训。

---

〔1〕《公约》于2003年10月31日经第58届联合国大会审议通过，我国外交部副部长张业遂于
2003年12月10日代表我国政府签署了《公约》，2005年10月27日，第十届全国人大常委会第十八
次会议表决通过了关于批准《公约》的决定，同时声明：中国不受《公约》第66条第2款的约束。
自此，中国已经正式成为《公约》的缔约国。

第四节　历史上的监察官员与学习

一、中国古代王朝对于监察官员的要求

中国的监察制度源远流长，延宕 2000 余年。监察官的素质直接关系监察职能的发挥，因此，中国历朝历代对监察官员的任职资格都有严格要求。"从秦汉时期，便十分重视对监察官员的选任。隋唐以后，在监察法和皇帝颁发的有关诏令中，都严格规定了监察官员的任职条件。"[1] 总结起来，大致有三个方面：一是要求监察官员有优秀的个人品质；二是要求监察官员有丰富的为官经历；三是要求监察官员有较高的文化素质。这些关于监察官员任职资格的规定与要求，对当代纪检监察官员的选拔任用以及教育培训也有重要的参考价值。

（一）要求监察官员有优秀的个人品质

在监察官员的个人品质方面，要求"清廉耿直""刚正不阿""尽忠职守""铁面无私""不畏权幸""秉公执法""敢谏敢言"，能够"表率群臣"。唐代选拔监察官员非常注重其个人品质，所谓"谏臣须謇謇匪躬之士，宪官须孜孜嫉恶之人"[2]。御史中丞裴度认为："凡所取御史，必先质重勇退者。"[3] 北宋司马光认为："（谏官应该）以三事为先，第一，不爱富贵，次则，重惜名节，次则晓知治体。"[4] 天禧元年（1017 年）宋真宗谕："当下诏别置台省官专主谏奏，然所选尤须谨厚端雅识大体者，至于比周浮薄，朕不取焉。"[5] 明洪武元年（1368 年），太祖诏令，监察御史当"慎选贤良方正之人"[6]。明成祖对监察御使提出了两个明确要求："御史当用清谨介直之士，清则无私，谨则无忽，介直则敢言。"[7] 清圣祖（康熙）认为要树立崇尚清廉的官风，监察官员首先必须要有清廉的表率，他说："朝廷致治，唯在端

---

〔1〕 张晋藩：《中国监察法制史稿》，商务印书馆 2007 年版，第 21 页。

〔2〕 《全唐书》卷五一零之（唐）陆长源：《上宰相书》。

〔3〕 《唐会要》卷六十《御史台上》。

〔4〕 《文献通考》卷五十。

〔5〕 《续资治通鉴长编》卷八十九。

〔6〕 《大明会典》卷二一零《都察院二》。

〔7〕 《皇明宝训太宗宝训》卷三。

本清源，臣子服官，首宜奉公杜弊，大臣为小臣之表率，京官为外吏之观型。大法则小廉，源清则流洁，此从来不易之理。""若言官正，则外吏自不敢肆行贪婪矣"〔1〕，若"心术不善，纵有才学何用"。〔2〕

（二）要求监察官员有丰富的为官经历

在监察官员的经历方面，要求"老成历练"。古代统治者认为，经历过基层锻炼而声望较好的地方官员，既熟悉官情，又了解民意，能够更好地履行监察职责。唐代选任监察官员首重经历，特别注重从县级的丞、尉、主簿一类的基层官员里选拔，尤其是京畿一代。玄宗朝规定："凡官，不历州县不拟台省。"〔3〕唐肃宗至德元年（756年）规定："风宪之地，百僚准绳，倾者有司，殊非慎择，其御史须曾任州县理人官者，方得荐用。"〔4〕宋代绝大多数台谏官员都是举进士后先任地方官，并以出色的政绩而被提拔为监察官员的。宋英宗治平四年（1067年）御史中丞王陶言："奉诏举台官，而才行可举者多以资浅不应格。乃诏举三任以上知县为里行。"〔5〕宋孝宗乾道二年（1166年）诏："自今两非曾经两任县令，不得任监察御史。"〔6〕明清两代在此方面的要求大致相同，均以老成历练者为准。正统四年（1439年），明英宗诏："（监察官员）务得公明廉重，老成历练之人，奏请除授。不许以新进士初仕及知印、承差、典史出身人员充用。"〔7〕清康熙四十四年（1705年）上谕："命行取知县非再任者不得考选科道。"〔8〕

（三）要求监察官员有较高的文化素质

在监察官员的文化素质方面，要求"学识宏博""思辨敏锐""通经懂史""熟谙律例""文辞畅达"。据统计宋仁宗朝63名谏官中，90%以上出身于进士科或诸科。宋代选任监察官员首重文化素质。宋太宗至道二年（996年），有宰臣以为："台省谏官不可令与他官循资选授，诸科举人及无出身人

---

〔1〕《康熙政要》卷十五《论贪鄙》。

〔2〕《康熙政要》卷九《论择官》。

〔3〕《新唐书》卷四十五《选举下》。

〔4〕《唐会要》卷六十二《御史台下·杂录》。

〔5〕《宋史》卷一六四《职官四·监察御史》。

〔6〕《宋史》卷一六四《职官四·监察御史》。

〔7〕《明会典》卷二零九《都察院》。

〔8〕《清史稿》卷八《圣祖本纪三》。

亦不合在除授之限，唯登进士第及器业有文学者可膺是选。"[1] 宋真宗大中祥符四年（1011 年）诏："自今御史须文学优长、政治尤异者特加擢拜，遇恩庆不得以它官转入。"[2] 及至明代则在此基础上进一步规定御史必得科举出身，否则不选。明永乐七年（1409 年），成祖甚至将由吏出身的洪秉等四名御史直接罢免，"御史为朝廷耳目之寄，宜用学识通达治体者"，并诏"自今勿复用吏"。[3] 清代在这方面的标准与明代相差无几。清康熙十九年（1680 年）上谕："汉官非正途出身者，虽经保举，不准考选。"雍正十三年（1735 年）诏令："考选御史，仍专用正途。"[4] 这些对于考选御史出身的规定，实际上是对监察官员文化素质的要求。

二、中国古代王朝对于官员学习的要求

中国自古以来就高度重视官员群体的学习，将学业是否精进作为重要的入仕标准。所谓"国势之强由于人，人材之成出于学"[5]，"学而优则仕"。有心做官的莘莘学子非得经历累年苦学，方能过关斩将，通过科举考中功名。官员由科举入仕，被认为是正途出身，不但受人尊重，而且比杂途出身的官员拥有更多的发展机会。入仕后，官员终生也离不开书册和学习。官员在职时期，也需要继续加强学习。一方面，读书学习在官员群体中是一种风尚，学问好的官员不但受到皇帝和官员群体的普遍尊重，而且拥有更多被提拔和重用的机会。另一方面，历朝历代的官吏都必须通过在职学习，掌握律令、熟悉具体业务，也需要通过不断地研习精进经史子集等，以鉴于往事，而有资于治道。对此，晚清名臣张之洞曾指出："古来世运之明晦，人才之盛衰，其表在政，其里在学。"[6] 这句话可以作为官员、学习与政治之间关系的精准注脚。

---

[1] 刘琳等校点：《宋会要辑稿》，上海古籍出版社 2014 年版，第 3068 页。

[2] 刘琳等校点：《宋会要辑稿》，上海古籍出版社 2014 年版，第 3450 页。

[3] 《明会要》卷三十三《职官五·都察院》。

[4] 《钦定大清会典事例》卷五十六《吏部三十七·汉员遴选》。

[5] 陈山榜编：《张之洞教育文存》，人民教育出版社 2008 年版，第 119 页。

[6] （清）张之洞：《劝学篇》，李忠兴评注，中州古籍出版社 1998 年版，第 42 页。

第八章　纪检监察干部教育培训 制度的特征与规律

第一节　纪检监察干部教育培训制度的特征

一、纪检监察干部教育培训制度是党的干部教育培训制度的组成部分

中国共产党是以马克思列宁主义建党学说为指导的政党，具有一系列典型的共产主义政党特征——严密的组织架构、强意识形态、奉行非竞争性政党制度等。这些特征以及中国的现实情况，都要求中国共产党必须通过持续加强意识形态建构（软）和党内纪律建设（硬），以永葆党的先进性、纯洁性与旺盛的生命力。中央纪委的职能定位与实际功用恰好体现了这两种方式的结合。

干部教育培训制度是中国共产党主导的政治系统对外界环境压力所做出的应激反应。中国共产党的长期执政以及非竞争性的政党制度，决定了其对于政党纪律的高度重视和对干部队伍建设的持续需求。中国共产党历来高度重视干部教育培训，在各个历史时期，党始终把干部教育培训作为一项"先导性、基础性、战略性工程"[1] 来抓，并将其作为加强党的建设的重要方式"嵌入"政党制度结构当中。"国家监委和中央纪委是合署办公，本质上讲它是一个党的政治机构。"[2] 因此，纪检监察干部教育培训制度是党的干部教

---

[1] 《干部教育培训工作条例》（2015 年 10 月 14 日）。

[2] 中国纪检监察学院：《深入学习习近平新时代中国特色社会主义思想，认真贯彻落实好中央纪委三次全会精神》（2019 年 3 月 1 日根据杨晓渡同志讲话整理）。

育培训制度的组成部分。

二、纪检监察干部教育培训制度是加强队伍建设的重要保障

干部队伍建设是纪检监察事业不断发展的人才保障，关系到党风廉政建设和反腐败斗争的全局。中央纪委历来高度重视纪检监察干部教育培训，在各个历史时期，着力培养造就了一批又一批让党放心、让人民信赖的纪检监察干部，为完成党在不同历史时期的任务提供了坚强的人才保障。进入新时代以来，以习近平同志为核心的党中央站在新的历史起点，将党风廉政建设和反腐败斗争不断引向深入，下定坚如磐石的决心，夺取并巩固发展反腐败斗争压倒性胜利。要适应党风廉政建设和反腐败斗争的新形势，要完成新时代的反腐败斗争战略目标，中央纪委国家监委就必须加强纪检监察队伍建设，打造一支忠诚干净担当，高素质、专业化的纪检监察铁军，为巩固发展反腐败斗争压倒性胜利提供坚强的人才保障。对此，中央和中央纪委都提出明确要求。党的十九大报告要求："建设高素质专业化干部队伍。"[1] 十九届中央纪委二次全会工作报告要求："加强能力建设，确保本领高强。纪检监察干部既要有过硬的政治素质，又要有过硬的业务能力。"[2] 十九届中央纪委三次全会工作报告要求："按照政治过硬、本领高强要求，从严从实加强纪检监察队伍建设。打造忠诚坚定、担当尽责、遵纪守法、清正廉洁的纪检监察铁军。"[3]

三、纪检监察干部教育培训要求政治优先

纪检监察干部教育培训首先是政治教育，必须坚持正确的政治方向，这是纪检监察机关作为政治机关的定位所决定的。"它（意识形态）不仅描述现实状况，提供一个美好的未来，最重要的是，它提供了达成目标所必须实行

---

〔1〕 习近平：《决胜全面建成小康社会　夺取新时代中国特色社会主义伟大胜利——在中国共产党第十九次全国代表大会上的报告》（2017 年 10 月 18 日）。

〔2〕 赵乐际：《以习近平新时代中国特色社会主义思想为指导　坚定不移落实党的十九大全面从严治党战略部署——在中国共产党第十九届中央纪律检查委员会第二次全体会议上的工作报告》（2018 年 1 月 11 日）。

〔3〕 赵乐际：《忠实履行党章和宪法赋予的职责　努力实现新时代纪检监察工作高质量发展——在中国共产党第十九届中央纪律检查委员会第三次全体会议上的工作报告》（2019 年 1 月 11 日）。

的明确步骤。"[1] 纪检监察干部教育培训的政治逻辑在于通过教育培训不断强化意识形态，确保纪检监察干部在政治上的绝对忠诚，并使之转化为行动。

党的十九大报告要求："不断提高政治觉悟和政治能力，把对党忠诚、为党分忧、为党尽职、为民造福作为根本政治担当，永葆共产党人政治本色。"[2] 十九届中央纪委二次全会工作报告要求："自觉忠诚于党，确保政治过硬。纪检监察机关是政治机关，所处的特殊位置和承担的重要职责，决定了必须把对党忠诚作为工作的首要政治原则、队伍的首要政治本色、干部的首要政治品质。"[3] 十九届中央纪委三次全会工作报告要求："把党的政治建设摆在首位。各级纪检监察机关要带头加强党的政治建设，增强'四个意识'；带头自觉同以习近平同志为核心的党中央保持高度一致，坚决维护党中央权威和集中统一领导。"[4] 国家监委成立后，中央要求尽快适应新形势新需要，采取集中学习、专题研讨等多种方式对纪委监委机关和派驻机构全体干部进行培训，建设一支忠诚干净担当的高素质干部队伍。干部教育培训重点围绕四个方面开展："（1）把政治教育摆在首位。(2) 加强党章党规党纪教育。(3) 开展法律法规教育。(4) 学习思想政治工作方法。"[5] 由此可见，中国共产党的性质以及纪检监察机关作为政治机关的定位，决定了纪检监察干部教育培训必须坚持政治优先。

第一，政治优先体现在中央纪委国家监委的学习要求上。一方面，党的历次全国代表大会以及重要会议一闭幕，中央纪委迅速做出有关学习贯彻会议精神的安排，将其落实在干部教育培训上。另一方面，党的领袖发表重要论述或做出重要决断时，中央纪委亦迅速将领袖的重要论述及相关指示精神纳入干部教育培训中（见表8-1）。对此，赵乐际同志在中国纪检监察学院调

〔1〕〔美〕利昂·P. 巴拉达特：《意识形态：起源和影响》，张慧芝、张露璐译，世界图书出版公司2010年版，第9页。

〔2〕习近平：《决胜全面建成小康社会　夺取新时代中国特色社会主义伟大胜利——在中国共产党第十九次全国代表大会上的报告》（2017年10月18日）。

〔3〕赵乐际：《以习近平新时代中国特色社会主义思想为指导　坚定不移落实党的十九大全面从严治党战略部署——在中国共产党第十九届中央纪律检查委员会第二次全体会议上的工作报告》（2018年1月11日）。

〔4〕赵乐际：《忠实履行党章和宪法赋予的职责　努力实现新时代纪检监察工作高质量发展——在中国共产党第十九届中央纪律检查委员会第三次全体会议上的工作报告》（2019年1月11日）。

〔5〕本书编写组：《深化国家监察体制改革试点工作百问百答》，中国方正出版社2017年版，第55页。

研时指出："重中之重是组织广大纪检监察干部学习贯彻习近平新时代中国特色社会主义思想，特别是习近平总书记关于全面从严治党、党风廉政建设和反腐败工作的一系列要求和思想。坚持党校姓党原则。"〔1〕 杨晓渡同志在听取中国纪检监察学院工作汇报时指出："要把学习总书记的思想和学院服务大局紧密结合起来，学院从上到下要强化这种意识。学习总书记的思想拓展出去，就是对党的路线、方针、政策的学习，包括全面从严治党，反腐败政策的学习。只有这样，我们才能更深体会到党的事业发展的脉络，我们才能更深体会到其重要性，才能更深体会到高质量发展是要解决什么问题。"〔2〕

第二，政治优先体现在中央纪委国家监委领导同志的授课安排上。2012～2017 年，中央纪委监察部领导同志来中国纪检监察学院授课情况显示，绝大多数课程是政治宣讲。党的十九大以来，中央纪委立即组织开展了贯彻党的十九大精神集中轮训，轮训对象覆盖中央纪委委员、中央纪委机关及派驻机构全体干部。这一时期，中央纪委国家监委领导的授课全是政治宣讲。

第三，政治优先反映在纪检监察干部的自身学习体会上。国家监察体制改革后，根据体制改革方案，最高人民检察院原反贪污贿赂总局的 102 名检察官转隶中央纪委国家监委。转隶干部孙某某同志在谈到转隶之后参加有关培训的体会时表示："虽然纪检监察机关和检察机关都是从事反腐败工作，但是工作流程、工作方式等有很多不同。以前我们的工作主要是讲证据、讲程序、讲规范，办案时很少从面上对某一个地区的政治生态作全方位分析。来到监委后，首先要讲政治，学会从整体上把握一个地区、一个单位、一个部门的政治生态，运用好监督执纪'四种形态'，推动标本兼治。"〔3〕 孙某某同志的体会在转隶干部中具有一定的代表性，从学员的视角反映了纪检监察干部教育培训政治优先的特征。

---

〔1〕 中共中央纪委办公厅：《落实赵乐际同志在巡视办、学院调研讲话精神任务清单和责任分解意见》（2017 年 12 月 28 日）。

〔2〕《杨晓渡同志在听取学院工作汇报时的讲话》（2019 年 4 月 10 日根据记录整理）。

〔3〕 "一个多月，看中央纪委国家监委机关 102 名转隶干部如何融合"，载新浪新闻：https://news.sina.com.cn/o/20180417/docifyuwqfa2733403.shtml，访问日期：2019 年 2 月 18 日。

表 8-1 中央纪委国家监委有关学习要求汇总

时期	会议	日期	文件	文号
改革开放初期（1978 年 12 月～1989 年 6 月）	十三大（1987 年 10 月～1992 年 10 月）	1989 年	《关于认真贯彻十三届四中全会精神努力推进行政监察工作的通知》	监发〔1989〕17 号
		1992 年 3 月 13 日	《中共中央纪委关于认真学习、贯彻邓小平同志〈谈话要点〉和中央政治局会议精神的通知》	不详
		1992 年 5 月 7 日	《关于认真学习邓小平同志谈话精神把监察工作不断推向前进（部分监察厅厅长、局长座谈会纪要）》	不详
	十四大（1992 年 10 月～1997 年 9 月）	1992 年 10 月 24 日	《中共中央纪委监察部关于认真学习贯彻党的十四大精神的通知》	中纪发〔1992〕6 号
		1993 年 11 月 8 日	《中共中央纪委组织纪检监察干部认真学习〈邓小平文选〉第三卷的通知》	不详
		1995 年 10 月 11 日	《中共中央纪委监察部关于深入学习贯彻党的十四届五中全会精神的通知》	不详
十三届四中全会至十五大时期（1989 年 6 月～2002 年 11 月）	十五大（1997 年 9 月～2002 年 11 月）	1997 年 9 月 25 日	《中共中央纪委监察部关于认真学习贯彻党的十五大精神的通知》	中纪发〔1997〕6 号
		2000 年 5 月 22 日	《中共中央纪委监察部关于深入学习贯彻江泽民同志"三个代表"重要思想的通知》	中纪发〔2000〕5 号
		2001 年 7 月 4 日	《中共中央纪委监察部关于深入学习贯彻江泽民同志在庆祝中国共产党成立 80 周年大会上的讲话的通知》	中纪发〔2001〕10 号

续表

时期	会议	日期	文件	文号
十六大至十七大时期（2002 年 11 月 ~ 2012 年 11 月）	十六大（2002 年 11 月 ~ 2007 年 10 月）	2002 年 11 月 20 日	《中共中央纪委监察部关于认真学习贯彻党的十六大精神的通知》	中纪发〔2002〕10 号
		2003 年 6 月 20 日	《中共中央纪委监察部关于在全国纪检监察系统兴起学习贯彻"三个代表"重要思想新高潮的通知》	中纪发〔2003〕12 号
		2003 年 9 月 27 日	《中共中央纪委监察部关于学习贯彻党风廉政建设和反腐败斗争〈江泽民同志论党风廉政建设和反腐败斗争〉通知》	中纪发〔2003〕20 号
		2004 年 9 月 28 日	《中共中央纪委监察部关于认真学习贯彻党的十六届四中全会精神的通知》	中纪发〔2004〕19 号
		2006 年 1 月 8 日	《中共中央纪委监察部关于〈认真学习贯彻胡锦涛同志在中央纪委第六次全会上的重要讲话〉的通知》	中纪发〔2006〕1 号
		2006 年 3 月 17 日	《中共中央纪委监察部关于认真学习贯彻胡锦涛同志重要讲话深入开展社会主义荣辱观教育的通知》	中纪发〔2006〕7 号
	十七大（2007 年 10 月 ~ 2012 年 11 月）	2007 年 10 月 25 日	《中共中央纪委监察部关于认真学习贯彻党的十七大精神的通知》	中纪发〔2007〕18 号

续表

时期	会议	日期	文件	文号
十八大以来（2012年11月至今）	十八大（2012年11月~2017年10月）	2012年11月26日	《关于纪检监察机关认真学习贯彻党的十八大精神的通知》	中纪发[2012] 23号
		2017年11月3日	《关于纪检监察系统认真学习贯彻党的十九大精神的通知》	中纪发[2017] 23号
	十九大（2017年10月至今）	2018年1月15日	《关于纪检监察系统认真学习贯彻习近平总书记在十九届中央纪委二次全会上重要讲话精神的通知》	中纪发[2018] 1号
		2019年1月15日	《关于纪检监察系统认真学习贯彻习近平总书记在十九届中央纪委三次全会上重要讲话精神的通知》	中纪发[2019] 1号
		2019年3月6日	《关于认真学习贯彻习近平总书记关于深化国家监察体制改革重要讲话精神的通知》	中纪发[2019] 3号
		2019年3月6日	《关于认真学习贯彻习近平总书记在中青年干部培训班上重要讲话精神的通知》	中纪国监发[2019] 4号
		……	……	……

四、纪检监察干部教育培训制度运行基于物质载体与理论载体

纪检监察干部教育培训制度的有效运行主要基于物质载体和理论载体两个方面的保障。[1] 一方面，中央纪委国家监委将纪检监察干部强制性纳入物质载体——中国纪检监察学院接受教育培训；另一方面，党的理论体系和纪检监察理论为纪检监察干部教育培训提供了强化意识形态、提升履职能力的理论载体。纪检监察干部教育培训的物质载体、理论载体两方面的发展都呈现出系统化、正规化的趋势。

物质载体的主要表现形式是干部教育培训机构。党校系统是中国共产党进行政治精英再生产，推动政党不断发展的重要工具。中国纪检监察学院作为直属党校被纳入中央纪委国家监委组织架构中，地方纪检监察机关也建设有相关机构负责干部教育培训工作。

理论载体的主要表现形式有两个方面：一是关于共产主义的系列理论；二是纪检监察的相关理论。前者是为了强化纪检监察干部的意识形态，后者是为了提升纪检监察干部的履职能力。理论载体以课程的方式，体现在纪检监察干部教育培训过程中。一方面，"中国共产党是一个高度集权的强意识形态政党，中共干部教育培训的首要目的是政治性的"。[2] "客观上党的意识形态必须是一整套'学说的'"[3] 理论体系；主观上党在思想上高度重视并在行为上高度依赖意识形态的指导。纪检监察机关是政治机关的定位，决定了强化意识形态是纪检监察干部教育培训的首要目标。另一方面，各个时期纪检监察中心工作根据党风廉政建设和反腐败斗争形势不断调整，这就要求纪检监察干部与时俱进，不断提升履职能力，以适应形势发展，开创工作新局面。

---

〔1〕 关于干部教育培训需要基于物质载体和理论载体，刘彦虎博士、王伟博士也持类似观点。具体可参见刘彦虎："政治精英再生产与政党发展——中国共产党党校研究"，复旦大学 2011 年博士学位论文；王伟："政治精英培养与政党能力建设——中国共产党干部培训制度研究"，中共中央党校 2014 年博士学位论文。

〔2〕 俞可平："中共的干部教育与国家治理"，载《中共浙江省委党校学报》2014 年第 3 期。

〔3〕 陈明明："危机与调适性变革：反思主流意识形态"，载《经济社会体制比较》2010 年第 6 期。

第二节　纪检监察干部教育培训制度变迁的规律

一、制度变迁是政党主导的强制性变迁

纪检监察干部教育培训制度的变迁是由中央纪委（政党）主导的、自上而下的"强制性制度变迁"。诺斯认为，当现行制度的供需基本均衡时，制度是稳定的；当供需失衡时，则会产生制度变迁。在供需失衡的情势下，中央纪委（政党）必然会推动制度变迁。

改革开放 40 多年来，中国发生了深刻变革，实现了空前发展。中国经济实现了由计划经济向市场经济的转轨，与经济转轨和高速发展相伴随，产生了大量的腐败现象。这些腐败的产生与蔓延严重影响了社会稳定和中国共产党执政的合法性。党中央始终对此高度重视，并作出重要制度安排，设立纪检监察机关加强党风廉政建设，领导反腐败斗争。各个时期的党风廉政建设和反腐败斗争形势的发展及纪检监察体制改革，不断对纪检监察工作提出新的更高的要求。在这一前提下，中央纪委必须通过干部教育培训加强自身建设，从而满足党风廉政建设和反腐败斗争的形势任务对纪检监察人力资源的需求，将纪检监察干部教育培训纳入纪检监察机关自身建设逻辑中去思考，纳入纪检监察干部队伍代际更替逻辑中去规划。因此，纪检监察干部教育培训制度是作为一种正式的政治制度嵌入纪检监察体制当中的。在中国的政治体制下，这种由政党主导的、自上而下的"强制性制度变迁"反映了中国共产党对于加强自身建设的内在自觉。

二、制度变迁呈现间断平衡性

纪检监察干部教育培训制度变迁呈现出明显的间断平衡性特征（Punctuated Equilibrium）。诺斯的研究主要集中于那些连续的、渐进的制度变迁。然而，并非所有的制度变迁都会呈现出这种平顺的、连续的、渐进的规律特征。尽管纪检监察干部教育培训制度变迁的内在逻辑是连续的，但在某些历史"关键时刻"[1]，制度会因为内外部的影响而出现阶跃或断裂式的变化。间断

---

[1]　杨光斌认为制度变迁中有常规时刻和关键时刻之分，而常规的制度变迁样式都是由关键时刻所确立的制度而决定的。参见杨光斌："诺斯制度变迁理论的贡献与问题"，载《华中师范大学学报（人文社会科学版）》2007 年第 3 期。

平衡理论最初是古生物学研究中提出的一个进化学说[1]，该理论认为"长时间的只有微小变化的稳定或平衡被短时间内发生的大变化所打断，也就是说，长期的微进化之后出现快速的大进化，渐变式的微进化与跃变式的大进化交替出现。"[2] 鲍姆加特纳（Baumgartner）和琼斯（Jones）首先将间断平衡理论应用在社会科学研究领域。在其研究中主要用来描述美国利益集团对重要政策领域长期支配的稳定性以及特定利益集团斗争失败导致政治结果的快速变迁。[3]"历史制度主义对制度变迁的解释最初来自克拉斯纳（Krasner）提出的断裂均衡模型。"[4]"奥伦（Orren）和斯科隆内克（Skowronek）关注制度变迁的内部因素、制度形成的异步性、制度渐变的可能性等，对断裂均衡理论的局限性进行了弥补。"[5] 历史制度主义研究制度与环境的关系、制度与观念的关系、正式和非正式制度的均衡，使用路径依赖及锁定和制度的存续与断裂等框架，[6] 对制度变迁中的特性加以分析。纪检监察干部教育培训制度变迁的间断平衡性主要受到两个方面的影响。

（一）体制变迁

纪检监察干部教育培训制度变迁与纪检监察体制变迁相适应。纪检监察干部教育培训制度是纪检监察制度的组成部分，因此，其变迁直接受到纪检监察体制变迁的影响。

---

〔1〕 关于生物进化的突变理论。1972 年由古尔德（Stephen Jay Gould, 1941-2002）和埃尔德里奇（Niles Eldredge, 1943-）在《间断平衡：代替种系发生渐进主义》中提出。强调生物的进化是渐变与突变、连续与间断的统一。参见大辞海编辑委员会：《大辞海（哲学）》，上海辞书出版社，2009 年版，第 737 页。

〔2〕 谢平：《从生态学透视生命系统的设计、运作与演化——生态、遗传和进化通过生殖的融合》，科学出版社 2013 年版，第 333 页。

〔3〕 Frank R. Baumgartner, Bryan D. Jones, *Agendas and Instability in American Politics*, Chicago：University of Chicago Press, 1993.

〔4〕 Stephen D. Krasner, "Approaches to the State Alternative Conceptions and Historical Dynamics", *Comparative Politics*, 2 (1984), 223~246; Stephen D. Krasner, "Sovereignty: An Institutional Perspective", *Comparative Political Studies*, 1 (1988), 66~94.

〔5〕 Karen Orren and Stephen Skowronek, "Beyond the Iconography of Order: Notes for 'New Institutionalism'", in Lawrence C. Dodd and Calvin Jillson, ed., *The Dynamics of American Politics: Approaches and Interpretations*, Boulder, CO: Westview, 1994, pp. 311~330.

〔6〕 Karen Orren, Stephen Skowronek, "Institutions and Intercurrence Theory Building in the Fullness of Time", in Ian Shapiro and Russell Hardin, ed., *Political Order*: Nomos XXXVIII, New York: New York University Press, 1996, pp. 111~146.

（二）形势变化

纪检监察干部教育培训制度变迁与党风廉政建设和反腐败斗争形势的发展相适应。改革开放以来，党风廉政建设和反腐败斗争形势不断变化，因而纪检监察中心工作也随之调整。纪检监察干部教育培训始终紧紧围绕纪检监察中心工作，服务于党风廉政建设和反腐败斗争大局。党风廉政建设和反腐败斗争形势与纪检监察干部教育培训制度之间存在高度协调的互动关系，这种关系是前者决定后者，后者主动协调前者。

三、制度变迁与纪检监察体制变迁相适应

改革开放40多年来，纪检监察体制始终处于动态调整中。从重建初期的"党政分开"到"党政合署"，再到新时代的"全面融合"[1]，在反腐败工作领导体制变迁过程中，诸多机构先后复建、成立、合并、调整、重组，但中央纪委始终保持相对稳定。党中央通过历次改革，把诸多反腐败机构渐次统合为一，强化党对反腐败工作的集中统一领导，牢牢掌握反腐败斗争的领导权。组织机构和工作体制的调整，对纪检监察干部教育培训制度产生了直接而深刻的影响。

第一，机构建设方面。历经40多年发展，纪检监察干部教育培训机构从无到有，如今已经在各级各地纪检监察机关逐步建立起来。在中央纪委国家监委层面，机构布局经历了从两中心（北戴河中心、北京中心）、三中心（北戴河中心、北京中心、杭州中心）、一院两中心（中国纪检监察学院、北戴河中心、杭州中心），到一院一区（中国纪检监察学院、北戴河校区）的变迁历程。

第二，领导管理体制方面。干部教育培训工作的主管（指导）部门经历了从中央纪委宣教室到中央纪委干部室再到中央纪委组织部的调整过程。

第三，政策方面。从首次制定《1994年-1998年纪检监察干部培训规划》开始，中央纪委、原监察部在各个时期都根据实际需要，制定各种政策指导纪检监察干部教育培训工作有序开展。

---

〔1〕 张弛："监察体制改革看进展之二——实现全面融合和战略性重塑"，载中央纪委国家监委网站：http://www.ccdi.gov.cn/toutiao/201903/t20190307_190049.html，访问日期：2019年3月25日。

四、制度变迁与党风廉政建设和反腐败斗争形势相适应

历史制度主义认为制度变迁存在两种状态：制度存续的"正常期"、制度断裂的"关键时刻"。"关键时刻不是指瞬间发生的事件，而是一段相对较短的期间，当时行动者所作的选择对于后续的结果具有较强的决定性。"[1] 正如经济学理论认为市场存在多样化的均衡，政治制度也是如此，同样存在可以维持的正常期，以及可能发生变革的关键点。改革开放以来，国家确立了以经济建设为中心的发展路线，开始由计划经济转向市场经济。随着经济转轨，原有的制度均衡被打破，腐败现象也随之滋生。腐败既是制度断裂的表现，也会造成社会断裂、价值断裂等多重风险。"我们党作为执政党，面临的最大威胁就是腐败。"[2] 中国共产党是领导反腐败斗争的核心力量，始终将加强党风廉政建设和反腐败斗争放在重要位置，并建立起一整套反腐败制度体系。进入新时代以来，以习近平同志为核心的党中央，面对依然严峻复杂的反腐败斗争形势，不断将党风廉政建设和反腐败斗争引向深入，夺取并巩固发展反腐败斗争压倒性胜利。

评价制度的标准是制度的适应性（Adaptibility）——应对快速变化外部环境的自我调适。政党的适应性要求政党通过干部教育培训实现政治精英再生产，以不断地适应新形势，推动政党发展。纪检监察干部教育培训制度变迁是对党风廉政建设和反腐败斗争形势变化的应激反应，是政党适应性的具体表现。多年以来，纪检监察干部教育培训工作不断适应党风廉政建设和反腐败斗争形势发展，切实提高纪检监察干部的"政治觉悟和政治能力"[3]，加强履职尽责能力，为巩固发展反腐败斗争压倒性胜利提供了坚强的人才保障。

---

〔1〕 Giovanni Capoccia, R. Daniel Kelemen, "The Study of Critical Junctures: Theory, Narrative, and Counterfactuals in Historical Institutionalism", *World Politics*, 3（2007）: 341~369.

〔2〕 习近平：《在庆祝中国共产党成立 95 周年大会上的讲话》（2016 年 7 月 1 日）。

〔3〕 党的十九大报告要求："不断提高政治觉悟和政治能力。"《2018-2022 年全国干部教育培训规划》："……（一）指导思想 ……把提高政治觉悟、政治能力贯穿全过程……"

第九章 问题、建议与探讨

第一节 问 题

一、政策时效不明连续性不佳

考察表明，纪检监察干部教育培训政策存在：时效不明确，连续性不佳等问题（见表9-1），具体表现在几个方面。

（一）有关指导性文件时效不明

1989年制定的《监察部关于加强行政监察干部培训工作的意见》对时效未作出明确规定。2004年制定的《关于进一步做好纪检监察干部教育培训工作的意见》中提到"到2007年，把纪检监察干部轮训一遍"。这一时间规划基本与本届纪委任期相同，但对该文件的时效未作出进一步明确规定。2010年制定的《关于进一步加强和改进纪检监察干部队伍建设的若干意见》对时效未作出明确规定。在没有明确规定文件有效期的情况下，只能根据一般规律，按照文件有效期与本届纪委任期相同来理解并执行。2013年至今，没有再制定新的指导意见。

（二）有关规划连续性不佳

《1994年-1998年纪检监察干部培训规划》《2001年-2005年全国纪检监察干部教育培训规划》《2009-2013年全国纪检监察干部教育培训工作规划》之间均出现了不规则的空档。2013年后没有再制定相关规划。

表 9-1 纪检监察干部教育培训规划相关文件

时期	会议	日期	文件	文号
改革开放初期（1978 年 12 月～1989 年 6 月）	十二大（1982 年 9 月～1987 年 10 月）	1987 年 2 月 18 日	《中共中央纪律检查委员会关于纪检干部培训工作的规划（试行）》	不详
十三届四中全会至十五大时期（1989 年 6 月～2002 年 11 月）	十三大（1987 年 10 月～1992 年 10 月）	1989 年 8 月 30 日	《监察部关于加强行政监察干部培训工作的意见》	监发〔1989〕23 号
		1991 年 8 月 26 日	《全国监察干部岗位培训规划》	监发〔1991〕8 号
	十四大（1992 年 10 月～1997 年 9 月）	1994 年	《1994 年－1998 年纪检监察干部培训规划》	不详
		2001 年 9 月 30 日	《2001 年－2005 年全国纪检监察干部教育培训规划》	中纪发〔2001〕16 号
十六大至十七大时期（2002 年 11 月～2012 年 11 月）	十六大（2002 年 11 月～2007 年 10 月）	2004 年 8 月 30 日	《关于进一步做好纪检监察干部教育培训工作的意见》	中纪发〔2004〕17 号
十六大至十七大时期（2002 年 11 月～2012 年 11 月）	十七大（2007 年 10 月～2012 年 11 月）	2009 年 12 月 9 日	《2009－2013 年全国纪检监察干部教育培训工作规划》	中纪发〔2009〕25 号
		2010 年 4 月 19 日	《关于进一步加强和改进纪检监察干部队伍建设的若干意见》	中纪发〔2010〕19 号
十八大以来（2012 年 11 月至今）	十八大（2012 年 11 月～2017 年 10 月）	2015 年	《中央纪委监察部 2015 年培训计划》	无
		2016 年	《中央纪委监察部 2016 年培训计划》	无

时期	会议	日期	文件	文号
十九大 （2017 年 10 月至今）		2017 年	《中央纪委监察部 2017 年培训计划》	无
		2018 年	《中央纪委监察部 2018 年培训计划》	无
		2019 年	《中央纪委国家监委 2019 年培训计划》	中纪国监组 〔2019〕121 号

二、发展战略缺失

战略（Strategy）是用来开发一个组织的核心竞争力、获取竞争优势的一系列综合的、协调的约定和行动。对于市场主体来讲，制定科学的发展战略并在其指引下开展行动，以确保组织在激烈的市场竞争中胜出，具有重要的现实意义。然而，纪检监察干部教育培训机构作为一种非市场化主体长期以来在一种高度计划性的体制下运行，生存在一个高度垄断、没有外部竞争压力的市场环境中。正因如此，纪检监察干部教育培训机构既没有制定发展战略，也没有相关意识。当前，战略缺失的主要表现为：

第一，过度追求短期利益。组织缺乏战略往往会导致执行者在行动中追求短期利益最大化，不顾组织的长远发展。执行者热衷于投入那些立竿见影、"短平快"的工作，而不愿意去做那些需要下功夫、费力气，但对组织发展很重要的基础性工作。

第二，定位漂移。多年来，学院在自身定位上始终处于漂移状态。从学院设立之初提出的"三个基地、两个中心"[1]，到"是纪检监察干部教育培训的基地，党的纪律建设研究交流的平台"[2]，到"是纪检监察系统的党校，

---

[1]《关于中国纪检监察学院建设总体方案》（2008 年 7 月 9 日中央纪委书记办公会议通过）：经过较长时期的艰苦努力，把学院建设成为纪检监察专业人才的培养基地，纪检监察学科的建设基地，党政领导干部的廉政教育基地，反腐倡廉建设理论与实践研究中心，反腐败国际交流与合作中心。

[2]《关于学院下一步工作设想的汇报》（2015 年 6 月 23 日）：……是纪检监察干部教育培训的基地，党的纪律建设研究交流的平台。《关于学院情况的汇报》（2015 年 12 月 7 日）：……是教育培训纪检监察干部的基地，研究交流反腐败工作的平台。

党校中的纪检监察专业学校"[1]，到"是中央纪委的党校，培养培训纪检监察干部的高级学院"[2]，再到"党在纪检监察领域特色鲜明的党校，是党培养培训纪检监察干部的高级学院"以及"五个重要"。[3] 对此，赵乐际同志在中国纪检监察学院调研时指出："（学院要）找准办学定位。"[4] 杨晓渡同志也反复强调了学院找准自身定位的重要性。

第三，把计划当战略。"计划和战略虽然都面向未来，但两者有根本不同。计划是对于未来活动的具体安排，详细规定每一时期的具体工作。战略则表现为一种观念和思想，它确定组织的现有的方位，探索未来的发展方向和可能性。"[5] 中国纪检监察学院年年制定工作计划，但工作计划只是对上级指示精神和任务的简单分解。工作计划以年度为单位，且前后缺少必要的整体性联系，只能起到明确工作分工的基本作用，无法形成"连续的、一致的、集中的行动"。[6] 由此可见，发展战略的缺失在相当程度上制约了纪检监察干部教育培训的科学、健康、可持续发展。

三、政策评估机制缺失

"实践证明，规范、科学的政策评估不仅是政策过程的关键一环，而且也是迈向高质量政府决策的必由之路。"[7] 早在《2009-2013 年全国纪检监察干部教育培训工作规划》中就有"建立健全培训质量评估和考核激励机制建立健全教育培训质量评估机制"的相关规定。[8] 习近平同志《在全国党校

---

〔1〕《杨晓渡同志在与学院领导班子成员见面会上的讲话》（2015 年 8 月 21 日）。

〔2〕中国纪检监察学院：《关于落实赵乐际同志指示精神推动学院创新发展的工作思路》（2018年 1 月 13 日）。

〔3〕中国纪检监察学院：《关于学院工作思路的汇报》（2019 年 4 月 10 日）。

〔4〕中共中央纪委办公厅：《落实赵乐际同志在巡视办、学院调研讲话精神任务清单和责任分解意见》（2017 年 12 月 28 日）。

〔5〕曹智学："中小企业战略管理的几种模式"，载《中国集体经济》2010 年第 12 期。

〔6〕刘学：《战略——从思维到行动》，北京大学出版社 2012 年版，第 8 页。

〔7〕负杰、杨诚虎：《公共政策评估：理论与方法》，中国社会科学出版社 2006 年版，第 7 页。

〔8〕（三）建立健全培训质量评估和考核激励机制 建立健全教育培训质量评估机制。按照以评促改、以评促建的原则，稳步推进纪检监察干部教育培训机构教学质量评估工作。纪检监察干部教育培训主管部门要制定切实可行的评估办法和评估指标体系，开展对教育培训机构的评估。充分运用评估结果，对培训机构的建设与发展提出指导性意见，培训机构应当根据评估结果，积极改进干部教育培训工作。建立健全考核激励机制。坚持客观公正、突出重点、重在激励、务求实效的原则，加强对干部教育培训情况的考核。健全干部教育培训主管部门与干部管理部门沟通协调机制，把干部教育培训

工作会议上的讲话》中强调："要建立健全质量评估评价体系，定期对各级党校办学水平进行评估和考核，促进党校系统办学水平整体提高。"[1]除了针对授课情况的评估外，关于纪检监察干部教育培训政策的评价机制并未建立。纪检监察干部教育培训政策作为一种定向政策，同样面临资源分配以及投入产出等公共政策所涉及的基本问题。在政策实践中，政策评估的缺失，已经造成一定程度的资源浪费以及运转无效率。由此可见，政策评估的缺失在很大程度上制约了纪检监察干部教育培训制度的科学化发展。

四、课程设置专业性不足

当前纪检监察干部参加培训的主要方式是组织调训，即按照组织的需要、干部履职的岗位需要对干部进行教育培训。课程体系基本上还是以工作导向进行设计，而非以胜任力为导向的思路。从当前的纪检监察干部教育培训课程来看，课程高度强调政治优先，专业性有所不足。[2]

造成问题的原因主要有几个方面：一是纪检监察干部教育培训机构在进行课程安排时，为突出政治，倾向于设置政治性课程；[3]二是为适应不断发展的党风廉政建设和反腐败斗争新形势，组织部门有意加强政治性课程的比重；三是当前我国纪检监察官员没有硬性的任职资格和胜任标准。一般来讲，在干部教育培训工作中是需求决定供给，只有标准明确才能进行有针对性的课程设置。纪检监察官员的任职资格和胜任标准从某种意义上决定了纪检监察

(接上页) 作为培养干部、发现干部、考察干部的重要渠道，干部参加教育培训期间的学习表现、考核成绩等情况，要记入培训档案，作为干部任职、晋升的重要依据。探索建立领导干部学习积分考核制度，不断完善干部教育培训的考核激励机制。

〔1〕习近平：《在全国党校工作会议上的讲话》（2015 年 12 月 11 日）。

〔2〕过勇："完善中国反腐败体制和机制的几点建议"，载《经济社会体制比较》2010 年第 4 期。根据中国纪检监察学院教务部学员意见汇总，具体内容参见中国纪检监察学院教学质量监控与评估报告，反映大量来自纪检监察工作一线的干部希望来院期间能够学到更多对于实务工作有直接指导意义的课程。

〔3〕《2018-2022 年全国干部教育培训规划》（2018 年 11 月）："一、总体要求 （三）重要指标 3. 中央党校（国家行政学院）和省、市两级党校（行政学院）教学安排中，以习近平新时代中国特色社会主义思想课程为主，理论教育和党性教育的比重不低于总课时的 70%。各级党校（行政学院）、干部学院的主体班次都要设置党性教育课程，1 个月以上的班次要安排学员进行党性分析，确保党性教育课程不低于总课时的 20%。"由此可见，突出政治性课程的设置既是适应时代的需求，也是对上位规划的响应。

干部最根本的教育培训需求，进而影响课程供给。

五、在线教育培训规划不足

21 世纪以来，在线教育在我国干部教育培训领域已经得到广泛应用。中央有关部门很早就意识到在线教育的价值和重要意义，并在有关规划中对此进行规定（见表 9-2）。从当前的实践来看，各级干部教育培训机构都有发展在线教育的远景规划和实际举措。信息技术与干部教育培训行业的深度融合，已经催生出行业新形态、新模式。2015 年，"中央纪委网站客户端"[1] 上线，客户端不但能够提供"严肃、准确、及时、权威"的资讯，还能够提供大量优质的学习资源，因而受到广大纪检监察干部的普遍欢迎。2019 年 1 月，"学习强国"[2] 一经上线，立即成为广大党员干部群众学习的新工具、新方式。其普及之快、影响之大、日活跃人数之多、黏性之强的特点使其当之无愧地成为当前最热门的泛在式学习方式。然而，纪检监察系统目前尚未制定在线教育培训规划。

表 9-2　干部教育培训信息化建设有关要求

文件	有关要求
《2009 - 2013 年全国纪检监察干部教育培训工作规划》（中纪发〔2009〕25 号）（2009 年 12 月 9 日）	二、主要内容和重点任务 （二）重点任务 　　基层纪检监察干部培训。着眼于把反腐倡廉建设的决策部署落实到基层，紧贴实际、注重实效，采取脱产培训、在职自学、远程教育、网络培训等措施，实现培训资源向基层倾斜，加大基层干部培训力度。…… 三、工作措施 （一）创新培训方式方法 　　创新培训手段。充分发挥现代信息技术的作用，广泛运用广播、电视等载体开展培训，大力推广网络培训、远程教育和在线学习，提

[1]　"中央纪委网站客户端"由中央纪委网络中心负责运营，中央纪委宣传部进行管理。目前已经形成了"一网一端一微"的格局。目前，"客户端"除了推送"要闻""党风""审查调查""巡视巡察"等资讯内容，还开设有"访谈""观点""图说""阅微""专题"等栏目。

[2]　"学习强国"由中共中央宣传部开发，是采用 PC 端+手机客户端二合一模式的学习平台，主要内容是深入学习习近平新时代中国特色社会主义思想，2019 年 1 月 1 日上线。目前，"学习强国"有 23 个学习频道，15 个视频频道。

续表

文件	有关要求
《2009 - 2013年全国纪检监察干部教育培训工作规划》(中纪发〔2009〕25号)(2009年12月9日)	高培训的覆盖面和资源利用率。整合干部教育培训网络资源,逐步建立开放、兼容的全国纪检监察干部教育培训网络平台。充分利用纪检监察电化教育的优势,加强电教片、远程教育课件等现代教学资源的开发和应用。组织纪检监察干部结合本职工作,开展多种形式的在职自学活动。鼓励和支持纪检监察干部特别是年轻干部利用业余时间,通过在职进修、自学、函授等多种途径接受学历教育,进一步改善纪检监察干部队伍知识结构。积极推行干部自主选学,逐步实施菜单式选学、模块化培训,在学习内容、时间、途径上,为干部提供更多的选择。……
《2010 - 2020年干部教育培训改革纲要》(中办发〔2010〕18号)(2010年8月17日)	二、改革的指导思想、基本原则和主要目标 6. 主要目标 ………… 形成党校、行政学院、干部学院主渠道作用充分发挥,高等学校和其他培训机构积极参与,网络培训广泛运用,开放竞争、优势互补、充满活力的办学体制。 ………… 三、办学体制改革 10. 加快建设干部教育培训网络平台。适应现代信息技术迅猛发展的新形势,加强网络培训基础设施建设,规范干部网络培训管理,更好地满足干部多样化的学习需求。整合现有网络培训资源,建立开放、兼容、共享的全国干部教育培训网络,到2012年基本建成功能完备、资源共享、规范高效的干部网络培训体系。
《干部教育培训工作条例》(2015年10月14日)	第五章 教育培训方式方法 第二十四条 干部教育培训以脱产培训、党委(党组)中心组学习、网络培训、在职自学等方式进行。 第二十七条 充分运用现代信息技术,完善网络培训制度,建立兼容、开放、共享、规范的干部网络培训体系。提高干部教育培训教学和管理信息化水平,用好大数据、"互联网+"等技术手段。
《2018 - 2022年全国干部教育培训规划》(2018年11月1日)	五、建强培训保障体系 (四)培训方式方法创新。……鼓励和支持干部运用网络培训、专题讲座等形式开展各方面基础性知识学习。 (五)干部教育培训和互联网融合发展。统筹整合网络培训资源,建设兼容、开放、共享、规范的全国干部网络培训体系。加强网络培训标准建设,2020年前形成较为完善的干部网络培训标准体系,2022年前实现各类各级干部网络培训平台资源共建共享、数据互联互通。积极探索适应信息化发展趋势的网络培训有效方式,推行线上线下相结合的培训模式。加强中国干部网络学院及其分院建设,建设在线学

续表

文件	有关要求
	习精品课程库，迭代开发移动学习平台。严把网络培训的政治关、质量关、纪律关。加快干部教育培训机构"智慧校园"建设。完善干部教育培训信息管理系统，建立全国统一、分级管理的干部教育培训电子档案信息系统。

说明：《2009—2013 年全国纪检监察干部教育培训工作规划》（中纪发〔2009〕25 号）已失效，目前没有制定后续规划。

第二节 建 议

一、提高政策质量

"政策和策略是党的生命。"[1] 政策体现实践主体的意志、愿望和目的，也是开展行动的指南，关系实践活动的成败。正如毛泽东同志所指出的："人们的实践，特别是革命政党和革命群众的实践，没有不同这种或那种政策相联系的。"[2] 要实现纪检监察干部教育培训工作的健康、科学、可持续发展，同样需要高质量政策的指导。但问题在于以下几点：

第一，在差序格局中，学院无法独立建构秩序。纪检监察干部教育培训工作在纪检监察体系中处于次要地位；纪检监察干部教育培训机构作为附随机构处于差序格局边缘。秩序链条末端的中国纪检监察学院只能单向地被动接受上游秩序输入，无法主动进行秩序创造。

第二，学院不具有建构秩序的法理依据。在现行体制下，中央纪委组织部"负责归口管理中国纪检监察学院、中国纪检监察学院（北戴河校

---

〔1〕《关于情况的通报》（1948 年 3 月 20 日）："只有党的政策和策略全部走上正轨，中国革命才有胜利的可能。政策和策略是党的生命，各级领导同志务必充分注意，万万不可粗心大意。"参见《毛泽东选集》（第 4 卷），人民出版社 1991 年版，第 1298 页。

〔2〕《关于工商业政策》（1948 年 2 月 27 日）："人们的实践，特别是革命政党和革命群众的实践，没有不同这种或那种政策相联系的。因此，在每一行动之前，必须向党员和群众讲明我们按情况规定的政策。否则，党员和群众就会脱离我们政策的领导而盲目行动，执行错误的政策。"参见《毛泽东选集》（第 4 卷），人民出版社 1991 年版，第 1286 页。

区）"〔1〕，并组织和指导纪检监察全系统的干部教育培训工作。〔2〕中国纪检监察学院的主要职责是："承担纪检监察系统领导干部、业务骨干及新录用（调入）人员的培训工作；开展党政领导干部廉洁从政教育；配合有关方面做好纪检监察学科建设的相关工作；承担有关学术研究、国际学术交流与合作、国（境）外委托培训任务；承办中央纪委监察部交办的其他工作。"〔3〕中央编办文件规定清楚地表明，在现行体制下，中央纪委组织部是纪检监察干部教育培训工作的管理机构，具备秩序建构功能；而学院是一个纯粹的执行机构。

因此，处于结构核心和秩序链条上游的部门需要更加主动地承担起有关职能，进一步加强制度建设，提高纪检监察干部教育培训政策质量。

二、制定学院发展战略

战略管理的目标是以一种能够为组织带来竞争优势的方式来配置和使用这些资源。组织为达成愿景，需要展开"连续的、一致的、集中的行动"〔4〕。制定战略需要在组织里面建立起一致性认知。稳定的政策导向会使组织的投入能够持续、同向和聚焦。战略建立后，组织的某些局部会亏损，但整体会受益；组织在短期内可能不够灵活，但却会因为持续建设和长期定向积累而获得长效利好。这是战略在实际运作过程中最大的价值。

中国纪检监察学院要实现科学发展、"内涵增长"〔5〕，就必须制定切合实际的发展战略，实施"全局性的战略管理"〔6〕，并展开"连续的、一致的、集中的行动"。要制定科学的发展战略，就需要对学院当前及今后所处的环境、资源、能力等因素进行系统的分析。长期以来，国内外一直在对教育机

〔1〕《中央纪委书记办公会纪要》（十八届）第 88 次。

〔2〕《中共中央办公厅关于印发〈中共中央纪律检查委员会、中华人民共和国监察委员会机关职能配置、内设机构和人员编制规定〉的通知》（厅字〔2018〕25 号）（2018 年 5 月 26 日）第 4 条规定："中央纪委国家监委机关设下列内设机构：（二）组织部……组织和指导纪检监察系统干部教育培训工作。"

〔3〕《关于中国纪检监察学院机构编制的批复》（中央编办复字〔2008〕107 号）。

〔4〕刘学：《战略——从思维到行动》，北京大学出版社 2009 年版，第 8 页。

〔5〕2013 年 3 月 25 日，王岐山在听取中国纪检监察学院工作汇报后的谈话要点中指出学院要注重"内涵增长"。

〔6〕参见林健在清华大学教育研究院"大学战略管理"课程的讲稿，2015 年 8 月 25 日。

构发展战略进行研究，也产生了相当多的研究成果。但由于组织性质的不同，这些方法与经验很难在中国纪检监察学院完全适用。因此，以制定发展战略为契机，进行分析研究而取得的成果，不但对于学院自身发展建设具有积极意义，对于本系统的干部教育培训机构也有重要参考价值。

三、建立政策评估机制

政策评估是政策过程的重要环节。一项纪检监察干部教育培训政策规定的有效期一般为 4 年至 5 年，实际则往往更长。在如此长的政策周期中，政策执行难免发生偏离或误差。通过政策评估，一方面，可以及时有效地发现并修正误差，确保政策预期效果得以达成；另一方面，可以验证政策效果、效益，为下一个政策周期的政策制定提供重要的依据，有效提升决策质量。总而言之，政策评估既是查错纠偏的有效手段，也是合理有效配置资源的重要手段。因此，若要进一步提升纪检监察干部教育培训政策的科学化水平，政策评估不可或缺。

四、建立纵向一体化项目制管理模式

当前，学院在教育培训项目的实施和管理过程中采用的是以职能部门为本位、分段管理的模式。由教务部负责上游：制定计划、下达通知、召开协调会等工作。培训部负责下游：学员报名到学员入学后的管理工作，直至学员结业。教研部负责中间一段：编制课表。纪检监察干部教育培训工作流程见图 9-1。一方面组织要维持结构的相对稳定；另一方面组织的发展需要结构有所变化，为提升效率服务。组织结构解决的是权责匹配的问题，因此组织结构应该依靠责任而非权力来进行设定。长期以来，基于现行组织结构的培训管理模式存在的问题已影响到教育培训的质量与效率。

学院应优化工作逻辑，重构工作流程，建立起能够综合协调需求、调研、项目规划、课程设计、教师、学员、后勤保障，贯穿教育培训全流程的纵向一体化项目制管理模式。

纵向一体化项目制管理模式是在不改变现有部门架构（刚性结构）的前提下实施的一种工作管理模式（柔性结构）。纵向一体化项目制管理模式也算不上什么创新。因为当前培训部所承担的工作几乎已经贯穿了培训流程的始

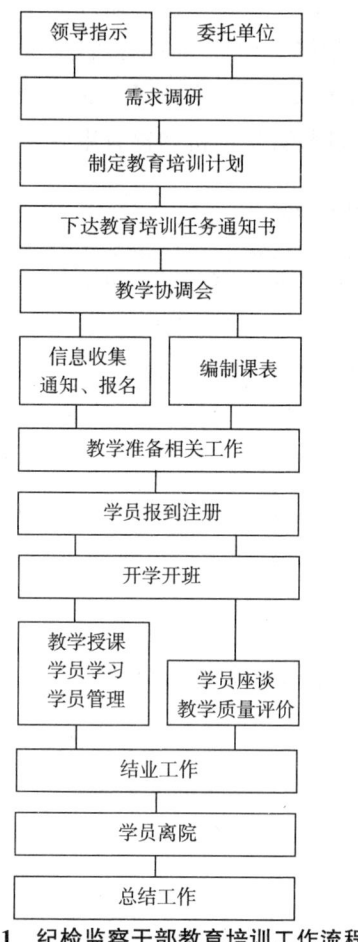

图 9-1　纪检监察干部教育培训工作流程

终，只是中间个别环节发生了梗阻。只要打通某一环节就能更好地提升培训管理工作的质量和效率。实施纵向一体化项目制管理模式的优点不限于以下几个方面：

第一，有利于整合多种资源，形成权责匹配、科学规范的管理体制，提高工作效率。纵向一体化项目制管理模式可以让工作在一线的干部得到资源并有权利运用这些资源。在现行的管理架构中，教研部处于结构上游，拥有资源的分配权，但其远离学员，因此无法感知学员真实体验。而与学员、授课教师接触最为密切的培训部反而没有多少资源可以运用，并且反馈的意见也不被重视。纵向一体化项目制管理模式能有效地解决现阶段单一的职能部门管理模式造成的管理循环上下游权责不清、信息不畅、部门协同差等弊病。

第二，有利于建立起良性的业绩表现比较机制，能够有效地提升培训管理人员干事创业的动力。纵向一体化项目制管理模式的特点之一就是确保一件事是同一组人在承担。在同一项工作中，如果一个责任有两组或两组以上的人在承担，就难免会出现人浮于事、互相推诿、效率低下、责任不清的"组织的虚设"现象。如果采用纵向一体化项目制管理模式，培训部自教务部发出教育培训任务通知书这一时点起，就对开班所需的工作进行统筹安排，从报名，到排课，到协调，到管理，直到结业，实现全流程可控，权责匹配。同时开设多个班时，各项目组之间还可以比学赶超，形成良性的业绩比较机制。

第三，有利于锻炼出一支视野开阔、能力综合、高水平的培训管理团队。纵向一体化项目制管理模式恰好可以提供这种全方位的锻炼机会。

实行职能化与项目管理相结合的管理体制是未来发展的趋势，但是在实际操作中，如何协调好职能部门与项目组的关系，更好地发挥这一管理体制的优势，需要在今后工作中不断探索。

五、课程体系模块化

模块化是在教育培训领域被广泛采用的课程设置方式。学院可以根据中央纪委国家监委对纪检监察队伍建设的有关要求，规划设计课程模块。在教学实践中，围绕某一专题，通过将不同课程模块有机组合，实现教育培训的政治性与专业性相结合、理论性和实用性相统一。

第一，按照"P+L+W"的结构对现有的课程进行重构。P（Party Theory & Spirit）是党的理论和党性教育课程模块；L（Law & Party Rule）是法律法规课程模块；W（Specific Works）是纪检监察理论与实务课程模块，根据当前纪检监察中心任务，针对不同培训对象的工作需求设置的课程。

每个版块都应包含核心课程与辅助课程两个部分。核心课程是学院相对稳定的教学产品。P（Party Theory & Spirit）（党的理论和党性教育课程模块）的核心课程包括：习近平新时代中国特色社会主义思想，学习贯彻中央精神、中央纪委全会精神等内容。L（Law & Party Rule）（法律法规课程模块）的核心课程包括：《中国共产党廉洁自律准则》《中国共产党纪律处分条例》《中国共产党员党内监督条例》《中国共产党问责条例》《中华人民共和国监察法》等。法律法规类课程的设置要紧紧围绕贯彻落实习近平总书记"要严格依照纪律和法律的尺度，把执纪和执法贯通起来"[1] 的重要指示进行，要突出"纪法贯通、法法衔接"等方面的内容。[2] W（Specific Work）（纪检监察理论与实务课程模块）的核心课程要高度契合培训对象的实际工作需要设置。

第二，组织开发急需的课程，补充到相应模块中。

第三，通过模块化对现有课程体系进行整理。课程设置要"聚焦"纪检监察中心工作，要紧紧围绕中央纪委国家监委对纪检监察干部能力素质的核心要求，要突出纪检监察的鲜明特色。将与此不相关或相关程度低的课程剔除，不要占用宝贵的培训资源。

六、加强案例教学

目前，案例教学方式在公共管理、法学等学科的教学中被广泛采用，也被干部培训领域普遍接受。[3] 近年来的干部教育培训政策均提出了有关要求（见表9-3）。

表9-3　案例教学有关要求

时期	文件	表述
党的十八大时期（2012 年 11 月~2017 年 10 月）	《干部教育培训工作条例》（2015 年 10 月 14 日）	第五章　教育培训方式方法 第三十条　干部教育培训应当根据内容要求和干部特点，综合运用讲授式、研讨式、案例式、模拟式、体验式等教学方法，实现教学相长、学学相长。 引导和支持干部教育培训方式方法创新。

---

〔1〕 戴秉则："持续在提高纪法贯通能力上下功夫"，载《中国纪检监察报》2019 年 2 月 26 日。

〔2〕 有关要求参见《杨晓渡同志在听取学院工作汇报时的讲话》（2019 年 4 月 10 日）。

〔3〕 中央纪委曾选派高级官员参加哈佛大学肯尼迪政府学院开设的中国公共管理培训项目。关于案例教学的适用性的具体描述，可参见王辉耀、张晓萌：《哈佛肯尼迪政府学院的精英课》，中信出版社 2013 年版。

续表

时期	文件	表述
党的十八大时期（2012 年 11 月~2017 年 10 月）	《中共中央关于加强和改进新形势下党校工作的意见》（中发〔2015〕35 号）（2015 年 12 月 9 日）	三、把党的理论教育和党性教育作为党校教学首要任务 （十二）创新优化党的理论教育和党性教育方式。弘扬马克思主义优良学风，强化问题导向、实践导向，注重回答学员关心的热点难点问题。倡导和运用研讨式教学、案例式教学、体验式教学、情景模拟式教学和现场教学等多种教学方式……
党的十九大时期（2017 年 10 月至今）	《落实赵乐际同志在巡视办、学院调研讲话精神任务清单和责任分解意见》（2017 年 12 月 28 日）	（中国纪检监察学院要）创新教育培训方式方法。加强案例教学
	《2018－2022 年全国干部教育培训规划》（2018 年 11 月）	一、总体要求 （三）重要指标 4. 省级以上党校（行政学院）、干部学院、社会主义学院主体班次中，……运用研讨式、案例式、模拟式、体验式、辩论式等互动式教学方法的课程比重不低于 30%。 五、建强培训保障体系 （四）培训方式方法创新。根据培训内容要求和干部特点，改进方式方法，开展研讨式、案例式、模拟式、体验式等方法运用的示范培训。推动国家级和省级干部教育培训机构案例库建设。……

学院在加强案例教学时，需要考虑并不限于以下几个方面。

（一）案例教学适用于纪检监察干部培训

案例教学可以提供一个分析问题的框架，而不是简单的知识灌输。许多学员都有丰富的纪检监察工作经历，学院需要进一步提升这部分学员分析和解决问题的能力，并使其在工作实务中用得上。所以讲授式教学往往并不是最有效的，而案例教学是很好的选择。以案例分析为导向的教学和课堂讨论，更有利于引导那些从不同工作岗位上来的干部在真实情境下思考纪检监察工作所面临的各类挑战，让学员们在感受复杂形势下联系自己作出决策。

（二）案例教学对教师要求较高

"使用案例时要引导学生进行讨论并促进他们学习进步，这都对教师提出了特定的要求。"[1] 由于参与案例教学的提高班、研修班学员，大都具有纪检监察工作经历；并且案例教学是开放式的，教学过程中教师与学员处于高互动状态，这意味着在纪检监察案例教学中，教师不仅需要具备充分的知识储备、丰富的教学经验和高超的教学技巧，还必须具有纪检监察工作实践经验。否则，就会出现习近平总书记指出的"倒挂"现象。[2]

（三）案例教学需要优秀的教学案例

尽管纪检监察系统每年查办大量案件，但并不意味着这些案件能够直接作为案例运用到教学当中。案例的选择和运用都需要经由研究人员进行专业化的处理。中国纪检监察学院如何利用自身优势，开发好中央纪委国家监委这一富矿资源，将案件转化为案例是今后努力的方向。

七、在培训中引入慕课[3]

21世纪是新技术的世纪，新技术在教育培训领域的应用会渗透并逐步重构干部教育培训模式，几乎已经成为共识，当前我们所熟悉的纪检监察干部教育培训的特点都将不可避免地发生变化。这些变革会对干部培训的方式方法，对追求信息和知识相伴随的长期关系等方面产生巨大影响。未来大量没有创新性的工作和职业将逐渐被人工智能系统所替代；大量的一般性、重复性、知识性的课程完全可以通过慕课系统获取。《2018-2022年全国干部教育培训规划》"鼓励和支持干部运用网络培训、专题讲座等形式开展各方面基础性知识学习"，"干部教育培训和互联网融合发展"，表明了中央对干部教育培

---

〔1〕〔美〕小劳伦斯·E. 列恩：《公共管理案例教学指南》，郜少健等译，中国人民大学出版社2001年版，第49页。

〔2〕习近平：《在全国党校工作会议上的讲话》（2015年12月11日）："五、关于抓好党校师资队伍建设 ……有一份调研材料反映，党校师资队伍存在两个主要问题。一是'先天不足'现象。党校一些教师是从'学校门'到'学校门'，参加工作后又没有经历过实践锻炼，受条件限制也很少有机会进行系统培训，以致教师学识水平跟不上形势发展。二是'倒挂'现象。党校教师尤其是地方党校和基层党校部分教师，经历和阅历等方面不如学员。有人说，没当过领导的在给领导干部讲领导艺术，没出过国的在给经常出国的人讲国外经验，没经历复杂环境考验的在帮助每天同各类矛盾打交道的人出主意解难题。"

〔3〕本节的主要观点引自王冠、任建明："'互联网+'时代的纪检监察干部培训慕课建设"，载《成人教育》2018年第8期。

训领域慕课发展的态度。趋势已明、未来已至，身处这一变革的大时代，中国纪检监察学院必须高度重视新技术对纪检监察干部教育培训工作的影响，并对此迅速做出积极的回应，加大对干部在线教育的研究与投入。逐步实现纪检监察干部在线教育培训普及化、常态化，充分发挥大规模、泛交流、自主化的优势，以面向未来的姿态，满足纪检监察干部教育培训新的、更高的需求。学院在进行慕课建设时需要但不限于考虑以下几个方面：①制定相关政策为慕课建设提供制度保障；②以干部培训机构为主体落实慕课建设；③紧密围绕中央纪委国家监委重点工作组织慕课开发；④以学习者为中心，满足定制学习服务；⑤以"互联网+"思维推进纪检监察干部培训事业的发展。

八、推进"智慧校园"建设

"随着现代信息技术在经济社会领域的渗透，特别是'互联网+''大数据''人工智能'的发展上升为各国国家战略之后，新技术已经从支持性工具变成行业变革的重要驱动力量。"[1] 2018 年 6 月 7 日，国家发布《智慧校园总体框架》（Smart Campus Overall Framework）。[2] 2018 年 11 月，中共中央印发《2018-2022 年全国干部教育培训规划》要求："加快干部教育培训机构'智慧校园'建设。完善干部教育培训信息管理系统，建立全国统一、分级管理的干部教育培训电子档案信息系统。"[3] 这已经清楚表明了党和国家对教育培训领域信息化建设的高度重视和明确要求。

《智慧校园总体框架》为新时代的教育培训机构提供了一个总体性的信息

---

〔1〕 王战军、乔刚："大数据驱动的教育研究新范式"，载《北京大学教育评论》2018 年第 1 期。

〔2〕 中华人民共和国国家标准《智慧校园总体框架》（Smart Campus Overall Framework）由国家市场监督管理总局、中国国家标准化管理委员会 2018 年 6 月 7 日发布，2019 年 1 月 1 日实施。标准号 GB/T 36342—2018，由 TC28（全国信息技术标准化技术委员会）归口上报，TC28SC36（全国信息技术标准化技术委员会教育技术分会）执行，主管部门为中国国家标准化管理委员会。

〔3〕 《2018-2022 年全国干部教育培训规划》（2018 年 11 月 1 日）："五、建强培训保障体系（五）干部教育培训和互联网融合发展。统筹整合网络培训资源，建设兼容、开放、共享、规范的全国干部网络培训体系。加强网络培训标准建设，2020 年前形成较为完备的干部网络培训标准体系，2022 年前实现各类各级干部网络培训平台资源共建共享、数据互联互通。积极探索适应信息化发展趋势的网络培训有效方式，推行线上线下相结合的培训模式。加强中国干部网络学院及其分院建设，建设在线学习精品课程库，迭代开发移动学习平台。严把网络培训的政治关、质量关、纪律关。加快干部教育培训机构'智慧校园'建设。完善干部教育培训信息管理系统，建立全国统一、分级管理的干部教育培训电子档案信息系统。"

化建设指引。总体框架分为"基础设施层、支持平台层、应用平台层、应用终端层和信息安全体系等"。[1] 在此框架下，不同机构可以根据自身实际情况，制定适应工作实际需要的"智慧校园"建设方案。中国纪检监察学院开展的纪检监察干部教育培训工作产生了数据，但现行的信息化建设水平和工作方式不利于有效地获取数据，无法深入地挖掘数据，也无法高效地运用数据。随着信息技术的发展，人与万事万物互联在知识生产与传播、资源开放与共享、组织管理与决策等方面引发深刻变革，推动干部教育培训管理和决策从经验驱动转向数据驱动。要建设一流的干部教育培训机构，中国纪检监察学院就必须顺应信息化发展趋势加快推进"智慧校园"建设。当前，中国纪检监察学院应着力推进（并不限于）以下几个方面的工作。

第一，建设纪检监察干部教育培训电子档案信息系统。"档案工作是一项非常重要的工作，因为档案工作是一项基础性工作，经验得以总结，规律得以认识，历史得以延续，各项事业得以发展，都离不开档案。"[2] 纪检监察干部教育培训档案的建立功在当下，利在长久。信息化技术的进步使得大规模建立、管理和使用干部教育培训电子档案成为可能。干部培训档案建立后，将伴随一名纪检监察干部职业生涯的全过程。通过建立干部教育培训电子档案，一方面，组织部门可以对干部的教育培训全过程进行监控与管理，也为在培训中发现人才提供可能；另一方面，学院作为数据采集平台，可以帮助组织部门更加直接的获取真实数据、深度挖掘数据、安全储存数据、有效运用数据。

第二，建设教学培训资源库并加强资源应用。教学培训资源库主要包括三个部分："课件资源、课程资源、测试资源（试题、试卷）。"[3] 资源应用方面，应着力加强建设能够支持慕课（MOOC）和小规模限制性在线课程（SPOC）的系统及应用模式；已有的现场直播功能应一体纳入新系统的建设。

---

〔1〕 国家市场监督管理总局、中国国家标准化管理委员会：《智慧校园总体框架》（Smart Campus Overall Framework）（GB/T 36342—2018），最后访问日期：2018 年 6 月 7 日。

〔2〕 "习近平同志考察浙江省档案局馆时的讲话"，载中国档案资讯网：http://www. zg-dazxw. com. cn/news/2014-09/11/content_66440. htm，最后访问日期：2019 年 3 月 25 日。

〔3〕 国家市场监督管理总局、中国国家标准化管理委员会：《智慧校园总体框架》（Smart Campus Overall Framework）（GB/T 36342—2018），最后访问日期：2018 年 6 月 7 日。

第三，推行线上线下相结合（O2O）[1]的培训模式。线上培训不可能完全取代面授培训。因此，O2O模式必然是今后相当长一段时期内的主流干部培训模式。学院可以"智慧校园"建设为契机，将"推行线上线下相结合的培训模式"落到实处。

第四，建设学院协同办公系统。将学院的党政工作、人事工作、财务工作、资产工作，尤其是教学管理、科研管理等一体纳入系统建设。

在新时代，中国纪检监察学院要落实中央纪委对工作的要求，要贯彻领导同志对工作的重要指示，既需要思想保证，也需要技术支持。因此，我们必须对"智慧校园"建设加大投入，实现用数据进行表达、用数据开展研究、用数据进行管理、用数据支持决策、用数据驱动创新、用数据让情怀落地。

第三节 探 讨

一、构建专业化培训模式

（一）干部培训专业化有关要求

以习近平同志为核心的党中央对新时代党的建设规律深刻认识，对干部队伍建设高度重视，并多次作出重要指示（见表9-4）。习近平总书记高度重视纪检监察队伍建设，并多次在中央纪委全会上强调："广大纪检监察干部要敢于担当、敢于监督、敢于负责，努力成为一支忠诚、干净、担当的纪检监察队伍。"[2]

---

〔1〕 O2O是Online to Offline的缩写，意为线上线下相结合。

〔2〕 有关重要论述参见习近平总书记在十八届中央纪委五次全会、十八届中央纪委六次全会、十九届中央纪委二次全会上的讲话。

表9-4　习近平总书记关于建设高素质专业化干部队伍的要求

讲话	有关要求
《决胜全面建成小康社会夺取新时代中国特色社会主义伟大胜利——在中国共产党第十九次全国代表大会上的工作报告》（2017年10月18日）	（三）建设高素质专业化干部队伍。党的干部是党和国家事业的中坚力量。要坚持党管干部原则，坚持德才兼备、以德为先，坚持五湖四海、任人唯贤，坚持事业为上、公道正派，把好干部标准落到实处。坚持正确选人用人导向，匡正选人用人风气，突出政治标准，提拔重用牢固树立"四个意识"和"四个自信"、坚决维护党中央权威、全面贯彻执行党的理论和路线方针政策、忠诚干净担当的干部，选优配强各级领导班子。注重培养专业能力、专业精神，增强干部队伍适应新时代中国特色社会主义发展要求的能力。……
《在全国组织工作会议上的讲话》（2018年7月3日）	四、着力培养忠诚干净担当的高素质干部 "育才造士，为国之本。"贯彻新时代党的组织路线，建设忠诚干净担当的高素质干部队伍是关键，重点是要做好干部培育、选拔、管理、使用工作。…… 六、做好年轻干部工作 ………… 总体上讲，我们要建设一支忠实贯彻新时代中国特色社会主义思想、符合新时期好干部标准、忠诚干净担当、数量充足、充满活力的高素质专业化年轻干部队伍。 培养选拔优秀年轻干部，要在质的提升上下大功夫。随着中国特色社会主义事业不断向前推进，专业化、专门化、精细化要求越来越高，要注意培养有专业背景的复合型领导干部。……
《在中央政治局第十次集体学习上的讲话》（2018年11月26日）	正确的政治路线要靠正确的组织路线来保证。我们党要团结带领人民实现"两个一百年"奋斗目标、实现中华民族伟大复兴的中国梦，必须全面贯彻新时代党的组织路线，严把德才标准，坚持公正用人，拓宽用人视野，激励干部积极性，努力造就一支忠诚干净担当的高素质干部队伍。

　　进入新时代以来，中央对干部队伍建设提出了新的要求。《干部教育培训工作条例》《2018-2022年全国干部教育培训规划》等，都对干部培训专业化作出明确规定提出具体要求（见表9-5）。由此可见，推进纪检监察干部专业化培训模式建设，是落实"建设高素质专业化干部队伍"的必然举措，也是深入推进党风廉政建设和反腐败斗争的客观需求。

表 9-5　干部培训专业化有关要求

文件	有关要求
《2009－2013 年全国纪检监察干部教育培训工作规划》（中纪发〔2009〕25 号）（2009 年 12 月 9 日）	一、指导思想、基本要求和工作目标 （二）基本要求 　坚持以人为本、按需施教。适应反腐倡廉建设和纪检监察岗位职责的要求，针对不同层次、不同岗位、不同职位纪检监察干部的成长规律和培训需求，有效开展个性化、专业化、智能化培训，激发干部学习的内在动力和潜能，切实增强教育培训的针对性和实效性。……
《2010－2020 年干部教育培训改革纲要》（中办发〔2010〕18 号）（2010 年 8 月 17 日）	三、办学体制改革 　8. 优化整合部门、行业干部教育培训机构。按照少而精、突出特色的原则，大力推进部门、行业干部教育培训机构优化整合，不断提升其专业化水平。中央和国家机关各有关部门、人民团体要综合考虑培训任务总量、专业化程度和市场可替代性，优化整合本部门本单位所属干部教育培训机构。……
《干部教育培训工作条例》（2015 年 10 月 14 日）	第六章　教育培训机构 　第三十二条　党校、行政学院、干部学院和社会主义学院应当坚持功能定位，突出办学特色，按照职能分工开展干部教育培训工作。 　部门和行业系统干部教育培训机构，应当按照各自职责，提升专业化办学水平，做好本部门和本行业本系统的干部教育培训工作。
《2018－2022 年全国干部教育培训规划》（2018 年 11 月 1 日）	………… 一、总体要求 （二）主要目标 ………… 　专业化能力培训更加精准，广大干部适应新时代、实现新目标、落实新部署的能力明显增强，干一行、爱一行、精一行的专业精神进一步提升。 三、完善培训内容体系 ………… 　（三）专业化能力培训。紧紧围绕统筹推进"五位一体"总体布局和协调推进"四个全面"战略布局，着眼……坚定不移全面从严治党等……突出问题导向、实践导向，组织开展务实管用的专题培训，引导和帮助干部丰富专业知识、提升专业能力、锤炼专业作风、培育专业精神，不断提高适应新时代中国特色社会主义发展要求的能力。实施"干部专业化能力提升计划"。

　说明：《2009-2013 年全国纪检监察干部教育培训工作规划》（中纪发〔2009〕25 号）已失效，目前没有制定后续规划。

（二）反腐败机构的关键特征

任建明基于国内外反腐败成功经验的分析指出："反腐败机构或专门监督机构要能够有效履行职责、达成使命，就必须同时具备四大特征：独立、权威、廉洁、专业。"[1]

专业特征有两个方面的体现：一是机构专业化；二是人员专业化。腐败现象的隐蔽性、动态性和复杂性决定了反腐败机构要有效履职尽责，就必须走专业化发展道路。诸多反腐败机构的成功经验表明，专业化是反腐败机构或监督机构的一个必不可少的重要特征。反腐败机构工作人员的能力素质是反腐败机构专业化的具体反映。反腐败机构工作人员应当具备反腐败及其规律的专业知识、国家反腐败法规知识以及与反腐败工作相关的诸多专业知识和技能。因此，反腐败机构必须对工作人员进行专业化培训，以确保其能够有效履职尽责。

（三）专业化培训的逻辑

通过整理习近平总书记的要求、纪检监察机关自身建设需求、反腐败机构关键特征、相关政策规定等，我们发现对机构和人员的有关要求共同指向——专业化（见表9-6）。

表9-6　要求、职责、特征、规定的共同指向

1	习近平总书记的要求	建设高素质专业化干部队伍
2	纪检监察机关自身建设需求	加强能力建设，确保本领高强。纪检监察干部既要有过硬的政治素质，又要有过硬的业务能力。在增强专业能力上下功夫，掌握所监督领域专业知识
3	反腐败机构关键特征	独立、权威、专业、廉洁
4	干部教育培训工作条例	提升专业化办学水平
	《2018-2022年全国干部教育培训规划》	专业化能力培训更加精准；专业化能力培训；丰富专业知识、提升专业能力、锤炼专业作风、培育专业精神；实施"干部专业化能力提升计划"

　　〔1〕　任建明、杨梦婕："国家监察体制改革：总体方案、分析评论与对策建议"，载《河南社会科学》2017年第6期。

第一，习近平总书记在党的十九大报告中提出："建设高素质专业化干部队伍。"[1] 习近平总书记在中央政治局第十次集体学习时强调："建设高素质专业化干部队伍。"第二，十九届中央纪委二次全会报告提出："纪检监察干部既要有过硬的政治素质，又要有过硬的业务能力。……在增强专业能力上下功夫，……掌握所监督领域专业知识。……"[2] 第三，卓越反腐败机构的关键特征表明：专业化是有效履职尽责的必须条件。第四，党的干部教育培训政策明确提出："实施专业化能力培训。"由此可见，建设高素质专业化纪检监察队伍需要专业化培训。

（四）建立专业化培训模式的条件

纪检监察专业化培训至少需要满足三方面条件：①设立专业的培训机构。②保持纪检监察队伍相对稳定。③建立纪检监察专业序列（见图9-2）。

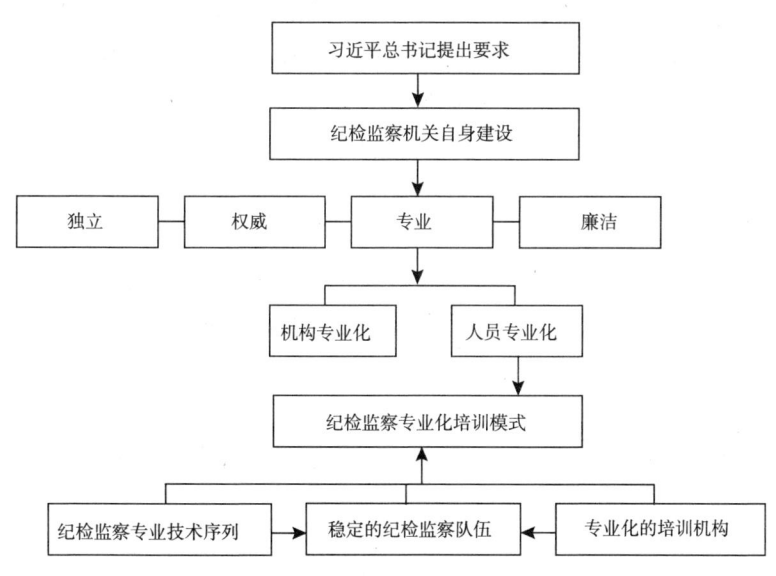

图9-2 纪检监察干部专业化培训逻辑关系

〔1〕习近平：《决胜全面建成小康社会 夺取新时代中国特色社会主义伟大胜利——在中国共产党第十九次全国代表大会上的报告》（2017年10月18日）。

〔2〕赵乐际：《以习近平新时代中国特色社会主义思想为指导 坚定不移落实党的十九大全面从严治党战略部署——在中国共产党第十九届中央纪律检查委员会第二次全体会议上的工作报告》（2018年1月11日）。

1. 培训机构方面

中国纪检监察学院的成立标志着纪检监察系统在实施专业化干部培训方面迈出了重要一步。经过十年的探索，学院在办学培训方面取得了一定的成绩，也积累了很多的经验教训。调研和有关研究表明，当前实施的纪检监察干部教育培训是高度行政化和政治化导向，而非专业化导向。[1] 纪检监察干部培训需要实现由"合目的性"向"合规律性与合目的性"转变。

2. 纪检监察队伍方面

开展纪检监察专业化培训需要纪检监察队伍相对稳定。党的十八大以来，因纪检监察系统组织机构调整及深化国家监察体制改革而产生的人员流动与整合，对建设专业化纪检监察队伍有一定影响。

3. 专业技术序列方面

专业技术序列是纪检监察专业化培训的制度保障，经验表明，专业技术序列的建立能够保证干部队伍的稳定发展。任建明指出："反腐败机构需要在人事管理方面选择职业化和专业化模式，设立专业技术干部序列并建立与之配套的制度，包括专业资格规定、晋升办法、薪酬待遇等，最终保证绝大部分干部进入专业技术通道。"[2] 建立纪检监察官员专业技术序列在法律上不存在障碍。一方面，《中华人民共和国公务员法》[3] 中有关专业技术类公务员设置的条款，可以作为建立纪检监察官员专业技术序列的依据。《专业技术类公务员管理规定（试行）》《行政执法类公务员管理规定（试行）》[4] 的印发，表明我国公务员分类管理改革进程迈出了重要一步。尽管从目前两项试行规定的定位和内容来看，并不能完全适用于当前的纪检监察系统，但其思路具有重要借鉴意义。另一方面，深化国家监察体制改革以来，尚未出台

---

〔1〕 关于当前纪检监察干部教育培训的专业性不高的问题，在任建明、过勇等专家学者的研究中曾多次被提及。

〔2〕 任建明、张君翼："中国反腐败机构改革研究——基于中国香港和中国内地间的比较"，载《北京航空航天大学学报（社会科学版）》2016年第1期。

〔3〕 《中华人民共和国公务员法》（2018年）。第16条规定："国家实行公务员职位分类制度。公务员职位类别按照公务员职位的性质、特点和管理需要，划分为综合管理类、专业技术类和行政执法类等类别。根据本法，对于具有职位特殊性，需要单独管理的，可以增设其他职位类别。各职位类别的适用范围由国家另行规定。"

〔4〕 《关于印发〈专业技术类公务员管理规定（试行）〉和〈行政执法类公务员管理规定（试行）〉的通知》（厅字〔2016〕21号）（2016年7月8日）。

《中华人民共和国监察官法》。因此，可以以《中华人民共和国监察官法》的制定为契机，建立监察官员的专业技术序列，推进专业化的监察官职级体系建设。

二、构建"培训实质等效"认证机制

对于纪检监察干部教育培训而言，要构建"培训实质等效"[1]（Training Substantial Equivalence）认证机制。一方面，有利于盘活并充分利用培训资源。另一方面，有利于构建慕课及专业化培训模式，也可为纪检监察官任职资格积累经验。建立"培训实质等效"认证机制应遵循以下原则：对于干部培训机构来讲，不要求其开设完全相同的课程和内容，但专业培训质量应该是等效的，其培训的纪检监察干部的学习经历是等效的；对于学员而言，不要求每名纪检监察干部获得相同的能力，但要求其上岗位时所具备的知识储备应该有相同的整体效果。

首先，有利于盘活并充分利用培训资源。中央纪委国家监委层面开展的纪检监察干部教育培训，不能仅仅满足于对"突出重点岗位和关键少数"[2]的全覆盖，而要通过建立"培训实质等效"认证机制进一步提高培训资源的利用效率。中央纪委国家监委办学格局要大，思路要开，不能走"小而全"的老路。我们可以以建立"培训实质等效"认证机制为契机，充分整合利用各种资源为纪检监察干部教育培训服务，以更好地适应形势发展和工作需求。

一是认证国民教育体系资源。早在 2009 年，中共中央组织部和教育部联合下发的有关文件就把北京大学等 13 所高等院校纳入首批全国干部教育培训高校基地。[3] 这一模式经过 10 年的实践检验被证明是切实可行的。因此，我们同样可以考虑甄选一批具备相关资源和培训条件的普通高校，通过"培训实质等效"认证机制将其纳入纪检监察干部教育培训供给侧。

二是认证系统内教育培训资源。当前的纪检监察干部教育培训市场具有

---

〔1〕 "实质等效"（Substantial Equivalence）的概念参见：International Engineering Alliance：Educational Accords，http://www.ieagreements.org/ Rules-and-Procedures.pdf.

〔2〕《关于学院的基本情况》（2019 年 4 月 10 日）：在培训对象上，突出重点岗位关键少数，以委机关、省市纪检监察机关、中央纪委国家监委派驻纪检监察组、中央企业纪检监察组等纪检监察机关和机构中的局处级干部、业务骨干为主，对纪检监察战线"关键少数"进行全覆盖。

〔3〕 参见中组部、教育部《关于建立和规范高校干部培训基地的意见》（中组发〔2009〕9 号）；中组部、教育部《关于印发首批全国干部教育培训高校基地名单的通知》（组通字〔2009〕47 号）。

政策性、碎片化、寡头垄断等特点。通过"培训实质等效"认证机制，可以打破藩篱、盘活存量、释放潜能，使优质的教育培训资源更加有效的流动，形成纪检监察干部教育培训资源的央地联动、统筹使用。

三是认证网络教育培训资源。当前，在线教育在我国干部教育培训领域已经得到广泛应用。一方面，在政策导向上，《2018-2022 年全国干部教育培训规划》明确鼓励干部教育培训和互联网融合发展。另一方面，在实践过程中，各级干部教育培训机构都有发展在线教育的远景规划和实际举措，并取得了显著成效。在"互联网+"时代，纪检监察干部通过网络进行教育培训已经成为一种潮流和趋势。因此，将网络教育培训资源纳入"培训实质等效"认证机制是顺应趋势的明智选择。

其次，有利于构建慕课和专业化培训模式。信息化技术与干部教育培训的深度融合，催生出以"学习强国""中国干部网络学院"等为代表的干部培训新方式、新模式。加强慕课建设既是《2018-2022 年全国干部教育培训规划》的明确要求，也是干部教育培训发展的趋势。"培训实质等效"认证机制将慕课学习经历纳入认证，将极大地提高广大纪检监察干部主动学习、自我提升的积极性，成为构建慕课的有力支撑。

建立以胜任力为导向（Competency-oriented）的纪检监察专业化培训模式，是建设"忠诚干净担当的高素质专业化"纪检监察队伍的必由之路。"实质等效"恰好是由"专业认证"（Professional Programmatic Accreditation）衍生而来的产物。"培训实质等效"所蕴含的专业理念和由此所建立的专业认证机制，将成为构建纪检监察专业化培训模式的有力支撑。此外，构建并实施"培训实质等效"认证机制，也可以为建立纪检监察官任职资格积累经验、探索路径。

三、从战略管理到协同治理[1]

（一）基于战略模型的分析

"战略管理（Strategic Management）是一门关于制定、实施和评价使组织能够实现其目标的跨功能决策的艺术与科学。"[2] 今天，我们身处一个战略

---

〔1〕 本节的思考源起于 2014~2015 年"学院制度建设工作小组"存续期间，笔者与李立新等同志的讨论。

〔2〕〔美〕弗雷德·R. 戴维：《战略管理：概念与案例》（第 13 版），徐飞译，中国人民大学出版社 2012 年版，第 5 页。

（Strategy）流行的时代。自 20 世纪 60 年代商业战略概念产生以来，可供选择的战略工具以及战略框架数量大幅增长。如今，我们并不缺少制定战略的有效方式，[1] 但难点在于能不能够选择正确的战略。"从本质上说，战略就是解决问题的方案。只有具体问题具体分析，才能找到最佳的解决办法。"[2] 根据纪检监察干部教育培训工作和学院的实际情况，我们选用 SWOT 矩阵进行分析（见表 9-7）。

表 9-7　SWOT 矩阵分析

		内　部　因　素	
		优势（Strengths） 1. 强制性政策 2. 平台与教师资源 3. 区位优势 4. 基础设施较为完备	劣势（Weaknesses） 1. 非竞争性市场导致无效率 2. 自有师资力量不足 3. 科研能力有限 4. 培训质量有待提高 5. 管理水平不高 6. 信息化水平低
外部因素	机会（Opportunities） 1. 党风廉政建设和反腐败斗争形势 2. 刚性培训需求增加 3. 领导高度重视	SO 战略 1. 找准办学定位 2. 加强内涵发展 3. 聚焦创造价值	WO 战略 1. 加强师资队伍建设 2. 创新教育培训方式方法 3. 满足培训需求，提高培训质量 4. 加强学院自身建设，优化内部管理
	威胁（Threats） 1. 新技术快速迭代改变干部培训业态	ST 战略 强化在纪检监察干部教育培训领域的领导性优势	WT 战略 进行慕课建设

---

〔1〕　目前，常用战略分析工具包括：五力模型（Michael Porter's Five Forces Model）、钻石模型（Michael Porter DiamondModel）、价值链分析法（Value Chain Analysis, VCA）、内部外部矩阵（Internal-External Matrix, IE Matrix）、SWOT 矩阵（Strengths Weaknesses Opportunities Threats, SWOT Matrix）、波士顿矩阵（BCG Matrix）、麦肯锡-通用矩阵（Mckinsey-GE Matrix）、PEST 分析法（Political Economic Social Technological, PEST Analysis）、四种战略分类模型、战略调色板等。

〔2〕　〔美〕马丁·里维斯、〔挪威〕纳特·汉拿斯、〔印度〕詹美贾亚·辛哈：《战略的本质——复杂商业环境中的最有竞争战略》，王喆、韩阳译，中信出版社 2016 年版，第 7 页。

A. 外部因素——机会（Opportunities）

（1）党风廉政建设和反腐败斗争形势。"形势决定任务，认清形势是作出正确决策的前提。"[1] 进入新时代以来，中央纪委领导同志要求纪检监察干部教育培训围绕纪检监察中心工作，服务于党风廉政建设和反腐败斗争工作大局，调整工作思路与方式方法，为加强纪检监察队伍建设提供有力保障。新的形势、新的任务对纪检监察干部教育培训工作提出了新的更高的要求。

（2）刚性培训需求增加。进入新时代以来，中央纪委进一步聚焦党风廉政建设和反腐败斗争中心任务，紧紧围绕监督执纪问责、监督调查处置，全面提高履职能力。这一时期纪检监察干部培训工作的重点开始转向计划班。2015 年起，计划班的培训规模显著扩大（见表9-8）。

表9-8 十八大以来学院计划班培训规模

培训计划	培训班	培训人数（人）
中国纪检监察学院 2013 年培训计划	主体班 13 个	820
中国纪检监察学院 2014 年培训计划	计划班 14 个	1352
中央纪委监察部 2015 年培训计划	计划班 78 个	9970
中央纪委监察部 2016 年培训计划	计划班 52 个	9071
中央纪委监察部 2017 年培训计划	计划班 51 个	7692
中央纪委 2018 年培训计划	计划班 61 个	11 923
中央纪委国家监委 2019 年培训计划	计划班 62 个	10 342

说明：数据来源于《中国纪检监察学院 2013-2014 年培训计划》《中央纪委 2015-2019 年培训计划》。

纪检监察干部教育培训作为党的干部教育培训的一个细分领域，其市场总体规模不大。如果考虑到中国纪检监察学院定位为"培养培训纪检监察干部的高级

---

〔1〕"党风廉政建设和反腐败斗争形势与任务之一——形势决定任务"，载中国纪检监察报社编：《学思践悟》，中国方正出版社 2017 年版。

学院"〔1〕，培训对象"突出重点岗位和关键少数"〔2〕，目标群体主要是以处级以上纪检监察领导干部，这样目标市场的规模就更有限了（见表9-9）。

表9-9　十八大以来学院培训总规模及构成

年份	培训班（个）	培训总人数（人）	部级干部（人）	局级干部（人）	处级干部（人）	处级以上占比（％）
2013	97	12 931	4	1776	4544	49
2014	110	16 101	18	1837	5317	45
2015	133	16 135	49	1959	6455	52
2016	119	18 500	48	2044	7700	53
2017	115	18 717	2	2896	8248	60
2018	110	21 593	162	3571	8793	58

说明：1. 数据来源于中国纪检监察学院基本情况汇报材料（2019年3月26日）。
　　　2. 培训总人数包括计划班和委托班。

以市场化的视角来看，纪检监察干部教育培训市场具有政策性、碎片化、寡头垄断等特点。尽管中国纪检监察学院的目标市场规模不大，但需求的刚性很强，是典型的卖方市场。学院是这一市场中最重要的行动者，目前不存在有威胁的竞争者，也没有任何现实的竞争压力。纪检监察干部教育培训机构（供给者）向广大纪检监察领导干部（需求者）供给培训产品。培训产品是围绕纪检监察工作开发的，学院在产品供给上，与其他干部教育培训机构具有明显的差异性，产品线几乎不重叠。培训内容主要由中央纪委组织部确定，与纪检监察领导干部群体的需求之间存在一定的调试空间。

（3）领导高度重视。中央纪委历来高度重视纪检监察队伍建设，始终把干部培训作为一项"先导性、基础性、战略性工程"〔3〕来抓。进入新时代以

〔1〕　中国纪检监察学院：《深入学习习近平新时代中国特色社会主义思想，认真贯彻落实好中央纪委三次全会精神》（2019年3月1日根据杨晓渡同志讲话整理）。
〔2〕　《关于学院的基本情况》（2019年4月10日）：在培训对象上，突出重点岗位关键少数，以委机关、省市纪检监察机关、中央纪委国家监委派驻纪检监察组、中央企业纪检监察组等纪检监察机关和机构中的局处级干部、业务骨干为主，对纪检监察战线"关键少数"进行全覆盖。
〔3〕　《干部教育培训工作条例》（2015年10月14日）。

来，中央纪委领导同志多次对有关工作做出重要指示。

B. 外部因素——威胁（Threats）

学院当前可能面临的威胁包括：新技术快速迭代改变干部培训业态等。

C. 内部因素——优势（Strengths）

（1）强制性政策。中央纪委国家监委通过制定干部教育培训政策，强制要求纪检监察干部接受教育培训。这些政策形成了纪检监察干部教育培训产业的"护城河"[1]。因此，其他市场主体极难进入这个由政策保护的寡头垄断型市场。

（2）平台与教师资源。纪检监察干部培训是寡头垄断市场，因此对"平台"的依赖非常强；对纪检监察干部培训的是特殊技能，因此对"师资"的依赖非常强。因为纪检监察干部培训的特殊性，在同等条件下，面对面的服务是第一选择。该部分内容详见第七章。

（3）区位优势。中国纪检监察学院位于首都北京，有政治中心加成，区位优势明显。

（4）基础设施较为完备。学院建设用地面积 19.5 万平方米（292.14 亩），规划总建筑面积 13.9 万平方米，其中地上建筑面积 11.6 万平方米。目前，学院实有建筑面积 10.3 万平方米。其中，教学设施有大报告厅 1 个（1132 座）、小报告厅 1 个（343 座），阶梯教室（100 座）2 个，小型教室（60 座）3 个，150 座和 120 座教室各 1 个，心理调适教室（52 座）1 个，研讨室 21 个。学员宿舍有 899 间（其中套间 94 间，单人间 805 间）。学员餐厅 1 个（832 座），清真餐厅 1 个（50 座），教职工餐厅 1 个。办学设施基本齐全，办学功能基本配套，可同期培训学员 800 人左右，年培训 18 000 人左右。[2]

D. 内部因素——劣势（Weaknesses）

学院的阶段性不足主要包括：非竞争性市场导致效率低、自有师资质不足、科研能力有限、培训质量有待提高、管理水平不高、信息化水平低等。

---

〔1〕 关于"护城河理论"，可参见〔美〕希瑟·布里林特、伊丽莎白·柯林斯：《投资的护城河——晨星公司解密巴菲特股市投资法则》，汤光华等译，人民邮电出版社 2016 年版。

〔2〕 以上数据来自《学院基本情况汇报材料》（2019 年 3 月 26 日）。

E. 战略组合——SO 战略

（1）找准办学定位。"战略是一个定位。具体讲，就是将组织放入……'环境'当中的手段。战略成为组织和环境之间的一种中介力量。"[1] 杰克·特劳特（Jack Trout）认为"定位"是令企业和产品与众不同，并形成核心竞争力的最佳方式。[2] 由此可见，中国纪检监察学院定位的关键在于：一要与环境相适应；二要突出纪检监察的鲜明特色，走差异化发展路线。进入新时代以来，中央纪委领导对学院定位作出了重要指示，为学院发展指明了方向。赵乐际同志要求："要围绕学习贯彻党的十九大精神确定学院未来一个时期发展的定位，重中之重是组织广大纪检监察干部学习贯彻习近平新时代中国特色社会主义思想，特别是习近平总书记关于全面从严治党、党风廉政建设和反腐败工作的一系列要求和思想。坚持党校姓党原则。坚持姓党、为党、忧党，突出纪检监察特色、纪检监察职责职能，为党培养培训纪检监察干部。"[3] 杨晓渡同志将学院定位与特色进一步凝练为："中国纪检监察学院是我们党在纪检监察领域特色鲜明的党校，是纪检监察的中央党校，是培养培训纪检监察干部的高级学院。"[4]

（2）加强内涵发展。进入新时代以来，党风廉政建设和反腐败斗争形势的发展为纪检监察干部教育培训提供了极为难得的历史机遇。中国纪检监察学院要及时地抓住这一重要的改革发展时间窗口，加强"内涵发展"[5]。

（3）聚焦创造价值。"战略必须注重价值创造。"[6] 作为中央纪委国家监委的附随机构，中国纪检监察学院的价值在于聚焦干部教育培训主责主业，

---

〔1〕〔加〕亨利·明茨伯格等：《战略过程——概念、情境、案例》（第 4 版），徐二明译，中国人民大学出版社 2014 年版，第 9 页。

〔2〕参见〔美〕艾·里斯、杰克·特劳特：《定位》，王恩冕、于少蔚译，中国财政经济出版社 2002 年版。

〔3〕中共中央纪委办公厅：《落实赵乐际同志在巡视办、学院调研讲话精神任务清单和责任分解意见》（2017 年 12 月 28 日）。

〔4〕中国纪检监察学院：《深入学习习近平新时代中国特色社会主义思想，认真贯彻落实好中央纪委三次全会精神》（2019 年 3 月 1 日根据杨晓渡同志讲话整理）。

〔5〕《王岐山同志在听取学院工作汇报后的谈话》（2013 年 3 月 25 日根据记录整理）。

〔6〕〔美〕科尼利斯·德·克鲁维尔、约翰·皮尔斯二世：《管理者的 10 堂战略课》，马昕译，世界图书出版公司 2015 年版，第 6 页。

发挥"集聚效应"[1]，对纪检监察队伍建设作出实质贡献。杨晓渡同志多次强调学院建设要"聚焦"，他指出："我们现在就是要紧紧扣住党的建设大局，扣住全面从严治党，扣住中央纪委国家监委肩负的党中央使命的完成来抓学院建设。"[2]

F. 战略组合——WO 战略

（1）加强师资队伍建设。赵乐际同志要求："研究探索建设专兼结合的教师队伍，建立动态的兼职人员师资库。坚持德才兼备、以德为先，引进专业化的骨干教学科研人员。"[3] 实施人才引进需要关注几个方面：①宁缺毋滥；②是否能够提供具有竞争力的薪酬待遇；③是否能够提供具有吸引力的职业发展平台；④"专业化的骨干教学科研人员"能否适应学院现行的管理模式。

（2）创新教育培训方式方法。赵乐际同志要求："加强案例教学。"[4] 案例教学方式在公共管理、法学等学科的教学中被广泛采用，同样也适用于纪检监察干部培训。

（3）满足培训需求，提高培训质量。培训工作是学院的核心业务，是学院建立和存续的意义所在。因此，培训质量是学院的生命线。能否真正满足纪检监察干部的培训需求，是确保培训质量的关键。确定需求与供给是学员与机构双向互动、反复调试的过程。我们只有深切理解纪检监察干部的需求，才能供给适合的培训产品，进而提高培训质量。学院有关部门必须加强学习体验管理，加强课程品质控制，切实提高培训质量和美誉度。

（4）加强学院自身建设，优化内部管理。赵乐际同志要求："一方面要从严，各方面都严格要求；另一方面要在制度范围内，给予大家政治上、思想

---

[1] 集聚效应（Combined Effect）作为一个经济学概念的本意是指各种产业和经济活动在空间上集中产生的经济效果以及吸引经济活动向一定地区靠近的向心力。此处的"集聚效应"是指，发挥学院的平台优势，将中央纪委国家监委的独特资源进行集聚，并充分地开发利用，使之服务于纪检监察干部教育培训。

[2] 《杨晓渡同志在听取学院工作汇报时的讲话》（2019 年 4 月 10 日根据记录整理）。

[3] 中共中央纪委办公厅：《落实赵乐际同志在巡视办、学院调研讲话精神任务清单和责任分解意见》（2017 年 12 月 28 日）。

[4] 中共中央纪委办公厅：《落实赵乐际同志在巡视办、学院调研讲话精神任务清单和责任分解意见》（2017 年 12 月 28 日）。

上、生活上的关心。"[1]

G. 战略组合——ST 战略

强化在纪检监察干部教育培训领域的领导性优势。中国纪检监察学院在纪检监察干部教育培训领域的特色以及局部优势，并非自身能力的结果，本质上是因为行业自然分界而形成的。随着时代的发展，由新技术革命引发的新型交叉业态不断产生，跨界发展案例层出不穷。这些都可能对学院的特色及优势形成挑战。进入新时代以来，中央纪委国家监委"一网一端一微"传媒格局的形成，客观上对纪检监察干部教育培训，乃至对全社会的廉洁教育都产生了意义深远的影响。随着"网纸深融"的进一步深化，中央纪委国家监委的媒体板块不仅将整合成"全媒体"（Omnimedia），而且具备提供慕课的能力和资源。[2] 近年爆红的"学习强国"就在一定程度上改变了干部教育培训的传统方式。"学习强国"一经上线，普及之快、影响之大、日活跃人数之多、黏性之强，当之无愧地成为广大党员干部群众中最热门的泛在式学习方式。这就是全媒体时代，关于跨界发展最典型的案例，也是关于学习方式变革最明确的信号。学院如何在未来保持在纪检监察干部教育培训领域的领导性优势，是我们必须思考的问题。

H. 战略组合——WT 战略

进行慕课建设。《2018-2022 年全国干部教育培训规划》"鼓励和支持干部运用网络培训、专题讲座等形式开展各方面基础性知识学习"，"干部教育培训和互联网融合发展"[3]，表明了中央对干部教育培训领域慕课发展的态度。趋势已明、未来已至，身处这一变革的大时代，中国纪检监察学院必须高度重视新技术对纪检监察干部教育培训工作的影响，并对此迅速做出积极的回应，加大对在线教育培训的研究与投入。逐步实现纪检监察干部在线教育培训普及化、常态化，充分发挥大规模、泛交流、自主化的优势，以面向未来的姿态，满足纪检监察干部教育培训新的、更高的需求。

---

[1] 中共中央纪委办公厅：《落实赵乐际同志在巡视办、学院调研讲话精神任务清单和责任分解意见》（2017 年 12 月 28 日）。

[2] 参见中央纪委办公厅《印发〈关于推进中央纪委网站报纸深度融合深化宣传体制机制改革方案〉的通知》（中纪厅〔2018〕14 号）（2018 年 7 月 11 日）。

[3] 《2018-2022 年全国干部教育培训规划》（2018 年 11 月 1 日）。

（二）战略目标及结构

要使工作按照既定目标，有重点、有步骤地达成，就需要结合实际情况对战略进一步细化，将宏观的愿景分解为若干可量化、可达成的子目标，将总体战略进一步划分为更具体、可实施的若干子战略。

一方面，战略需要规划为不同的层次。"完整的战略规划应包括三个层次：①总体战略；②专项战略；③职能战略和基层战略。"[1] 按照自上而下的阶梯序列形成梯形结构。总体战略规划指明了组织发展的总方向，对组织发展具有普遍指导意义。专项规划是业务层面的战略，包括科研、教学、资源等不同方面。职能战略和基层战略是同一层次的不同方面，职能战略是管理部门在各自职能领域采取的战略；基层战略是各院系结合本单位实际制定的战略。

另一方面，战略需要量化成可达成的目标。"战略目标是对使命愿景和定位的具体化，是组织在一定发展时期的发展方向和奋斗目标。"[2] 教育作为一种复杂的、特殊的、重要的社会活动，历来具有明确的培养目标。中国纪检监察学院作为党和国家干部教育培训整体规划中的重要组成部分，其组织目标应该是明确具体的。学院的工作目标除了能够覆盖中央纪委的培训要求外，还要有一定的挑战性。有一定难度的目标要比容易的目标更易获得优良绩效，更能激励组织与个体获得良性发展。[3]

为了确保战略目标的实效，组织还应按照时间序列对战略目标进行分解，包括：①划分战略发展阶段，在总的战略目标之下确定每个阶段的具体目标，并确定长、中、短期发展规划；②确定每个阶段的战略重点，以此为据合理分配相关资源；③制定相关政策确保战略实施；④改革管理体制和运行机制，进行结构重组与功能再造等。

"战略形成是一个孕育过程"[4]，不能一蹴而就。上述方法属于一般工作逻辑，学院需要结合自身实际，"制定计划框架，设定具体目标"[5]。

---

[1] 参见林健在清华大学教育研究院"大学战略管理"课程讲稿，2015年8月25日。

[2] 参见林健在清华大学教育研究院"大学战略管理"课程讲稿，2015年8月25日。

[3] 目标设定理论（Goal-Setting Theory）由埃德温·洛克和加里·莱瑟姆于1967年提出。

[4] 〔加〕亨利·明茨伯格、布鲁斯·阿尔斯特兰德、约瑟夫·兰佩尔：《战略历程——穿越战略管理旷野的指南》，魏江译，机械工业出版社2012年版，第16页。

[5] 关于工作计划和目标的有关要求参见《杨晓渡同志在听取学院工作汇报时的讲话》（2019年4月10日根据记录整理）。

（三）协同治理

制定战略本身不是目的，战略的生命力在于为达成愿景目标，而进行"连续的、一致的、集中的行动"[1]。然而，大量的实践表明，要使组织在竞争性环境中保持优势，实现科学、健康、可持续发展，仅依靠战略和行动计划还远远不够。毕竟战略只是实现治理的要素之一。笔者认为，组织以及行业的发展应该向更高层次进发——协同治理。

"协同治理"是协同学（Synergetics）与治理（Governance）理论的交叉理论。目前，"协同治理"作为一种研究框架被广泛应用于政治、经济、管理、社会等学科。协同学本质上是对秩序规律的探究。适用协同学研究的对象需具备：复杂系统、开放系统、系统内部存在非线性作用、系统远离平衡态、系统随机涨落等要件。俞可平认为："现代国家治理体系是一个有机的、协调的、动态的和整体的制度运行系统。"[2]"治理有四个特征：治理不是一整套规则，也不是一种活动，而是一个过程；治理过程的基础不是控制，而是协调；治理既涉及公共部门，也包括私人部门；治理不是一种正式的制度，而是持续的互动。"[3] 由此可见，作为"协同"与"治理"交汇的产物，"协同治理"是一个内涵丰富的学术术语。

"协同治理"为我们提供了一个改革发展"纪检监察干部教育培训工作"的整体性分析框架。协同治理既重视组织内部的全要素协同，也关注组织与环境中利益相关者（Stakeholder)[4] 的协同。它提醒我们，在分析纪检监察干部教育培训工作时，要放进纪检监察工作大局中来考虑；在分析纪检监察工作时要放进党和国家工作大局中来考虑，但毕竟本书的主题不是治理模式的研究，在此我们仅就相关分析模型与读者共同探讨。

7S 模型

麦肯锡公司提出"7S 模型"（Mckinsey 7S Model）并强调组织在发展中必须全面考虑各方面情况：共同价值观（Shared Value）、战略（Strategy）、结

---

〔1〕 刘学：《战略——从思维到行动》，北京大学出版社 2009 年版，第 8 页。

〔2〕 俞可平等：《中国的治理变迁（1978~2018）》，社会科学文献出版社 2018 年版，第 4 页。

〔3〕 全球治理委员会：《我们的全球伙伴关系》，牛津大学出版社 1995 年版，第 23 页，转引自俞可平主编：《治理与善治》，社会科学文献出版社 2000 年版，第 5 页。

〔4〕 "利益相关者是任何能够影响公司目标的实现，或者受公司目标实现影响的团体或个人。"〔美〕弗里曼：《战略管理——利益相关者方法》，王彦华、梁豪译，上海译文出版社 2006 年版。

构（Structure）、制度（System）、风格（Style）、人员（Staff）、技能（Skill）
（见图 9-3）。

图 9-3 "7S 模型"

战略、结构、制度是"硬件"，共同价值观、风格、人员、技能是"软件"。"7S 模型"提醒管理者，"软件"和"硬件"同样重要，不可或缺。在运用"7S 模型"时，我们可以通过（但不限于）以下问题，建构思路、分析问题。

首先，我们要深刻理解组织的价值观：价值观和组织战略、结构、制度匹配吗，需要改进或调整吗？其次，"硬件"之间是如何互相作用的，需要改进或调整吗？再次，"软件"支持"硬件"吗，相互匹配吗，需要改进或调整吗？最后，当我们对这 7 个因素进行调整后，分析调整是否合理，并观测实施结果。

共同价值观（Shared Value）是指全体成员对组织的宗旨、使命、意义、愿景、战略等问题的基本观点，以及评判组织和员工行为的基本标准。价值观在组织发展中具有核心和灵魂的统摄地位，因而居于"7S 模型"的中心位置。政党发展与价值观建构的关系非常紧密，总体上遵循"价值建构制度，制度规范利益"的逻辑[1]。中国纪检监察学院作为政党的附随机构同样遵循

---

〔1〕 关于政党发展与价值观建构的相关理论参见蔡志强：《价值引导制度：社会和谐与党的执政能力建设》，江苏人民出版社 2013 年版；蔡志强：《制度规范利益：党建创新与社会治理成长》，中共中央党校出版社 2014 年版。

这一逻辑。价值观具有导向、约束、凝聚、激励及辐射等作用，能够激发成员的热情，统一成员的意志，使其凝心聚力地为实现组织的愿景而努力。在科层体制下，一个单位的价值观很大程度上是在任领导者价值观的反映，所谓"风行草偃"。因此，领导者的价值观不仅具有明确的导向性，而且具有直接的传导性。

——学院的使命是什么？

——学院的核心价值观是怎样的？

——领导者的价值观是怎样的？

——价值观的强度如何？

——学院是否形成了特有的文化？

战略（Strategy）是组织取得成功的重要因素，当前是一个"战略制胜"的时代。

——学院的战略是什么？

——我们应如何实现目标？

——我们应如何面对时代的变化和挑战？

——学员（纪检监察干部）的需求是否有变化？我们如何应对？

——环境（党风廉政建设和反腐败斗争形势）的变化要求战略做哪些改变？

结构（Structure）是指组织的构成形式，即各部分的排列、分工、联系、协同的模式。

——组织架构是怎样设置的？

——人力资源是如何配置的？

——各个部门之间的协作关系如何？

——团队成员之间的合作关系如何？

——决策权是集中还是分散的？

——决策方式的效率如何？

——沟通方式是直接的还是间接的？

制度（System）是指与组织的构造及运转相关的一系列规定和约束的总合，包括正式制度和非正式制度。

——学院制度建设情况如何？

——学院的正式制度与非正式制度的关系是怎样的？

——学院的制度能否得到有效执行？

——学院的控制权集中在哪里？

——学院是否有考核测评体系？

——学院内部规则和工作流程是怎样的？

风格（Style）是指组织在长期存续过程中形成的行为偏好。

——学院的管理风格是怎样的？

——领导力有效吗？

——领导团队间的关系是怎样的？

——员工间的关系倾向于互助、竞争抑或是互害？

员工（Staff）主要关注人员编制、岗位设置以及员工的胜任能力等。

——当前学院的编制情况如何？

——当前学院职位有哪些空缺？

——需要什么样的人才能胜任？

——学院发展需要怎样的人才？

——如何才能获得学院所需的人才？

技能（Skill）是指员工所掌握的利用生产要素为组织发展而进行价值创造的技术与能力。

——学院的核心技术是什么？

——这些技术是如何测评的？

——学院的核心竞争力是什么？

——有没有改进空间？

——员工能够胜任当前的职位吗？

附录 A　中国共产党干部教育培训文件汇总

目　录

1.1　政策

1.1.1　建党后至中华人民共和国国成立前（1921 年 7 月~1949 年 10 月）

1.1.1.1　建党初期（1921 年 7 月~1924 年 1 月）

1.1.1.2　大革命时期（1924 年 1 月~1927 年 7 月）

1.1.1.3　土地革命战争时期（1927 年 7 月~1937 年 7 月）

1.1.1.4　全面抗日战争时期（1937 年 7 月~1945 年 8 月）

1.1.1.5　解放战争时期（1945 年 8 月~1949 年 10 月）

1.1.2　中华人民共和国成立后至改革开放前（1949 年 10 月~1978 年 12 月）

1.1.2.1　社会主义建设时期（1949 年 10 月~1966 年 6 月）

1.1.2.2　"文化大革命"时期（1966 年 5 月~1976 年 10 月）

1.1.2.3　拨乱反正时期（1976 年 10 月~1978 年 12 月）

1.1.3　改革开放至今（1978 年 12 月至今）

1.1.3.1　改革开放初期（1978 年 12 月~1989 年 6 月）

1.1.3.2　党的十三届四中全会至十五大时期（1989 年 6 月~2002 年 11 月）

1.1.3.3　党的十六大至十七大时期（2002 年 11 月~2012 年 11 月）

1.1.3.4　党的十八大时期（2012 年 11 月~2017 年 10 月）

1.1.3.5　党的十九大时期（2017 年 10 月至今）

1.2　干部教育培训机构

1.3　全国干部学习培训教材

1.4　全国党校工作会议

1.1 政策

1.1.1 建党后至中华人民共和国成立前（1921年7月～1949年10月）

建党后至中华人民共和国成立前，大致可以划分为五个阶段：建党初期（1921年7月～1924年1月）、大革命时期（1924年1月～1927年7月）、土地革命战争时期（1927年7月～1937年7月）、全面抗日战争时期（1937年7月～1945年8月）、解放战争时期（1945年8月～1949年10月）。

1.1.1.1 建党初期（1921年7月～1924年1月）

1921年7月，《中国共产党第一个决议》，中国共产党第一次全国代表大会文件

1922年7月，《关于共产党的组织章程议决案》中国共产党第二次全国代表大会文件

1922年7月，《关于"工会运动与共产党"的议决案》中国共产党第二次全国代表大会文件

1923年11月，《教育宣传问题议决案》，中国共产党第三届第一次中央执行委员会文件

1.1.1.2 大革命时期（1924年1月～1927年7月）

1924年5月，《党内组织及宣传教育问题议决案》，中国共产党扩大执行委员会文件

1924年5月，《中共中央、青年团中央关于民校工作合作办法》，中国共产党扩大执行委员会文件

1925年1月，《对于宣传工作之议决案》，中国共产党第四次全国代表大会文件

1926年2月，《开办最高党校问题》，中央特别会议文件

1926年7月，《关于宣传部工作决议案》，中国共产党中央扩大执行委员会会议文件

1926年7月，《职工运动决议案》，中国共产党中央扩大执行委员会会议文件

1926年，《中国共产党第三次中央扩大执行委员会决议案》

1.1.1.3 土地革命战争时期（1927年7月～1937年7月）

1928年1月30日，《中央通告第三十二号——关于组织工作》

1928 年 7 月，《宣传工作的目前任务》，中国共产党第六次全国代表大会文件

1929 年 6 月，《宣传工作决议案》，中国共产党第六届中央执行委员会第二次全体会议文件

1929 年 12 月，《中国共产党红军第四军第九次代表大会决议案》

1930 年 9 月 28 日，《组织问题决议案》

1931 年 4 月 21 日，《中央关于苏区宣传鼓动工作决议》

1931 年 8 月 30 日，《中央给苏区中央局并红军总前委的指示信》

1931 年 11 月 5 日，《党的建设问题决议案》，中央苏区第一次党代表大会通过

1932 年 7 月，《苏维埃工作人员学习问题的决议案》

1933 年 1 月 26 日，《中央给满洲各级党部及全体党员的信——论满洲的状况和我们党的任务》

1933 年 1 月 31 日，《与中共中央局及全总执行局合办苏维埃党校的决议》，中华苏维埃共和国临时中央政府人民委员会第三十一次常委会

1933 年 8 月 10 日，《中央组织局关于党的教育计划致各级党部的信》

1933 年 10 月 20 日，《苏维埃学校建设决议案》

1935 年 8 月 5 日，《中央关于一四方面军会合后的政治形势与任务的决议》

1935 年 12 月 25 日，《中央关于目前政治形势与党的任务决议》

1.1.1.4 全面抗日战争时期（1937 年 7 月~1945 年 8 月）

1938 年 11 月 6 日，《中共中央扩大六中全会政治决议案》

1939 年 5 月 17 日，《中央关于宣传教育工作的指示》

1939 年 6 月 25 日，《总政治部关于大量吸收知识分子和培养新干部问题的训令》

1939 年 12 月 6 日，《军委关于军队吸收知识分子及教育工农干部的指示》

1940 年 1 月 3 日，《中共中央关于干部学习的指示》

1940 年 2 月 15 日，《中央关于办理党校的指示》

1940 年 2 月 2 日，《中央、军委关于培养财经人员理论知识和技能的指示》

1940 年 2 月 18 日，《中央关于积极参加国民党区的小学教育与社会教育

的指示》

1940 年 3 月 18 日，《中央关于开展抗日民主地区的国民教育的指示》

1940 年 3 月 24 日，《关于在职干部教育的指示》

1940 年 8 月 13 日，《中央宣传部关于加强干部策略教育的指示》

1940 年 10 月 16 日，《中央宣传部关于抗日根据地在职干部教育中的几个问题的指示》

1940 年 10 月 20 日，《中央宣传部关于提高延安在职干部教育质量的决定》

1941 年 5 月 19 日，《改造我们的学习》（毛泽东）

1941 年 7 月 15 日，《中共中央关于延安干部学校的决定（本决定同时亦适用于各抗日根据地）》

1941 年 9 月 26 日，《中央关于高级学习组的决定》

1941 年 11 月 4 日，《中央学习组关于各地高级学习组学习内容的通知》

1941 年 12 月 1 日，《中央关于延安在职干部学习的决定（同时亦适用于各地）》

1941 年 12 月 17 日，《中共中央关于延安干部学校的决定（本决定同时亦适用于各抗日根据地）》

1942 年 2 月 20 日，《关于时局估计、干部教育、财政经济等问题的指示》

1942 年 2 月 21 日，《中央军委、军委总政关于军队干部教育的指示（第一号）——总的指示》

1942 年 2 月 21 日，《中央军委、军委总政关于军队干部教育的指示（第二号）——军事教育》

1942 年 2 月 21 日，《中央军委、军委总政关于军队干部教育的指示（第三号）——政治教育》

1942 年 2 月 21 日，《中央军委、军委总政关于军队干部教育的指示（第四号）——文化教育》

1942 年 2 月 26 日，《中央军委、军委总政关于军队干部教育的指示（第五号）——各种干部的业务教育》

1942 年 2 月 28 日，《中共中央关于在职干部教育的决定》

1942 年 6 月 8 日，《中央宣传部关于在全党进行整顿三风学习运动的指示》

1943 年 1 月 1 日，《中共中央关于征调敌后大批干部来陕甘宁边区保留培养的决定》

1943 年 7 月 11 日，《中央总学委关于在延安进行反对内战保卫边区的群众教育的通知》

1943 年 8 月 5 日，《中央总学委关于进行一次国民党的本质及对待国民党的正确政策的教育问题的通知》

1944 年 2 月，《中央宣传部关于延安一般机关学校政治教育的通知》

1.1.1.5 解放战争时期（1945 年 8 月~1949 年 10 月）

1948 年 7 月 24 日，《关于创办马列学院的决定》

1948 年 9 月 15 日，《中央关于党校教学材料的规定》

1948 年 10 月 10 日，《关于九月会议的通知》

1948 年 10 月 28 日，《中央关于准备夺取全国政权所需要的全部干部的决议》

1949 年 3 月 2 日，《中央关于华北大学毕业生的分配和在学生中进行忠诚老实教育问题给华北局的指示》

1949 年 3 月 9 日，《中央关于尽量收录知识青年入我所办学校的指示》

1949 年 6 月 11 日，《中共中央关于准备抽调三万八千名干部问题给各中央局、分局的指示》

1.1.2 中华人民共和国成立后至改革开放前（1949 年 10 月~1978 年 12 月）

中华人民共和国成立后至改革开放前，大致可以划分为三个阶段：社会主义建设时期（1949 年 10 月~1966 年 6 月）、"文化大革命"时期（1966 年 5 月~1976 年 10 月）、拨乱反正时期（1976 年 10 月~1978 年 12 月）。

1.1.2.1 社会主义建设时期（1949 年 10 月~1966 年 6 月）

1949 年 12 月 16 日，《关于成立中国人民大学的决定》（政务院第 11 次会议通过）

1950 年 1 月 23 日，《中共中央关于成立中国人民大学的决定》

1951 年 2 月，《中央关于加强理论教育的决定》

1950 年 10 月，《中共中央关于在职干部学习问题的通知》

1950 年 11 月 10 日，《政务院关于举办工农速成中学和工农干部文化补习学校的指示》

1951 年 2 月，《中央关于加强理论教育的决定（草案）》

1950 年 11 月 24 日，《培养少数民族干部试行方案》《筹办中央民族学院试行方案》（政务院第 60 次会议通过）

1950 年 12 月 14 日，《关于举办工农速成中学和工农干部文化补习学校的指示》（政务院第 58 次会议通过）

1951 年 2 月 10 日，《工农速成中学暂行实施办法》（教育部）

1951 年 3 月 20 日，《中共中央关于加强理论教育的决定的通知》，载《建国以来重要文献选编》（第 2 册）

1953 年 2 月 10 日，《关于设立马列主义教师学院的决定》

1953 年 4 月 25 日，《中国共产党中央委员会关于 1953-1954 年干部理论教育的指示》

1953 年 4 月，《中央关于 1953-1954 年干部理论教育的指示》

1953 年 10 月，《中央关于 1953-1954 年干部理论教育的补充通知》

1953 年 12 月 24 日，《中共中央关于加强干部文化教育工作的指示》

1954 年 12 月 17 日，《中共中央关于轮训全党高、中级干部和调整党校的计划》

1955 年 7 月，《中央关于党的高级干部自修马克思、列宁主义办法的规定》

1956 年 1 月 21 日，中共中央批转中央组织部《关于全国省市以上各专业部门在职干部轮训工作向中央的报告》

1956 年 2 月，《中央关于分批抽调工业交通系统的领导骨干进高等工业学校学习的通知》

1956 年 2 月 1 日，《中共中央关于加强初级党校工作的指示》

1956 年 3 月 31 日，《创办社会主义学院的实施方案（草案）》

1956 年 4 月，《中央组织部、宣传部关于制订干部训练工作规划中几个问题的通知》

1956 年 6 月，《中央组织部、宣传部关于制订干部训练工作规划中若干问题的补充通知》

1956 年 8 月，《中央关于党的高级干部自修马克思、列宁主义办法的规定中若干问题的修正和补充的通知》

1957 年 5 月 7 日，《关于高级党校学员整风问题的谈话》（刘少奇）

1959 年 7 月 2 日，《高级党校关于今后工作任务的报告》

1961 年 9 月 15 日，《中共中央关于轮训干部的决定》

1963 年 5 月 21 日，《关于中央高级党校工作问题的报告》

1964 年 2 月 15 日，《中共中央关于组织高级干部学习马恩列斯著作的批示》

1964 年 8 月 18 日，《中共中央关于县以上干部学习毛主席哲学著作的决定》

1.1.2.2 "文化大革命"时期（1966 年 5 月~1976 年 10 月）

1966 年 5 月 7 日，《"五七"指示》

1.1.2.3 拨乱反正时期（1976 年 10 月~1978 年 12 月）

1977 年 10 月 5 日，《中共中央关于办好各级党校的决定》（中发〔1977〕38 号）

1.1.3 改革开放至今（1978 年 12 月至今）

改革开放，大致可以划分为五个阶段：改革开放初期（1978 年 12 月~1989 年 6 月）、党的十三届四中全会至十五大时期（1989 年 6 月~2002 年 11 月）、党的十六大至十七大时期（2002 年 11 月~2012 年 11 月）、十八大时期（2012 年 11~2017 年 10 月）、十九大时期（2017 年 10 月至今）

1.1.3.1 改革开放初期（1978 年 12 月~1989 年 6 月）

1979 年 2 月 17 日，《关于停办"五七"干校有关问题的通知》（国发〔1979〕40 号）

1980 年 2 月 5 日，《中央批转〈全国党校工作座谈会纪要〉》（中发〔1980〕12 号）

1980 年 2 月 25 日，《中央宣传部、中央组织部关于加强干部教育工作的意见》（中宣发〔1980〕3 号）（中组发〔1980〕10 号）

1980 年 8 月 30 日，《关于高等院校、中等专业院校举办干部专修科和干部培训班暂行办法的通知》（〔1980〕教计字 257 号）（〔1980〕财事字 329 号）（教育部、国家计委、财政部）

1980 年 9 月 5 日，《国务院批转教育部关于大力发展高等学校函授教育和夜大学的意见》（国发〔1980〕228 号）

1981 年 4 月 23 日，《中央办公厅、国务院办公厅关于转发〈科学技术干部管理工作试行条例〉的通知》（中办发〔1981〕16 号）

1982 年 12 月 11 日，《中共中央关于批准〈中央党校关于今后教学工作的意见〉的通知》（中发〔1982〕53 号）

1982 年 12 月 30 日，《中央组织部、中央宣传部关于高等教自学考试开考

党政干部基础科的通知》（组通字〔1982〕47号）（中宣发文〔1982〕55号）

1982年10月3日，《中共中央、国务院关于中央党政机关干部教育工作的决定》（中发〔1982〕41号）

1982年12月11日，《中央党校今后教学工作的意见》（中发〔1982〕53号）

1983年5月3日，《中共中央关于印发〈关于实现党校教育正规化的决定〉和〈关于第二次全国党校工作会议的情况的报告〉的通知》（中发〔1983〕14号）

1983年4月20日，《财政部颁发〈关于中央级党政机关干部教育经费开支的暂行规定〉的通知》（〔1983〕财事字第134号）

1983年5月18日，《国务院批转教育部等部门〈关于成立管理干部学院问题的请示〉的通知》（国务院〔1983〕87号）

1983年10月5日，《1983年–1990年全国干部培训规划》（中组发〔1983〕15号）

1984年5月15日，《教育部、国家计委、财政部颁发〈高等学校举办干部专修科、中等专业学校举办干部、职工中专班的试行办法〉的通知》（〔1980〕教计字086号）

1984年6月12日，《中共中央宣传部印发〈关于干部马列主义理论教育正规化的规定〉的通知》（中宣发文〔1984〕26号）

1984年9月27日，《国务院办公厅转发国家经委等单位关于第一批企业经理、厂长国家统考情况报告的通知》（国办发〔1984〕90号）

1984年12月29日，《中共中央批转〈关于加强干部培训工作的报告〉的通知》（中发〔1984〕28号）

1985年3月27日，《中央组织部转发〈关于利用农业广播学校做好农村基层干部培训工作的意见〉的通知》（组通字〔1985〕15号）

1985年4月26日，《教育部关于印发〈高等学校在校外举办干部专修科的暂行规定〉的通知》（〔1985〕教计字047号）

1985年4月29日，《国务院批转国家经委关于加强工交、财贸系统经济管理干部学院建设若干问题意见的通知》（国发〔1985〕67号）

1985年7月26日，《中共中央组织部、国家经济委员会关于对大中型企业领导干部进行现代管理知识培训的通知》（组通字〔1985〕36号）（经教〔1985〕490号）

1985 年 11 月 5 日，《中共中央批转〈全国党校工作座谈会纪要〉和〈关于中央党校培训对象问题的请示报告〉的通知》（中发〔1985〕24 号）

1985 年 12 月 17 日，《国家教育委员会关于不得自行决定组织国家承认学历的统一考试的通知》（〔1985〕高教三字 007 号）

1985 年 12 月 20 日，《中共中央组织部、农牧渔业部关于对县以上农业领导干部进行现代农业经济管理知识培训的通知》（组通字〔1985〕51 号）〔〔1985〕农（教）字第 94 号〕

1985 年 12 月 31 日，《国家教育委员会关于设置成人高等学校由国家教育委员会审批的通知》（〔1985〕教计字 193 号）

1986 年 1 月 9 日，《国家经委印发〈关于加强经济管理干部学院建设提高教学质量的通知〉》（经教〔1986〕18 号）

1986 年 8 月 15 日，《中共中央组织部、中共中央宣传部关于开展教师节庆祝活动应包括党校、干校教师的通知》（组通字〔1986〕33 号）

1986 年 11 月 17 日，《中共中央组织部、城乡建设环境保护部关于印发〈"七五"期间全国市长培训规划〉的通知》（组通字〔1986〕43 号）（城市字〔1986〕570 号）

1986 年 12 月 15 日，《中共中央组织部、中共中央宣传部、国家教育委员会印发〈关于加强干部中等专业教育的意见〉的通知》（中组发〔1986〕6 号）

1987 年 1 月 24 日，《国家经济委员会、中共中央组织部、国家教育委员会印发〈关于开展全国大中型企业领导干部岗位职务培训工作的报告〉的通知》（经教〔1987〕55 号）

1987 年 1 月 25 日，《国家经济委员会、中共中央组织部关于印发〈"七五"期间全国大中型企业领导干部岗位职务培训规划要点〉的通知》（经教〔1987〕42 号）

1987 年 4 月 15 日，《民政部、中共中央组织部关于认真做好乡镇干部培训工作的通知》（民字〔1987〕19 号）（组通字〔1987〕17 号）

1987 年 5 月 15 日，《中央职称改革工作领导小组转发〈关于在全国各地（市）县委党校实行专业技术职务聘任制度的实施意见〉的通知》（职改字〔1987〕18 号）

1987 年 6 月 23 日，《国务院批转〈国家教育委员会关于改革和发展成人教育的决定〉的通知》（国发〔1987〕59 号）

1987年8月28日，《国务院贫困地区经济开发领导小组、农牧渔业部、中共中央组织部关于全国重点贫困县县级领导干部培训问题的通知》（国开发〔1987〕4号）

1987年10月27日，《国家经济委员会、国家科学技术委员会、中国科学技术协会关于印发〈企业科技人员继续教育暂行规定〉的通知》（经教〔1987〕676号）

1987年11月21日，《中央办公厅转发中央党校〈关于改革中央党校工作的报告〉的通知》（中办发〔1987〕19号）

1987年12月15日，《国家教育委员会、国家科学技术委员会、国家经济委员会、劳动人事部、财政部、中国科学技术协会发布〈关于开展大学后继续教育的暂行规定〉的通知》（〔1987〕教高三字020号）

1988年2月25日，《中共中央组织部印发关于县委书记、县长岗位职务培训试点工作三个材料的通知》（干教字〔1988〕3号）

1988年3月3日，《国务院关于发布〈高等教育自学考试暂行条例〉的通知》（国发〔1988〕15号）

1988年4月13日，《国家教委高等教育自学考试办公室、劳动人事部人事教育局关于高等教育自学考试开考行政管理专业有关问题的通知》（〔1988〕教考办字003号）

1988年4月14日，《国家教育委员会自学考试办公室、中共中央组织部干部教育局、劳动人事部人事教育局关于开考中专〈行政管理〉、〈政治工作〉专业的通知》（〔1988〕教考办字002号）

1989年4月19日，《农业部、人事部、中国科学技术协会关于印发〈农业专业技术人员继续教育暂行规定〉的通知》〔〔1989〕农（教）字8号〕

1988年4月20日，《全国高等教育自学考试指导委员会关于高等教育自学考试开考政治管理专业有关问题的通知》（〔1988〕考委字026号）

1988年4月28日，《国家教育委员会、人事部印发〈关于成人高等教育试行〈专业证书〉制度的若干规定〉的通知》（〔1988〕高教三字006号）

1988年5月14日，《国家教委印发〈关于促进成人高等教育联合办学的意见〉的通知》（〔1988〕教计字066号）

1988年7月20日，《国务院办公厅关于成立筹建国家行政学院领导小组的通知》（国办发〔1988〕31号）

1988 年 8 月 14 日，《中共中央组织部、民政部关于印发（部分省市乡镇领导干部岗位培训试点工作座谈会纪要）的通知》（组厅字〔1988〕36 号）（民办〔1998〕民字 6 号）

1989 年 1 月 21 日，《国务院贫困地区经济开发领导小组、农业部关于全国省定贫困县和重点牧区贫困县县级领导干部培训问题的通知》（国开发〔1989〕8 号）

1.1.3.2 党的十三届四中全会至十五大时期（1989 年 6 月~2002 年 11 月）

1989 年 8 月 28 日，《中共中央关于加强党的建设的通知》（中共中央政治局全体会议通过）（中发〔1989〕9 号）第三节

1989 年 12 月 27 日，《中共中央关于建立健全省部级在职领导干部学习制度的通知》（中发〔1989〕13 号）

1989 年 12 月 30 日，《国家教育委员会、人事部关于加强成人高等教育试行〈专业证书〉制度管理的若干意见》（〔1989〕高教三字 011 号）

1990 年 1 月 26 日，《国务院办公厅关于派遣团组和人员赴国外培训的规定》（国办发〔1990〕4 号）

1990 年 3 月 12 日，《中共中央关于加强党同人民群众联系的决定》（中国共产党十三届六中全会通过）第八条

1990 年 9 月 5 日，《中共中央关于加强党校工作的通知》（中发〔1990〕15 号）

1990 年 10 月 15 日，《中央宣传部、中央组织部关于组织各级干部深入学习社会主义理论的意见》（中宣发文〔1990〕11 号）

1991 年 2 月 13 日，《中共中央组织部关于部分高等院校党员领导干部马克思主义理论培训安排的通知》（组通字〔1991〕7 号）

1991 年 2 月 26 日，《国家教育委员会关于成人高等学校治理整顿工作的意见》（教成〔1991〕2 号）

1991 年 4 月 29 日，《中共中央组织部、中共最高人民法院党组关于对部分拟担任法院领导职务的干部实行短期专业培训的通知》（组通字〔1991〕14 号）

1991 年 5 月 6 日，《中央组织部关于中央、国家机关各部委抽调地方领导干部参加培训有关事项的通知》（组通字〔1991〕16 号）

1991 年 6 月 4 日，《中共中央组织部、建设部关于印发〈1991 年–1995

年全国市长培训计划〉的通知》（组通字〔1991〕19号）

1991年6月18日，《中共中央宣传部、中共中央组织部关于组织党的各级干部学习中共党史和马克思主义党的建设理论的通知》（中宣通〔1990〕11号）

1991年9月6日，《关于抓紧培养教育青年干部的决定》（中发〔1991〕17号）

1991年10月26日，《中华人民共和国最高人民检察院关于对部分拟担任检察机关领导职务的干部实行短期专业培训的通知》（高检发政字〔1991〕36号）

1991年11月25日，《中共中央组织部、国务院生产办公室关于印发〈1991-1995年全国企业干部培训规划要点〉的通知》（组通字〔1991〕36号）

1991年12月16日，《国务院生产办公室关于加强企业干部培训工作管理，坚决制止对企业"乱办班、乱收费、乱发证"的通知》（国生培训〔1991〕101号）

1991年12月20日，《人事部关于印发〈全国专业技术人员继续教育"八五"规划纲要〉的通知》（人培干发〔1991〕11号）

1991年12月29日，《1991-1995年全国干部培训规划要点》（中组发〔1991〕6号）

1992年4月10日，《中共中央组织部、农业部关于印发〈"八五"期间全国农业干部培训规划要点〉的通知》〔〔1992〕农（教）字第2号〕

1992年4月11日，《中组部关于贯彻落实〈中共中央关于抓紧培养教育青年干部的决定〉的实施意见》（组通字〔1992〕7号）

1992年4月24日，《国务院批转全国企业管理干部培训工作领导小组关于对国营企业领导干部进行岗位任职资格培训意见的通知》（国发〔1992〕22号）

1992年5月12日，《中共中央组织部、中共中央统战部关于在职党外省部级领导干部学习纳入中央党校进修计划的通知》（统发〔1992〕61号）

1992年7月4日，《人事部关于印发〈1992年-1995年国家行政机关人事干部培训工作纲要〉的通知》（人培干发〔1992〕1号）

1992年8月17日，《中共中央组织部、中共中央宣传部、中共中央党校关

于改进中央党校硕士研究生招生工作的通知》（中校字〔1992〕41 号）

1992 年 9 月 3 日，《中共中央关于加强党的建设提高党在改革和建设中的战斗力的意见（节选）》（中发〔1992〕10 号）

1992 年 12 月 7 日，《中共中央组织部、国务院经济贸易办公室、人事部印发〈关于选送国有大中型企业优秀中青年干部参加岗位任职资格培训的意见〉的通知》（组通字〔1992〕31 号）

1993 年 1 月 7 日，《国务院办公厅转发〈国家教委关于进一步改革和发展成人高等教育意见〉的通知》（国办发〔1993〕3 号）

1993 年 2 月 12 日，《国家教育委员会关于印发〈关于成人高等教育毕业证书统一印制及加强管理的若干规定〉的通知》（教成〔1993〕2 号）

1993 年 2 月 13 日，《中共中央、国务院关于印发〈中国教育改革和发展纲要〉的通知》（中发〔1993〕3 号）

1993 年 5 月 4 日，《国家外国专家局、外交部〈关于对派遣团组和人员赴国（境）外培训工作加强管理的通知〉》（外专发〔1993〕161 号）

1993 年 4 月 23 日，《国家公务员暂行条例》（国务院令〔1993〕第 125 号）

1993 年 10 月 16 日，《国务院关于成立国家行政学院的通知》（国发〔1993〕73 号）

1993 年 10 月 20 日，《国家外国专家局、外交部印发〈关于派遣团组和人员赴国（境）外培训的暂行管理办法〉的通知》（外专发〔1993〕314 号）

1993 年 11 月 2 日，《中共中央关于学习〈邓小平文选〉第三卷的决定》（中发〔1993〕10 号）

1993 年 12 月 2 日，《中共中央组织部关于印发〈省部级在职领导干部到中央党校学习进修计划〉的通知》（组通字〔1993〕19 号）

1994 年 4 月 18 日，《中共中央办公厅关于转发〈中央组织部、中央宣传部关于加强和改进党员教育工作的若干意见〉的通知》（中办发〔1994〕4 号）

1994 年 4 月 23 日，《国家教育委员会印发〈关于改革和发展成人中等专业教育的意见〉的通知》（教成〔1994〕3 号）

1994 年 5 月 6 日，《中共中央关于新形势下加强党校工作的意见》（中发〔1994〕5 号）

1994 年 3 月 14 日，《中共中央办公厅关于组织广大干部学习社会主义市

场经济理论和基础知识的通知》（厅字〔1994〕11号）

1994年4月23日，《中共中央办公厅关于组织广大干部学习现代科学技术知识的通知》（厅字〔1994〕15号）

1994年7月30日，《国务院办公厅关于加强各部门及其所属单位办班管理的通知》（国办发〔1994〕84号）

1994年9月28日，《中共中央关于加强党的建设几个重大问题的决定》（1994年9月28日，中国共产党第十四届中央委员会第四次全体会议通过）

1994年10月27日，《国务院纠正行业不正之风办公室、国务院外事办公室〈关于严格控制各类学会协会等单位组织公费出国（境）考察培训〉的通知》（国办纠发〔1994〕8号）

1994年11月2日，《中共中央宣传部、中共中央组织部关于学习〈邓小平文选〉第一、二卷的通知》（中办发〔1994〕18号）

1994年12月30日，《中共中央组织部、中共中央宣传部印发〈关于在党员中开展建设有中国特色社会主义理论和党章学习活动的意见〉的通知》（中组发〔1994〕9号）

1995年1月7日，中共中央《关于抓紧培养选拔优秀年轻干部的通知》（中发〔1995〕2号）

1995年1月17日，《人事部关于印发〈职业资格证书制度暂行办法〉的通知》（人职发〔1995〕6号）

1995年1月13日，《中共中央组织部关于轮训各级组织干部的通知》（组通字〔1995〕2号）

1995年1月26日，《国家教育委员会关于发布〈中外合作办学暂行规定〉的通知》（教外综〔1995〕31号）

1995年2月8日，《国家教育委员会关于进一步加强高等学校校外班（分校、分院）管理的通知》（教计〔1995〕6号）

1995年2月9日，《中共中央关于印发〈党政领导干部选拔任用工作暂行条例〉的通知》（中发〔1995〕4号）

1995年3月18日，《中华人民共和国教育法》（第八届全国人民代表大会第三次会议通过）

1995年3月20日，《中共中央组织部、国家经济贸易委员会、国家教育委员会、财政部、人事部印发〈关于加强干部培训管理的若干规定〉的通知》

（中组发〔1995〕3 号）

1995 年 5 月 6 日，《中共中央、国务院关于加速科学技术进步的决定》（节选）（中发〔1995〕8 号）

1995 年 5 月 10 日，《中共中央关于印发〈邓小平同志建设有中国特色社会主义理论学习纲要〉的通知》（中发〔1995〕10 号）

1995 年 5 月 14 日，《中共中央组织部、农业部、国家教育委员会关于在中等农业学校举办乡镇及村级干部中专班的通知》（农教发〔1995〕7 号）

1995 年 5 月 24 日，《中共中央组织部、中国科学技术协会关于印发〈1995 年-2000 年农村党员、基层干部实用技术和市场经济知识培训规划要点〉的通知》（组通字〔1995〕18 号）

1995 年 5 月 26 日，《中共中央办公厅关于组织广大干部学习利用外资基础知识的通知》（厅字〔1995〕25 号）

1995 年 8 月 17 日，《中共中央组织部、中共中央政法委员会、国家安全部关于对拟担任省、地市级国家安全厅、局领导职务的干部进行任职培训的通知》（组通字〔1995〕30 号）

1995 年 8 月 29 日，《中共中央宣传部、中共中央组织部关于印发〈省部党委（党组）中心组理论学习经验交流会纪要〉的通知》（中宣发〔1995〕13 号）

1995 年 9 月 6 日，《中国共产党党校工作暂行条例》（中发〔1995〕11号）

1995 年 9 月 21 日，《人事部关于印发〈国家公务员出国培训暂行规定〉的通知》（人外发〔1995〕110 号）

1995 年 11 月 1 日，《人事部关于印发〈全国专业技术人员继续教育暂行规定〉的通知》（人核培发〔1995〕131 号）

1996 年 3 月 7 日，《中共中央组织部关于今年上半年举办三个省部级干部专题研究班的通知》（组通字〔1996〕11 号）

1996 年 5 月 7 日，《1996-2000 年全国干部教育培训规划》（中发〔1996〕10 号）

1996 年 6 月 5 日，《人事部关于印发〈国家公务员培训暂行规定〉的通知》（人发〔1996〕52 号）

1996 年 6 月 6 日，《中共中央组织部、国家经济贸易委员会关于印发〈"九

五"期间全国企业管理人员培训纲要〉的通知》（国经贸培〔1996〕382 号）

1996 年 6 月 12 日，《中共中央组织部关于调整完善省部级在职领导干部脱产学习进修计划的通知》（组通字〔1996〕27 号）

1996 年 8 月 23 日，《中共中央组织部、农业部关于印发〈1996-2000 年全国农业干部培训规划要点〉的通知》（中组发〔1996〕9 号）（农教发〔1996〕11 号）

1996 年 8 月 28 日，《中共中央组织部、财政部、国务院扶贫开发领导小组关于印发〈1996-2000 年全国贫困地区干部培训规划〉的通知》

1996 年 9 月 11 日，《中共中央组织部、建设部、中国科学技术协会关于印发〈1996-2000 年全国市长培训规划〉的通知》（组通字〔1996〕40 号）

1996 年 9 月 11 日，《国务院关于印发〈国家行政学院办学工作的若干意见〉的通知》（国发〔1996〕38 号）

1996 年 10 月 24 日，《中共中央组织部、中共国家教育委员会党组印发〈关于"九五"期间加强高等学校干部培训工作的意见〉的通知》（教党〔1996〕84 号）

1996 年 11 月 12 日，《中共中央组织部、中共中央宣传部、中华人民共和国司法部关于组织广大干部学习社会主义法律知识的通知》（司发通〔1996〕145 号）

1996 年 12 月 11 日，《人事部关于印发〈"九五"公务员培训工作纲要〉的通知》（人发〔1996〕123 号）

1996 年 12 月 12 日，《人事部关于印发〈全国专业技术人员继续教育"九五"规划纲要〉的通知》（人发〔1996〕124 号）

1997 年 1 月 24 日，《中共中央关于进一步加强和改进国有企业党的建设工作的通知》（中发〔1997〕4 号）

1997 年 3 月 15 日，《中共中央办公厅关于学习〈邓小平经济理论学习纲要〉的通知》（厅字〔1997〕5 号）

1997 年 4 月 2 日，《中共中央组织部、中共中央政法委员会关于轮训地方党委政法委领导干部的通知》（政法〔1997〕10 号）

1997 年 8 月 4 日，《中共中央组织部、总政治部关于进一步加强军地领导干部交叉培训工作的通知》（组通字〔1997〕34 号）

1998 年 1 月 26 日，《中共中央组织部、国家经济贸易委员会关于进一步

加强领导，积极推动工商管理培训的通知》（国经贸培〔1988〕63 号）

1998 年 2 月 25 日，《中共中央组织部关于印发〈全国干部教育联席会议第一次会议纪要〉的通知》（组通字〔1988〕8 号）

1998 年 5 月 25 日，《国务院办公厅转发人事部、教育部〈关于做好国务院各部门分流人员学习和培训工作意见〉的通知》（国办发〔1988〕28 号）

1998 年 7 月 11 日，《国务院办公厅转发人事部、教育部〈关于国务院各部门分流人员学习和培训实施方案〉的通知》（国办发〔1988〕104 号）

1998 年 6 月 24 日，《中共中央关于在全党深入学习邓小平理论的通知》（中发〔1988〕11 号）

1998 年 6 月 30 日，《中共中央组织部、中共中央宣传部关于组织广大党员、干部学习〈邓小平党的建设理论学习纲要〉的通知》（组通字〔1988〕27 号）

1998 年 7 月 27 日，《国务院办公厅转发国家行政学院〈关于青年干部培训班有关问题意见〉的通知》（国办发〔1988〕109 号）

1998 年 9 月 30 日，《中共中央办公厅关于学习中央对台方针政策的通知》（厅字〔1988〕19 号）

1998 年 11 月 12 日，《中共中央关于在县级以上党政领导班子、领导干部中深入开展以"讲学习、讲政治、讲正气"为主要内容的党性党风教育的意见》

1998 年 12 月 9 日，《中共中央组织部关于报送省部级在职领导干部新一轮脱产学习进修计划的通知》（组通字〔1988〕56 号）

1998 年 12 月 12 日，《中共中央组织部关于印发〈全国干部教材编审协调小组第一次工作会议纪要〉的通知》（组通字〔1988〕57 号）

1999 年 1 月 20 日，《中共中央组织部关于印发〈全国干部教育理论研讨会会议纪要〉的通知》

1999 年 5 月 7 日，《中共中央组织部、中共中央宣传部中共中央政法委员会关于对各级领导干部深入进行维护社会稳定教育的通知》

2000 年 6 月 5 日，《中共中央关于面向 21 世纪加强和改进党校工作的决定》（中发〔2000〕10 号）

2000 年 9 月 5 日，《中共中央办公厅关于转发〈中共中央组织部关于进一步做好培养选拔优秀年轻干部工作的意见〉的通知》（中办发〔2000〕20 号）

2000 年 10 月 13 日，《中共中央组织部、中共中央宣传部关于建立县级以

上党政领导干部理论学习考核制度的若干意见》

2000 年 9 月 28 日，《中共中央组织部、中共中央宣传部关于印发〈关于加强和改进党委（党组）中心组学习的意见〉的通知》

2001 年 1 月 21 日，《2001 年-2005 年全国干部教育培训规划》（中发〔2001〕4 号）

2001 年 5 月 15 日，《国家行政学院职能配置、内设机构、人员编制规定》（国办发〔2001〕37 号）

2002 年 3 月 15 日，《中共中央组织部财政部、国务院扶贫开发领导小组办公室关于印发〈"十五"期间全国贫困地区扶贫开发干部培训规划〉的通知》

2002 年 4 月 16 日，《中共中央组织部、中共中央宣传部关于认真贯彻江泽民同志〈序言〉精神组织广大干部学习首批全国干部培训教材的通知》

2002 年 5 月 7 日，《中共中央办公厅、国务院办公厅关于印发〈2002-2005 年全国人才队伍建设规划纲要〉的通知》（中办发〔2002〕12 号）

2002 年 5 月 29 日，《中共中央组织部、中共中央宣传部、司法部关于加强领导干部学法用法工作的若干意见》

1.1.3.3 党的十六大至十七大时期（2002 年 11 月~2012 年 11 月）

2002 年 11 月 17 日，《中共中央关于认真学习贯彻党的十六大精神的通知》

2003 年 6 月 15 日，《中共中央关于在全党兴起学习贯彻"三个代表"重要思想新高潮的通知》

2003 年 6 月 19 日，《中共中央组织部、中共中央宣传部关于印发〈全国干部学习培训教材建设五年规划（2003 年-2007 年）〉的通知》

2003 年 8 月 5 日，《中国浦东等三个干部学院职能配置、内设机构和人员编制方案及干部学院理事会秘书处职能配置、内设机构和人员编制方案的通知》（厅字〔2003〕14 号）

2003 年 8 月 20 日，《关于深入学习贯彻"三个代表"重要思想做好，大规模培训干部工作的意见》（中组发〔2003〕26 号）

2003 年 10 月 31 日，《关于进一步加强国家公务员培训质量评估工作的意见》（国人部发〔2003〕44 号）

2003 年 11 月 23 日，《中共中央办公厅关于印发中国浦东干部学院、中国

井冈山干部学院、中国延安干部学院〈教学工作意见（试行）〉的通知》（中办发〔2003〕33 号）

2003 年 12 月 26 日，《中共中央、国务院关于进一步加强人才工作的决定》（中发〔2003〕16 号）

2003 年，《全国干部学习培训教材建设五年规划（2003 年-2007 年）》

2004 年 9 月 2 日，《中共中央组织部关于印发〈关于加强和改进企业经营管理人员教育培训工作的意见〉的通知》

2004 年 11 月 12 日，《中共中央组织部关于印发〈关于对各级干部进行十六届四中全会精神培训的实施意见〉的通知》

2005 年 1 月 3 日，《建立健全教育、制度、监督并重的惩治和预防腐败体系实施纲要》（中发〔2005〕3 号）

2005 年 4 月 27 日，《中华人民共和国公务员法》（第十届全国人大常务委员会第十五次会议通过，2006 年 1 月 1 日起施行）

2005 年 5 月 16 日，《中共中央组织部、人事部关于认真组织学习〈中华人民共和国公务员法〉的通知》

2006 年 1 月 11 日，《中共中央组织部关于印发〈关于进一步加强县（市、区、旗）党政正职队伍建设的意见〉的通知》

2006 年 1 月 21 日，《中共中央关于印发〈干部教育培训工作条例（试行）〉的通知》（中发〔2006〕3 号）

2006 年 6 月 19 日，《中共中央组织部、中共中央宣传部关于认真贯彻胡锦涛同志〈序言〉精神组织广大干部学习第二批全国干部学习培训教材的通知》

2006 年 6 月 21 日，《中共中央办公厅印发〈关于加强党员经常性教育的意见〉等四个保持共产党先进性长效机制文件的通知》

2006 年 8 月 13 日，《中共中央关于学习〈江泽民文选〉的决定》

2006 年 10 月，《2006-2010 年全国干部教育培训规划》（中发〔2006〕21 号）

2006 年 12 月 13 日，《中共中央关于印发〈2006-2010 年全国干部教育培训规划〉的通知》

2007 年 7 月 4 日，中共中央办公厅《关于在全国农村开展党员干部现代远程教育工作的意见》（中办发〔2007〕18 号）

2007 年 10 月 24 日，《中共中央印发〈关于认真学习宣传贯彻党的十七大精神的通知〉》

2007 年 12 月 10 日，《中共中央组织部关于印发〈2008-2010 年全国贫困地区干部和扶贫干训规划〉的通知》

2008 年 6 月 27 日，《公务员培训规定（试行）》（中组发〔2008〕17 号）（中组部、人社部）

2008 年 5 月 13 日，《建立健全惩治和预防腐败体系 2008-2012 年工作规划》（中发〔2008〕9 号）

2008 年 8 月 11 日，《中共中央组织部关于印发〈关于 2008-2012 年大规模培训干部工作的实施意见〉的通知》

2008 年 8 月 11 日，《中共中央组织部关于印发〈关于在干部教育培训中进一步加强学风建设的若干意见〉的通知》（中组发〔2008〕23 号）

2008 年 10 月 29 日，《中国共产党党校工作条例》（中发〔2008〕13 号）

2009 年 3 月 31 日，中共中央组织部《关于加强培养选拔年轻干部工作的意见》（中组发〔2009〕8 号）

2009 年 4 月，《关于加强县委书记队伍建设的若干规定》

2009 年 7 月 26 日，《2009-2013 年全国党员教育培训工作规划》（中办发〔2009〕23 号）

2009 年 12 月 14 日，《行政学院工作条例》（国务院令第 568 号）

2009 年，《中组部、教育部关于建立和规范高校干部培训基地的意见》（中组发〔2009〕9 号）

2009 年，《中组部、教育部关于印发首批全国干部教育培训高校基地名单的通知》（组通字〔2009〕47 号）

2010 年 2 月 8 日，中共中央办公厅印发《关于推进学习型党组织建设的意见》（中办发〔2009〕44 号）

2010 年 6 月 7 日，《国家中长期人才发展规划纲要（2010-2020 年）》（中组发〔2010〕6 号）

2010 年 8 月 17 日，《2010-2020 年干部教育培训改革纲要》（中办发〔2010〕18 号）

2011 年 2 月 10 日，《中央纪委、中央组织部、中央宣传部关于加强领导干部反腐倡廉教育的意见》（中办发〔2011〕9 号）

2011 年 7 月，《关于加强市（地、州、盟）党政正职管理若干规定》

2011 年 8 月 15 日，《中共中央组织部关于配合县级党委换届开展县委书记任职培训的通知》

2011 年 10 月 6 日，《中共中央办公厅转发〈中央组织部关于加强和改进基层干部教育培训工作的意见〉的通知》（中办发〔2011〕33 号）

2011 年 8 月 18 日，《关于认真贯彻胡锦涛同志所作〈序言〉精神，组织广大干部学习科学发展主题案例教材的通知》（中组发〔2011〕16 号）

2012 年 3 月 2 日，《中共中央组织部关于加强换届后领导干部任职培训的通知》

1.1.3.4 党的十八大时期（2012 年 11 月~2017 年 10 月）

2013 年 3 月，中央组织部印发《关于在干部教育培训中进一步加强学员管理的规定》（中组发〔2013〕8 号）

2013 年 9 月 28 日，《2013-2017 年全国干部教育培训规划》（中发〔2013〕8 号）

2013 年 10 月，中央组织部印发《关于在干部教育培训中进一步加强和改进党性教育的意见》

2013 年 12 月 25 日，《建立健全惩治和预防腐败体系 2013-2017 年工作规划》（中发〔2013〕14 号）

2013 年 12 月 29 日，《关于印发〈中央和国家机关培训费管理办法〉的通知》（财行〔2013〕523 号）（财政部、中共中央组织部、国家公务员局）

2014 年 6 月，《关于加强和改进优秀年轻干部培养选拔工作的意见》（中办发〔2014〕37 号）

2014 年 7 月 2 日，《2014-2018 年全国党员教育培训工作规划》（中办发〔2014〕38 号）

2014 年 7 月，中央组织部印发《关于在干部教育培训中加强理想信念和道德品行教育的通知》

2015 年 1 月 18 日，《关于认真学习贯彻习近平总书记为第四批全国干部学习培训教材所作〈序言〉精神的通知》（中组发〔2015〕7 号）

2015 年 1 月 20 日，《关于加强中国特色新型智库建设的意见》（中办发〔2014〕65 号）

2015 年 10 月 14 日，《干部教育培训工作条例》

2015 年 12 月 9 日，《中共中央关于加强和改进新形势下党校工作的意见》
（中发〔2015〕35 号）

2015 年 12 月 11 日，《在全国党校工作会议上的讲话》（习近平）

2016 年 1 月，《关于为编制〈全国党校系统"十三五"建设和发展规划〉
提供素材稿的通知》（中校厅发〔2016〕4 号）（附件：《全国党校系统"十
三五"建设和发展规划框架结构》）

2016 年 3 月，《国家行政学院"十三五"时期（2016—2020 年）发展规
划》

2016 年 12 月 27 日，《关于印发〈中央和国家机关培训费管理办法〉的通
知》（财行〔2016〕540 号）（财政部、中共中央组织部、国家公务员局）

1.1.3.5 党的十九大时期（2017 年 10 月至今）

2018 年 11 月 1 日，《2018-2022 年全国干部教育培训规划》

2019 年 10 月 25 日，《中国共产党党校（行政学院）工作条例》（中发
〔2019〕44 号）

1.2 干部教育培训机构

中国共产党高度重视干部教育培训，在不同历史时期创办了各类干部教
育培训机构，以加强党的建设。干部教育培训机构情况见附 A 表 1。

附 A 表 1 干部教育培训机构

时间	干部教育培训机构	备注
1921 年 8 月	湖南自修大学、湘江学校	湖南长沙
1921 年 10 月	东方大学	苏联莫斯科
1922 年 10 月	上海大学	上海
1924 年	农民讲习所	广东广州
1924 年	安源党校	江西安源。我党创办的第一所正规意义上的党校
1925 年 10 月	北京党校	北京
1925 年 10 月	中山大学	苏联莫斯科
1926 年	劳动学院	广东广州

续表

时间	干部教育培训机构	备注
1927 年	中央农民讲习所	湖北武汉
1927 年 4 月	中共五大决定在武汉创立中共中央党校	1927 年 7 月 15 日，武汉国民政府叛变革命，未开办
1929 年	中央训练班	上海
1931 年	中央红军学校	江西瑞金。1933 年，改为中国工农红军大学
1933 年 3 月 13 日	马克思共产主义学校（中共中央党校）	江西瑞金
1934 年 10 月	中央红军干部团	长征。中国工农红军大学改为中央红军干部团
1935 年 11 月	中共中央党校	陕西瓦窑堡。马克思共产主义学校与中共陕北特委党校合并为中共中央党校
1936 年 2 月	红军干部学校	陕西瓦窑堡。中央红军干部团与陕甘宁红军军事政治学校合并为红军干部学校
1937 年	中国人民抗日军事政治大学	红军干部学校改为中国人民抗日军事政治大学
1938 年 5 月 5 日	马列学院	陕西延安。1941 年 5 月，改为马列研究院；1941 年 7 月，改为中共中央研究院；1943 年 5 月，并入中共中央党校
1948 年 7 月 24 日	马列学院（中共中央高级党校）	河北平山。1949 年 3 月，迁入北平；1955 年 8 月，改为中共中央直属高级党校
1949 年 10 月	中国人民大学	北京
1950 年 1 月	北京实验工农中学	教育部承办的第一个工农速成中学
1951 年 6 月 11 日	中央民族学院	北京

续表

时间	干部教育培训机构	备注
1951 年	成立各类专业干部学校	
1956 年 10 月 15 日	社会主义学院	1960 年 7 月 18 日，改为中央社会主义学院
1966 年 5 月	"文革"期间，中共中央直属高级党校停办	
1968 年 5 月 7 日	"文革"期间，全国范围内开始成立"五七"干校	
1977 年 10 月	中共中央党校复校	北京
1994 年 9 月 21 日	国家行政学院	北京
1997 年	国家法官学院	1985 年，全国法院干部业余法律大学；1988 年，中国高级法官培训中心
1998 年	国家检察官学院	1989 年，中国高级检察官培训中心；1991 年，中央检察官管理学院
2003 年 1 月 14 日	中国浦东干部学院	上海浦东
2003 年 1 月 14 日	中国延安干部学院	陕西延安
2003 年 1 月 14 日	中国井冈山干部学院	江西井冈山

续表

时间	干部教育培训机构	备注
2006 年 1 月 13 日	中国大连高级经理学院	辽宁大连
2010 年 9 月	中国纪检监察学院	1986 年，中央纪委北戴河培训中心；1989 年 11 月，监察干部培训中心（北京）
2018 年 4 月	中共中央党校（国家行政学院）	中央党校和国家行政学院的职责整合，组建新的中央党校（国家行政学院），实行一个机构两块牌子，作为党中央直属事业单位

1.3 全国干部学习培训教材

干部教育培训教材建设是干部教育培训制度的表现形式和重要组成部分。加强教材建设，是增强干部教育培训工作实效的重要途径。全国干部培训教材情况见正文。

1.4 全国党校工作会议

改革开放以来，中央召开过七次全国党校工作会议。全国党校工作会议情况见表 3。

表 3 全国党校工作会议情况

时间	会议	主题与意义
1979 年 12 月 25 日 ~ 1980 年 1 月 17 日	第一次全国党校工作会议	定方向——标志着党校复校后，党校工作逐渐走上正轨
1983 年 2 月 22 日 ~ 3 月 2 日	第二次全国党校工作会议	谋改革——党校教育正规化发展的开始
1985 年 1 月 31 日 ~ 2 月 8 日	第三次全国党校工作会议	夯基础——完善中国特色党校教育体系，推进正规化
1994 年 3 月 4 日 ~ 7 日	第四次全国党校工作会议	求发展——确立"一个中心，四个结合"教学体系

续表

时间	会议	主题与意义
2000 年 6 月 7 日 ~ 9 日	第五次全国党校工作会议	拓思路——开启新世纪新阶段的党校教育
2008 年 10 月 26 日 ~ 28 日	第六次全国党校工作会议	识规律——不断提高党校教育科学化水平
2015 年 12 月 11 日 ~ 12 日	第七次全国党校工作会议	新时代——加强和改进新形势下党校工作

附录 B 纪检监察干部教育培训文件汇总

目　录

1.1　政策

1.1.1　改革开放初期（1978 年 12 月~1989 年 6 月）

1.1.2　党的十三届四中全会至十五大时期（1989 年 6 月~2002 年 11 月）

1.1.3　党的十六大时期（2002 年 11 月~2007 年 10 月）

1.1.4　党的十七大时期（2007 年 10 月~2012 年 11 月）

1.1.5　党的十八大时期（2012 年 11 月~2017 年 10 月）

1.1.6　党的十九大时期（2017 年 10 月至今）

1.2　纪检监察干部教育培训机构

1.3　纪检监察干部学习培训教材

1.1　政策

党的五大至党的十一届三中全会期间，没有收集到专门针对纪检监察干部教育培训的文件。

改革开放至今，大致可以划分为六个阶段：改革开放初期（1978 年 12 月~1989 年 6 月），党的十三届四中全会至十五大时期（1989 年 6 月~2002 年 11 月），党的十六大时期（2002 年 11 月~2007 年 10 月），党的十七大时期（2007 年 10 月~2012 年 11 月），党的十八大时期（2012 年 11 月~2017 年 10 月），党的十九大时期（2017 年 10 月至今）。

1.1.1　改革开放初期（1978 年 12 月~1989 年 6 月）

1979 年 1 月 26 日，《中共中央纪律检查委员会关于工作任务、职权范围、

机构设置的规定》（1979 年 1 月 4 日至 22 日中央纪委第一次全会通过）

1983 年 3 月 2 日，《中共中央纪律检查委员会关于印发纪检机构组织建设的文件的通知》

1987 年 2 月 18 日，《中共中央纪律检查委员会关于纪检干部培训工作的规划（试行）》

1988 年 11 月 29 日，《关于印发〈监察部"三定"方案〉的通知》（监发〔1988〕62 号）

1989 年 5 月 9 日，《关于加强监察宣传教育工作等有关事项的通知》（监办发〔1989〕8 号）

1.1.2　党的十三届四中全会至十五大时期（1989 年 6 月~2002 年 11 月）

1989 年，《关于认真学习贯彻十三届四中全会精神努力推进行政监察工作的通知》（监发〔1989〕17 号）

1989 年 8 月 30 日，《监察部关于加强行政监察干部培训工作的意见》（监发〔1989〕23 号）

1990 年 7 月 7 日，《党的纪律检查机关党风党纪教育工作纲要（试行）》

1991 年 5 月 28 日，《中共中央纪委关于加强纪检机关组织建设提高纪检队伍素质的意见》

1991 年 8 月 26 日，《关于印发〈全国监察干部岗位培训规划〉的通知》（监发〔1991〕8 号）

1991 年 8 月 21 日，《关于印发〈关于在行政监察系统开展法制宣传教育的五年规划〉的通知》（监发〔1991〕9 号）

1992 年 3 月 13 日，《中共中央纪委关于认真学习、贯彻邓小平同志〈谈话要点〉和中央政治局会议精神的通知》

1992 年 5 月 7 日，《关于认真学习邓小平同志谈话精神把监察工作不断推向前进》（部分监察厅长、局长座谈会纪要）

1992 年 5 月 13 日，《中共中央纪委关于印发〈几年来纪检干部培训关注的情况和今后的意见〉的通知》

1992 年 7 月 29 日，《中央纪委办公厅关于制止擅自举办全国性纪检干部培训班问题的通知》（中纪办〔1992〕118 号）

1992 年 10 月 24 日，《中共中央纪委监察部关于认真学习贯彻党的十四大精神的通知》（中纪发〔1992〕6 号）

1993 年 2 月 22 日，《中共中央、国务院批转中央纪委、监察部〈关于中央纪委、监察部机关合署办公和机构设置有关问题的请示〉的通知》（中发〔1993〕4 号）

1993 年 11 月 8 日，《中央纪委关于组织纪检监察干部认真学习〈邓小平文选〉第三卷的通知》

1994 年 2 月 2 日，《中共中央纪律检查委员会机关、监察部职能配置、内设机构和人员编制方案》

1994 年 6 月 2 日，《1994 年-1998 年纪检监察干部培训规划》

1994 年 12 月 23 日，《关于印发〈中共中央纪、委监察部党风廉政教育工作纲要〉的通知》（中纪办发〔1994〕15 号）

1995 年 5 月 31 日，《中共中央纪委办公厅关于认真贯彻执行〈关于加强干部培训管理的若干规定〉的通知》（中纪办发〔1995〕4 号）

1995 年 10 月 11 日，《中共中央纪委关于认真学习贯彻党的十四届五中全会精神的通知》

1997 年 9 月 25 日，《中共中央纪委、监察部关于认真学习贯彻党的十五大精神的通知》（中纪发〔1997〕6 号）

1999 年 10 月 20 日，《中共中央纪委、监察部关于印发〈关于加强委部机关干部管理若干问题的意见（试行）〉的通知》（中纪发〔1999〕18 号）

1999 年 10 月 21 日，《中共中央纪委、监察部关于印发〈关于加强和改进机关党的建设和思想政治工作的意见（试行）〉》（中纪发〔1999〕20 号）

1999 年 12 月 8 日，《中共中央纪委、监察部关于印发〈中共中央纪委监察部关于建立健全宣传工作领导体制的意见〉的通知》（中纪办发〔1999〕25 号）

2000 年 5 月 22 日，《中共中央纪委、监察部关于深入学习贯彻江泽民同志"三个代表"重要思想的通知》（中纪发〔2000〕5 号）

2001 年 7 月 4 日，《中共中央纪委、监察部关于深入学习贯彻江泽民同志在庆祝中国共产党成立 80 周年大会上的讲话的通知》（中纪发〔2001〕10 号）

2001 年 9 月 30 日，《2001 年-2005 年全国纪检监察干部教育培训规划》（中纪发〔2001〕16 号）

1.1.3　党的十六大时期（2002 年 11 月~2007 年 10 月）

2002 年 11 月 20 日，《中共中央纪委、监察部关于认真学习贯彻党的十六大精神的通知》（中纪发〔2002〕10 号）

2003 年 6 月 20 日，《中共中央纪委、监察部关于在全国纪检监察系统兴起学习贯彻"三个代表"重要思想新高潮的通知》（中纪发〔2003〕12 号）

2003 年 9 月 27 日，《中共中央纪委、监察部关于在全国纪检监察系统认真组织〈江泽民同志论党风廉政建设和反腐败斗争〉通知》（中纪发〔2003〕20 号）

2004 年 8 月 30 日，《中共中央纪委、监察部〈关于进一步做好纪检监察干部教育培训工作的意见〉》（中纪发〔2004〕17 号）

2004 年 9 月 28 日，《中共中央纪委、监察部关于认真学习贯彻党的十六届四中全会精神的通知》（中纪发〔2004〕19 号）

2005 年 1 月 3 日，《中共中央关于印发〈建立健全教育、制度、监督并重的惩治和预防腐败体系实施纲要〉的通知》（中发〔2005〕3 号）

2005 年 1 月 27 日，《中共中央办公厅转发〈中央纪委、中央组织部、中央宣传部关于学习宣传观察〈建立健全教育、制度、监督并重的惩治和预防腐败体系实施纲要〉的意见〉的通知》（厅字〔2005〕2 号）

2005 年 4 月 22 日，《中共中央纪委办公厅关于制定〈建立健全教育、制度、监督并重的惩治和预防腐败体系实施纲要〉落实具体意见的通知》（中纪办〔2005〕194 号）

2005 年 11 月 7 日，中共中央纪委办公厅关于印发《中共中央纪委监察部机关关于贯彻落实〈建立健全教育、制度、监督并重的惩治和预防腐败体系实施纲要〉的具体意见》的通知（中纪厅〔2005〕17 号）

2006 年 1 月 8 日，《中共中央纪委关于〈认真学习贯彻胡锦涛同志在中央纪委第六次全会上的重要讲话〉的通知》（中纪发〔2006〕1 号）

2006 年 3 月 17 日，《中共中央纪委关于〈认真学习贯彻胡锦涛同志重要讲话深入开展社会主义荣辱观教育〉的通知》（中纪发〔2006〕7 号）

2006 年 7 月 25 日，《中央纪委书记办公会议研究关于申办中国纪检监察学院有关事项的决定的通知》（通字〔2006〕44 号）

2006 年 10 月 12 日，《关于申请成立中国纪检监察学院的函》（中纪办〔2006〕221 号）

2006 年 12 月 30 日，《教育部关于举办中国纪检监察学院有关意见的函》

（教发函〔2006〕336 号）

2007 年 7 月 26 日，《教育部办公厅关于"教发函"〔2006〕336 号有关内容的说明》（教发厅函〔2007〕38 号）

2007 年 2 月 1 日，《关于学院办学规模、教学设计、教学内容等相关事项的决定》（中央纪委干部培训工作领导小组会议决定事项〔2007〕第 1 号）

1.1.4 党的十七大时期（2007 年 10 月~2012 年 11 月）

2007 年 10 月 25 日，《中共中央纪委监察部关于认真学习贯彻党的十七大精神的通知》（中纪发〔2007〕18 号）

2007 年，《关于建设中国纪检监察学院的请示》（中管基发〔2007〕214 号）

2008 年 5 月 13 日，《建立健全惩治和预防腐败体系 2008-2012 年工作规划》（中发〔2008〕9 号）

2008 年 7 月 9 日，《关于中国纪检监察学院建设总体方案》（中央纪委书记办公会议文件〔2008〕74 号）

2008 年 10 月 28 日，《关于中国纪检监察学院机构编制的批复》（中央编办复字〔2008〕107 号）

2009 年 6 月 12 日，《中央纪委书记办公会决定事项通知》（通字〔2009〕57 号），十七届中央纪委第 29 次书记办公会议通过《中国纪检监察学院规划设计方案》

2009 年 12 月 7 日，《关于中国纪检监察学院编制职数和内设机构有关事项的通知》（中纪干〔2009〕654 号）

2009 年 12 月 9 日，《2009-2013 年全国纪检监察干部教育培训工作规划》（中纪发〔2009〕25 号）

2010 年 4 月 19 日，《关于进一步加强和改进纪检监察干部队伍建设的若干意见》（中纪发〔2010〕19 号）

2011 年 2 月 10 日，《中央纪委、中央组织部、中央宣传部关于加强领导干部反腐倡廉教育的意见》（中办发〔2011〕9 号）

1.1.5 党的十八大时期（2012 年 11 月~2017 年 10 月）

2012 年 11 月 26 日，《关于纪检监察机关认真学习贯彻党的十八大精神的通知》（中纪发〔2012〕23 号）

2013 年 12 月 25 日，《建立健全惩治和预防腐败体系 2013-2017 年工作规

划》（中发〔2013〕14 号）

2015 年 1 月，《中央纪委、监察部 2015 年培训计划》

2016 年 1 月，《中央纪委、监察部 2016 年培训计划》

2017 年 1 月，《中央纪委、监察部 2017 年培训计划》

1.1.6 党的十九大时期（2017 年 10 月至今）

2018 年 1 月，《中央纪委 2018 年培训计划》

2017 年 11 月 3 日，《关于纪检监察系统认真学习贯彻党的十九大精神的通知》（中纪党发〔2017〕23 号）

2019 年 1 月，《中央纪委、国家监委 2019 年培训计划》

1.2 纪检监察干部教育培训机构

1986 年，成立中央纪委北戴河培训中心，合署后更名为中央纪委监察部北戴河培训中心；2008 年 10 月加挂中国纪检监察学院北戴河校区牌子；[1] 2016 年更名为中国纪检监察学院北戴河校区[2]。

1989 年 11 月 1 日，批复成立监察干部培训中心（北京）。[3]

1990 年 4 月，成立监察部浙江大学教育培训中心；[4] 1993 年 12 月更名为中央纪委监察部杭州培训中心，[5] 2015 年 5 月更名为杭州纪检监察干部培训中心。

2008 年 10 月 28 日，批复撤销中央纪委监察部北京培训中心，成立中国纪检监察学院；[6] 2010 年 10 月 11 日，中国纪检监察学院正式挂牌。

1.3 纪检监察干部教育培训教材

中央纪委监察部教材编审委员会成立后集中组织编审了一批纪检监察业务教材（见表1）。目前，机关各厅室局根据工作实际需求，自行编写教材。此外，学院也设有教材建设部开展相关工作。

---

〔1〕 中央纪委国家监委机构网站中国纪检监察学院北戴河校区主页。

〔2〕 《中央纪委书记办公会纪要》（十八届）第 88 次。

〔3〕 中华人民共和国监察部：《中国监察年鉴》（1987~1991），中国政法大学出版社 1993 年版，第 511 页。

〔4〕 《认清纪检监察工作形势和任务进一步做好干部培训工作——傅杰同志在"中央纪委监察部杭州培训中心"开学典礼上的讲话》（1993 年 4 月 25 日），载傅杰：《纪检监察工作研究》（下），中国方正出版社 2003 年版，第 532 页。

〔5〕 原始文件无法获得，根据杭州培训中心资深干部的有关记录整理。

〔6〕 中国纪检监察学院办公室编《中国纪检监察学院大事记》（2009 年）。

附录 C　纪检监察干部教育培训工作研究访谈提纲

一、访谈说明

尊敬的书记/组长/局长/主任：

为研究纪检监察干部教育培训体制，经有关部门推荐，特对您进行访谈。整个访谈过程大致需要 1~2 个小时。访谈资料对于课题研究非常重要。首先，感谢您在百忙之中接受访谈。

为了不因为现场做笔记而分散精力，便于访谈者集中精力跟您共同探讨纪检监察干部教育培训工作方面的问题，访谈者要对访谈内容进行录音。

为了不涉及工作机密，凡是访谈中涉及的有关人或机构，您都可以不使用其真实名称，而采用某局长/处长，某某局等替代。感谢您的理解与支持。

本访谈的目的不是进行个人评估，而只是进行课题研究，课题组的成员将对访谈资料进行保密，请您不要有什么顾虑。另外，如果您觉得必要，请跟访谈者说明，我们整理出来的书面访谈资料将提交您复核、同意之后，才可用做研究之用。谢谢！

如果您没有其他疑问，正式访谈现在就可以开始了。

二、访谈问题

1. 首先请您简要介绍以下您从事纪检监察领导工作的经历，您目前任职的情况：担任的领导职务、任职时间、分管工作内容等。

2. 请您回忆一下您历次参加教育培训的经历，从中挑选出 1~3 个您认为最重要的教育培训经历，这些经历既可以是成功的，也可以是不成功的。

3. 您是都参加过哪些类型的教育培训项目？（不限于干部教育培训）

4. 您感觉参加纪检监察干部培训有哪些收获？

5. 和您参加的其他类型的教育培训项目相比，纪检监察干部教育培训项目有哪些不同？您有什么体会？

6. 目前纪检监察干部教育培训的内容能够有效针对/满足您的工作中的实际需求吗？

7. 如果您来担任学院主要领导，您认为学院下一步的工作重点应放在哪个方向？

8. 关于纪检监察学院的现状，您有什么感受和建议？

9. 您认为一个人应具备什么样的品质/性格、能力或知识才能胜任纪检监察领导职位的工作？或者，如果要您选拔或培训一个人来做您的工作，您希望他具有什么样的品质/性格、能力或知识？

10. 其他……

三、被访谈人的基本信息

1. 姓名：

2. 政治面貌：

1）中共党员　　　　2）民主党派　　　　3）群众

3. 性别：

1）男　　　　2）女

4. 年龄：

1）34 岁及以下　　2）35~39 岁　　3）40~44 岁

4）45~49 岁　　5）50~54 岁　　6）55~59 岁

7）60 岁及以上

5. 学历：

1）大专以下　　2）大专毕业　　3）本科毕业

4）硕士毕业　　5）博士毕业

6. 受教育的学科或专业背景（大专及以上干部填写）：

1）文史哲　　　　2）政治　　　　3）经济

4）法律　　　　5）工商管理　　6）其他管理

7）理科　　　　8）工科　　　　9）其他

7. 从事纪检监察工作的时间：

1）4 年及以下　　2）5~9 年　　3）10~14 年

4）15~19 年　　　　5）20~24 年　　　　6）25 年及以上

8. 担任现在领导职务的时间：

1）不到 1 年　　　　2）1~2 年　　　　3）3~4 年

4）5~6 年　　　　5）7~9 年　　　　6）10 年及以上

9. 目前负责（主管、分管）的工作：

1）全面工作　　　　2）案件检查　　　　3）案件审理

4）政策法规　　　　5）党风宣教　　　　6）研究调研

7）干部人事　　　　8）办公综合　　　　9）信访

10）后勤保障　　　11）其他

10. 从事纪检监察工作之前的最主要的工作背景（可以多选）：

1）军队工作　　　　2）党务工作　　　　3）政府行政机关

4）其他政府机关　　5）企业工作　　　　6）学校/研究

7）其他

11. 职级：

1）正厅（局）　　　2）副厅（局）　　　3）正处

4）副处　　　　　　5）其他

12. 工作单位及职务

访谈时间：201　年　月　日（星期）

访谈人：

致　谢

感谢清华大学教育研究院林健教授的鞭策与指导！林健教授关于教育机构发展战略的论述令我受益匪浅。

感谢北京航空航天大学人文社会科学学院任建明教授自始至终的关心与支持！任建明教授关于国家反腐败战略的系统论述对我影响至深。

感谢北京大学光华管理学院刘学教授关于战略思维的重要启发。

感谢何文忠主委、何建刚总经理、何功威副董事长对本书出版的重要支持。

感谢李雪勤教授、何增科教授、蒋来用教授、程文浩教授、毛昭晖教授、王建芹教授对本书的重要推介。

感谢何增科教授、余寿文教授、蔡志强教授、王战军教授、程建钢教授、邓国胜教授、赵婷婷教授、王孙禹教授、刘惠琴教授、谢喆平教授、王晓阳教授、罗燕教授、闫琨教授提出的宝贵意见。

感谢马怀德教授、常保国教授、刘硕书记、蔡志强教授、崔巍教授、邹小伟秘书长、黄聊聊女士对本书出版的重要帮助。

感谢中国政法大学出版社丁春晖老师专业高效的工作。

感谢所有帮助过我的人。

王　冠

2021 年 6 月 1 日